“金种子”新员工入职培训用书

# 轮岗实习培训指导手册

国网山东省电力公司 编

## 内 容 提 要


根据战略落地“5+N”高地群打造工作要求，为加快实施“人才强企”行动和“金种子”青年人才培养工程，着力打造人才发展新高地，培养适应“具有中国特色国际领先的能源互联网企业”战略目标的优秀人才队伍，国网山东省电力公司编制了《轮岗实习培训指导手册》。本书结合国家电网有限公司新入职高校毕业生培养工作要求和新员工成长特点，精选二十个专业岗位，通过培训学习，确保新员工了解相关岗位的业务流程及工作任务，以便通过职业体验建立良好的职业习惯，提高新员工对职业环境的适应能力。

本书共二十章，对应二十个专业岗位，每个专业岗位分为两部分：第一部分为轮岗实习整体安排，包含轮岗实习的岗位、周期、重点内容及学习方式；第二部分为岗位实习的具体内容，详细介绍每个岗位的实习计划、学习任务、学习内容要点、学习方式及考核方式。

本书是电网企业新员工岗位实习培训用书，也可作为各电力培训中心及各电力职业院校的参考用书。



**图书在版编目（CIP）数据**

“金种子”新员工入职培训用书．轮岗实习培训指导手册 / 国网山东省电力公司编．— 北京：中国电力出版社，2020.12（2022.10重印）

ISBN 978-7-5198-5103-3

Ⅰ．①金… Ⅱ．①国… Ⅲ．①电力工业－工业企业管理－职工培训－山东－手册 Ⅳ．① F426.61-62

中国版本图书馆 CIP 数据核字（2020）第 204554 号

---

出版发行：中国电力出版社
地　　址：北京市东城区北京站西街 19 号（邮政编码 100005）
网　　址：http://www.cepp.sgcc.com.cn
责任编辑：莫冰莹（010-63412526）
责任校对：黄　蓓　于　维
装帧设计：赵姗姗
责任印制：杨晓东

---

印　刷：三河市万龙印装有限公司
版　次：2020 年 12 月第一版
印　次：2022 年 10 月北京第三次印刷
开　本：710 毫米 ×1000 毫米　16 开本
印　张：25.5
字　数：358 千字
印　数：6030—7029 册
定　价：108.00 元（附实习通关档案）


---

## 编委会

主　任　李　荣

副主任　杨军虎

成　员　赵桂廷　张　鹏　靳占新　孙卫东　胡兴旺

## 编写组

组　长　孙卫东

副组长　胡兴旺

成　员　赵书楠　陈中恺　周　超　高艳亮　周　鑫
颜　峰　张风棣　彭　博　胡鹏飞　许加凯
谭立国　杜　强　孙卓新　杨伟进　孔大亮
谈　鹏　刘小康　李海东　王彦清　赵　勇
王世儒　刘晓亮　姬　帅　刘　冬　孟　建
宋维庭　高文龙　袁林涛　徐传光　朱本强
陈科成　王　洋　王建基　谭秀辉　李　凯
侯冠男　李鹏飞　万宝宝　南琦琦　王思征
张晓楠　孟庆江　巩　固　李玉超　刘龙晶
耿　宁　孟卫国　李文康　欧庆满　陈海燕
侯燕文　邓文彬　赵其成　翟林林

# 根深叶茂，叠翠参天

亲爱的“金种子”们：

你们好！

在完成新员工起航训练营的各项学习和活动后，想必大家会迫不及待地想了解我们的具体业务和实际工作了，接下来的三个月将会给大家带来丰富的岗位体验——通过对运检、营销、调控、信通等电网核心专业一线关键岗位的实习培训，来帮助大家熟悉各岗位的工作环境，了解各专业的基本业务流程，掌握典型任务的基本操作技能。

为保证新员工轮岗实习有的放矢，国网山东省电力公司组织各岗位优秀专家精心编写《轮岗实习培训指导手册》（以下简称《指导手册》）来指导轮岗实习的整体安排。

《指导手册》从岗位典型任务出发，带领大家学习对应岗位的安全规范、专业知识和操作技能等内容，并通过岗位任务考核来检验学习成果。在安全规范方面，要谨记安全须知，熟悉安全规程，树立安全意识；在知识学习方面，详细列出了该任务对应的知识清单，并提供了相应学习内容路径；在操作技能方面，详细列出了该任务对应的任务项，并细化了工作步骤和要领；在考核评价方面，将情景模拟考核与现场实操考核充分结合，并结合考核评分表来评价大家对知识、技能的掌握程度。

今日播下“金种子”，明日长成“参天树”！根扎得越深，才能吸收充足的养分；叶散得越大，才能沐浴灿烂的阳光。轮岗实习，你我同行！

国网山东省电力公司人力资源部

2021 年 8 月

# 编写说明

“金种子”新员工轮岗实习是根据《国家电网有限公司新入职高校毕业生培养管理办法》，结合新员工职业发展与成长成才阶段的特点，对轮岗实习岗位、内容、形式以及时间安排等的一次精心策划，是国网山东省电力公司新员工入职培养的重要举措。

新员工在经历入职教育与起航训练营的锻炼后，对公司环境和政策有了初步了解，对职业素养要求有了清晰认识，逐渐适应新环境、融入公司并激发对未来工作的憧憬。在职业激情的触动下，新员工希望尽快了解公司的业务组成及业务流程，了解相关岗位的工作任务及工作方法，以便通过职业体验建立良好的职业习惯，提高对职业环境的适应能力。国网山东省电力公司为了确保新员工在轮岗实习过程中的良好体验及学习效果，精选20个专业岗位，组织为期3个月的新员工轮岗实习，以此来引领新员工职业生涯的起步。20个岗位分为8个必修岗位、12个选修岗位，其中必修岗位实习周期为3～5天，选修岗位实习周期为1～3天。请参见“轮岗实习计划”和“轮岗实习任务全景图”。

作为轮岗实习的培训用书，《指导手册》将每一个岗位的内容分为两部分：第一部分为轮岗实习整体安排，包含轮岗实习的岗位、周期、重点内容及学习方式；第二部分为岗位实习的具体内容，详细介绍每个岗位的实习计划、学习任务、学习内容要点、学习方式及考核方式。

新员工拿到《指导手册》后需要提前了解自己要实习的具体岗位以及各岗位的实习安排，做好实习准备工作；到达实习岗位后，通过《指导手册》详细了解该岗位整体实习安排，明确各项实习任务及对应的时间安排，同岗位实习负责人沟通具体实习安排，并协助岗位实习负责人进行教学场地、教学资料、教学设备的准备工作。实习过程中，在岗位实习负责人的协调安排下，认真听从现场安排，积极参与各项学习任务，对照《指导手册》检查各项实习任务的完成情况。实习结束时，认真完成理论考试并填写该岗位的实习通关档案，邀请岗位培训负责人对实习期间的表现进行综合评定打分，并签字确认。当一个岗位的实习完成后，整理好所有该岗位的学习资料，并做好下一个岗位实习的准备。

# 轮岗实习计划（必修）

## 必修岗位 1：调控运行值班 P2-P16

### 电力调度控制中心 – 电网调度班

**实习周期：5 天**

**实习目标：**

· 了解调控运行值班岗位的工作特点及流程。
· 了解线路停送电工作流程及工作要点。
· 了解接地故障处理的故障判定思路及处理方法。
· 了解检修票受理的审核流程及要点。

**实习任务：**

· 岗位基本介绍、岗位安全要求及注意事项介绍。
· 调控运行设备及工器具辨识。
· 典型任务学习（线路停送电、接地故障处理、检修票受理）。
· 典型任务演练（线路停送电、接地故障处理、检修票受理）。

## 必修岗位 2：通信运维检修 P18-P29

### 互联网部（数据中心）– 通信运检班

**实习周期：5 天**

**实习目标：**

· 了解通信运维检修岗位的工作特点及流程。
· 了解通信站巡视工作流程及工作要点。
· 了解光缆中断故障处理流程，以及定位原理及方法。

**实习任务：**

· 岗位基本介绍、岗位安全要求及注意事项介绍。
· 调控运行设备及工器具辨识。
· 典型任务学习（通信站巡视、光缆故障处理）。
· 典型任务演练（通信站巡视、光缆故障处理）。

## 必修岗位 3：输电线路运检 P32-P44

### 供服中心 – 输电线路运检班

**实习周期：4 天**

**实习目标：**

· 了解输电线路运检岗位的工作特点及流程。
· 了解岗位专业术语及相关设备。
· 了解本体巡视工作流程及工作要点。
· 了解停电更换直线绝缘子串流程及要点。

**实习任务：**

· 岗位基本介绍、岗位安全要求及注意事项介绍。
· 岗位相关设备及工器具辨识。
· 典型任务学习（本体巡视、停电更换直线绝缘子串）。
· 典型任务演练（本体巡视、停电更换直线绝缘子串）。

## 必修岗位 4：变电站设备检修 P46-P59

### 变电检修中心（二次检修中心）– 变电一次检修班

**实习周期：5 天**

**实习目标：**

· 了解变电一次设备日常维护检修、设备巡检的工作特点、流程及作业方法。
· 了解设备日常维护检修工作流程及工作要点、特殊巡检过程中安全风险管控措施。
· 了解变电一次设备检修现场工作概况，强化对变电一次设备的认知。

**实习任务：**

· 岗位基本介绍、岗位安全要求及注意事项介绍。
· 变电站设备及工器具辨识。
· 典型任务学习（日常维护检修、GIS 设备特殊巡检）。
· 典型任务演练（日常维护检修、GIS 设备特殊巡检）。

# 轮岗实习计划（必修）

## 必修岗位 5：变电站运维 P62-P78

### 变电站运维中心 – 变电运维班

**实习周期：5 天**

**实习目标：**

· 了解倒闸操作的相关知识和流程，能辨识变电站一次及二次设备。
· 了解变电站设备维护的制度及要求，了解操作票的填写和使用。
· 了解变电站设备巡视的准备工作、常见方法及内容；能够完成单一线路的倒闸操作任务。

**实习任务：**

· 岗位基本介绍、岗位安全要求及注意事项介绍。
· 变电站设备及工器具辨识。
· 典型任务学习（单一线路停送电、例行巡视）。
· 典型任务演练（单一线路停送电、例行巡视）。

## 必修岗位 6：配电线路及设备运检 P80-P92

### 供服中心 – 配电线路及设备运检班

**实习周期：4 天**

**实习目标：**

· 了解配电线路及设备运检岗位的工作特点及流程。
· 了解岗位专业术语及相关设备。
· 了解配电线路巡视工作流程及工作要点。
· 了解配电架空线路柱上断路器更换流程及要点。

**实习任务：**

· 岗位基本介绍、岗位安全要求及注意事项介绍。
· 岗位相关设备及工器具辨识。
· 典型任务学习（配电线路巡视、配电架空线路柱上断路器更换）。
· 典型任务演练（配电线路巡视、配电架空线路柱上断路器更换）。

## 必修岗位 7：市场开拓与业扩报装 P94-P110

### 市场及大客户服务中心 – 市场拓展班

**实习周期：5 天**

**实习目标：**

· 了解市场开拓与业扩报装岗位基本信息。
· 了解综合能源服务工作内容及流程；了解相关政策，能向客户宣传解释；了解综合能源服务管理系统。
· 了解高压新装的业务流程，熟悉高压新装关键业务操作要领。

**实习任务：**

· 岗位基本介绍、岗位安全要求及注意事项介绍。
· 综合能源服务管理系统、营销业务应用系统学习；专业术语及移动作业终端学习。
· 典型任务学习（综合能源服务、高压新装）。
· 典型任务演练（综合能源服务、高压新装）。

## 必修岗位 8：装表接电 P112-P128

### 园区供电中心 – 装表接电班

**实习周期：5 天**

**实习目标：**

· 了解装表接电岗位基本信息。
· 了解采集终端的工作原理及装拆作业流程，以及常见调试方法。
· 了解电能表的技术要求及装拆作业流程。

**实习任务：**

· 岗位基本介绍、岗位安全要求及注意事项介绍。
· 计量采集设备及工器具辨识。
· 典型任务学习（装拆电能表、装拆采集终端）。
· 典型任务演练（装拆电能表、装拆采集终端）。

# 轮岗实习计划（选修）

## 选修岗位 9：自动化运维 P130-P141

### 电力调度控制中心 – 自动化运维班

**实习周期：3 天**

**实习目标：**

· 了解自动化运维岗位的工作特点及流程。
· 了解厂站接入调度数据网调试的工作流程及工作要点。
· 了解厂站接入 EMS 调试的工作流程及工作要点。

**实习任务：**

· 岗位基本介绍、岗位安全要求及注意事项介绍。
· 自动化运维设备及工器具辨识。
· 典型任务学习(厂站接入调度数据网调试、厂站接入 EMS 调试）。
· 典型任务演练(厂站接入调度数据网调试、厂站接入 EMS 调试）。

## 选修岗位 10：电气试验、化验 P144-P155

### 变电检修中心（二次检修中心）– 电气试验班

**实习周期：3 天**

**实习目标：**

· 了解电气试验、化验岗位的工作特点及流程。
· 了解例行试验的工作流程及工作要点。
· 了解带电检测的工作流程及工作要点。

**实习任务：**

· 岗位基本介绍、岗位安全要求及注意事项介绍。
· 电气试验、化验设备及工器具辨识。
· 典型任务学习（例行试验、带电检测）。
· 典型任务演练（例行试验、带电检测）。

## 选修岗位 11：配电电缆运检 P158-P169

### 供服中心 – 配电电缆运检班

**实习周期：3 天**

**实习目标：**

· 了解配电电缆运检岗位的工作特点及流程。
· 了解岗位专业术语及相关设备。
· 了解防外破工作流程及工作要点。
· 了解电缆路径检测流程及要点。

**实习任务：**

· 岗位基本介绍、岗位安全要求及注意事项介绍。
· 岗位相关设备及工器具辨识。
· 典型任务学习（防外力破坏、电缆路径检测）。
· 典型任务演练（防外力破坏、电缆路径检测）。

## 选修岗位 12：95598 服务 P172-P183

### 供服中心 –95598 服务班

**实习周期：3 天**

**实习目标：**

· 了解 95598 服务岗位的工作特点及流程。
· 了解岗位专业术语及相关设备。
· 了解工单处理工作流程及工作要点。
· 了解停送电信息报送流程及要点。

**实习任务：**

· 岗位基本介绍、岗位安全要求及注意事项介绍。
· 岗位相关设备及工器具辨识。
· 典型任务学习（工单处理、停送电信息报送）。
· 典型任务演练（工单处理、停送电信息报送）。

# 轮岗实习计划（选修）

## 选修岗位 13：电费核算与账务 P186-P196

### 计量及电费中心－电费核算班、电费账务班

**实习周期：3 天**

**实习目标：**

· 了解电费核算与账务岗位的工作特点及流程。
· 了解高压用户电费核算发行的工作流程及工作要点。
· 了解到账确认的工作流程及工作要点。

**实习任务：**

· 岗位基本介绍、岗位安全要求及注意事项介绍。
· 电费核算与账务设备及工器具辨识。
· 典型任务学习（高压用户电费核算发行、到账确认）。
· 典型任务演练（高压用户电费核算发行、到账确认）。

## 选修岗位 14：稽查业务与监控分析 P198-P207

### 计量及电费中心－营销稽查班

**实习周期：2 天**

**实习目标：**

· 了解台区线损率的计算。
· 了解“用电信息采集系统”的基本操作。
· 了解反季节用电（农排）现场排查的工作步骤。
· 了解数据筛查规则并能够进行异常数据筛查。

**实习任务：**

· 岗位基本介绍。
· 稽查业务专业术语介绍。
· 典型任务学习［台区线损、反季节用电（农排）］。
· 典型任务演练（台区线损）。

## 选修岗位 15：计量检验检测 P210-P223

### 计量及电费中心－检测检验班

**实习周期：2 天**

**实习目标：**

· 了解电能表现场校验项目及流程。
· 了解多种准确度等级电能表的误差限值。
· 了解误差数据化整及修约规则，学会出具校验结果。
· 了解电压互感器现场校验的项目及流程。
· 了解互感器的极性及检定接线。
· 了解现场校验仪的操作。

**实习任务：**

· 岗位基本介绍、岗位安全要求及注意事项介绍。
· 专业术语、常见设备及工器具辨识。
· 典型任务学习（电能表现场检验、电压互感器现场检验）。
· 典型任务演练（电能表现场检验）。

## 选修岗位 16：智能用电运营 P226-P239

### 市场及大客户服务中心－智能用电班

**实习周期：3 天**

**实习目标：**

· 了解客户充电现场服务流程。
· 了解规范的充电操作。
· 了解车联网平台开卡办理流程。
· 了解充电卡各类柜台业务事项。
· 了解充电卡使用方式及地点。

**实习任务：**

· 岗位基本介绍、岗位安全要求及注意事项介绍。
· 充电设施及系统辨识及专业术语学习。
· 典型任务学习（客户充电现场服务、车联网平台开卡业务）。
· 典型任务演练（客户充电现场服务、车联网平台开卡业务）。

# 轮岗实习计划（选修）

## 选修岗位 17：抄表催费 P242-P250

### 园区供电中心 – 营业班

**实习周期：2 天**

**实习目标：**

· 了解“营销业务应用系统”的基本操作。
· 了解抄表流程及各环节的时限。
· 了解常用催费的方式、流程及各环节时限。

**实习任务：**

· 岗位基本介绍、岗位安全要求及注意事项介绍。
· 常用工器具及专业术语学习。
· 典型任务学习（用电客户抄表、人工催费）。
· 典型任务演练（人工催费）。

## 选修岗位 18：用电检查 P252-P265

### 园区供电中心 – 装表接电班

**实习周期：3 天**

**实习目标：**

· 了解用电检查的标准流程和关键要点。
· 了解追补相关电费及违约使用电费。
· 了解如何终止客户的窃电行为。
· 了解恢复计量装置的方法。

**实习任务：**

· 岗位基本介绍、岗位安全要求及注意事项介绍。
· 常见设备、工器具及专业术语。
· 典型任务学习（查处绕越计量装置用电、高压客户用电检查）。
· 典型任务演练（查处绕越计量装置用电、高压客户用电检查）。

## 选修岗位 19：供电所综合业务 P266-P277

### 供电中心 – 供电所

**实习周期：3 天**

**实习目标：**

· 了解供电所的日常综合业务。
· 了解配网抢修的工作步骤及操作要点。
· 了解营业厅日常管理细项及日常业务。
· 了解综合监控中常用系统的操作方法。
· 能够掌握会议记录的编写方法。

**实习任务：**

· 岗位基本介绍。
· 营业厅体验。
· 典型任务学习（营业厅日常管理、综合监控、抢修服务）。
· 典型任务演练（营业厅日常管理、抢修服务）。

## 选修岗位 20：物资配送服务 P280-P287

### 物资部（物资供应中心）– 配送班

**实习周期：2 天**

**实习目标：**

· 了解物资调配平台和 e 物资系统的基本操作。
· 了解制定配送计划的流程和要点。
· 了解物资装车出库的流程和确认事项。
· 了解物资配送过程中跟踪模块的操作方法。

**实习任务：**

· 岗位基本介绍、岗位安全要求及注意事项介绍。
· 常用工器具及专业术语学习。
· 典型任务学习（配送计划管理、装车出库管理、配送过程跟踪）。
· 典型任务演练（装车出库、配送过程跟踪）。

# 轮岗实习任务全景图

## 实习任务说明

轮岗实习周期共 3 个月，实习岗位共有 20 个。
其中，8 个必修岗位，实习时间为 3~5 天；12 个选修岗位，实习时间为 1~3 天

| 学习内容 | | 学习形式 | | | | 考核方式 | | |
|---|---|---|---|---|---|---|---|---|
| 类别 | 内容要点 | 自学 | 负责人讲解 | 现场观摩 | 演练实操 | 考试 10% | 实操 70% | 综合 20% |
| 基础类 | 岗位安全要求及注意事项 | | √ | | | √ | | |
| | 岗位基本概况 | | √ | | | √ | | √ |
| | 岗位职责与任务 | | √ | | | √ | | √ |
| 专业知识类 | 专业术语、设备、工器具、系统 | √ | √ | | | √ | | √ |
| | 典型任务业务流程 | √ | √ | | | √ | | |
| | 典型案例研讨 / 分析 | √ | | | | √ | | |
| | 知识与技能学习 | √ | | | | √ | | |
| 专业技能类 | 典型任务演练 1 | | √ | √ | √ | | √ | |
| | 典型任务演练 2 | | √ | √ | √ | | √ | |
| | 典型任务演练 3 | | √ | √ | √ | | √ | |

# 目 录

# 第一章　调控运行值班岗位轮岗实习导引

## 一、调控运行值班岗位实习安排

## 二、调控运行值班岗位实习内容

（一）岗位基本概况

（二）岗位安全要求及注意事项介绍

（三）设备、工器具及专业术语

（四）典型任务学习——线路停送电

（五）典型任务学习——接地故障处理

（六）典型任务学习——检修票受理

（七）典型任务演练及考核——线路停送电

（八）典型任务演练及考核——接地故障处理

（九）典型任务演练及考核——检修票受理

# 一、调控运行值班岗位实习安排

## 岗位学习整体目标

• 形成对调控运行值班岗位的基本认知，建立岗位工作的安全意识，掌握岗位的基本常识和专业术语。

• 系统地学习岗位典型任务的知识和技能，熟悉岗位的基本工作流程，掌握典型任务的操作要领。

## 轮岗实习安排

| 时间安排 | 轮岗实习内容 | 学习方式 | 考核方式 |
|---|---|---|---|
| 第一天 | 1. 岗位介绍概况（岗位简介、职责任务） | 讲解 | 理论考试综合评价 |
| | 2. 岗位安全要求及注意事项 | 讲解 | |
| | 3. 常见调控运行所用设备、工器具及专业术语 | 现场观摩 | |
| | 4. 典型任务学习——线路停送电 | — | |
| | 业务流程学习<br>相关知识技能学习<br>案例分析及研讨 | 讲解<br>自学（网课）<br>研讨 | |
| 第二天 | 5. 典型任务学习——接地故障处理 | — | |
| | 业务流程学习<br>相关知识技能学习<br>案例分析及研讨 | 讲解<br>自学（网课）<br>研讨 | |
| 第三天 | 6. 典型任务学习——检修票受理 | — | |
| | 业务流程学习<br>相关知识技能学习<br>案例分析及研讨 | 讲解<br>自学（网课）<br>研讨 | |
| 第四天 | 7. 任务演练及考核——线路停送电 | 演练实操 | 实操考核综合评价 |
| | 示范及指导演练（负责人）<br>现场操作（学员） | | |
| | 8. 任务演练及考核——接地故障处理 | | |
| | 示范及指导演练（负责人）<br>现场操作（学员） | | |
| 第五天 | 9. 任务演练及考核——检修票受理 | | |
| | 示范及指导演练（负责人）<br>现场操作（学员） | | |
| | 10. 知识考核 | — | — |
| | 11. 通关档案填写 | — | — |

# 二、调控运行值班岗位实习内容

## （一）岗位基本概况

**学习目标：**了解调控运行值班岗位的岗位简介、职责任务、主要业务等。

**学习方式：**负责人讲解。

**考核方式：**负责人结合附录1《日常行为规范评分表》，对学员的整体学习及表现情况进行综合打分。

**学习内容要点：**

### 调控运行值班岗位简介

电力系统调度、运行、操作和事故处理的指挥中枢，负责指挥、指导和协调电网运行工作，并组织开展电网危险点分析、事故预想和反事故演习，确保电网安全、稳定、经济运行。

### 岗位职责任务

调控运行值班岗主要包括5项工作职责，22项重点工作任务。

**调控运行值班岗位**

**职责A：调控倒闸操作**

A1—线路停送电

A2—母线停送电

A3—主变停送电

A4—解、合环操作

A5—继电保护停变役

A6—站用变停送电

A7—TV停送电

**职责B：电压管理**

B1—投退电容器

B2—变压器调挡

B3—调整发电机无功出力

B4—调整电网运行方式

**职责C：电网异常及故障处理**

C1—异常信号处理

C2—线路跳闸处理

C3—主变跳闸处理

C4—母线跳闸处理

C5—接地故障处理

**职责D：电网运行风险分析与预控**

D1—实时态风险分析

D2—检修态风险分析

**职责E：检修票流转**

E1—检修票受理

E2—检修票预告

E3—检修票执行

E4—检修票归档

## （二）岗位安全要求及注意事项介绍

**学习目标：**了解调控运行值班岗位的安全要求及注意事项。

**学习方式：**负责人讲解。

**考核方式：**学员完成理论知识考试。

**学习内容要点：**

### 调控运行值班岗位安全要求及注意事项

（1）线路停送电操作前要做好风险辨析，应考虑潮流转移和系统电压，特别注意使运行线路不过负荷、断面输送功率不超过稳定限额。

（2）严格执行正确的操作顺序，严防非同期并列、带负荷拉合隔离开关和带地线合闸等。

（3）任何情况下严禁“约时”停电和送电。

（4）做好安全监护工作，操作执行过程要有监护人监护。

（5）如发现其他人员有违章操作的现象，应立即制止。

（6）严禁用隔离开关进行拉路和隔离故障。

（7）受理检修票前，需详细阅读停送电计划及方案，梳理计划和方案所涉及的风险点，并提前做好相关事故预案。

（8）严格按要求审核检修票，对存在疑问处必须落实清楚，必要时需向相关运维或专业人员确认。

（9）严格遵循《国家电网公司电力安全工作规程》《山东电网电力调度控制管理规程》规定。

（10）严格执行操作指令票制、复诵指令制、监护制、录音记录制。

（11）使用标准规范调度术语。

**备注：**可结合该岗位对应的安规，对学员做详细的讲解。

## （三）设备、工器具及专业术语

**学习目标：** 了解调控运行值班岗位常见的相关设备及工器具，学员能够做初步的辨识。

**学习方式：** 负责人讲解，并带领学员现场观摩学习。

**考核方式：** 负责人结合附录1《日常行为规范评分表》，对学员的整体学习及表现情况进行综合打分。

**学习内容要点：**

### 常见设备及工器具

- 智能电网调度控制系统。
- 保护装置。
- 远动装置。
- TA。
- TV。
- CVT。
- GIS。

### 专业术语

- **调度管辖范围：** 调控机构行使调度指挥权的发、输、变电系统，包括直调范围和许可范围。
- **直接调度：** 值班调度员直接向下级调控机构值班调度员、值班监控员、厂站运行值班人员及输变电设备运维人员发布调度指令的调度方式。
- **调度许可：** 下级调控机构在进行许可设备运行状态变更前征得本级值班调度员许可。
- **调度指令：** 值班调度员对其下级调控机构值班调度员、相关调控机构值班监控员、厂站运行值班人员及输变电设备运维人员发布的有关运行和操作且必须强制执行的决定，包括值班调度员有权发布的一切正常操作、调整和故障处置的指令。
- **操作令：** 值班调度员对直调设备进行操作，对下级调控机构值班调度员、相关调控机构值班监控员、厂站运行值班人员及输变电设备运维人员发布的有关操作的指令。

- **操作预告：** 值班调度员对计划操作预先下发的调度指令，供下级调控机构值班调度员、相关调控机构值班监控员、厂站运行值班人员及输变电设备运维人员做操作前的准备。
- **合环 / 解环：** 电气操作中将线路、变压器或断路器构成的网络闭合 / 断开运行的操作。
- **检修：** 设备的所有断路器、隔离开关均断开，挂好保护接地线或合上接地开关（并在可能来电侧挂好工作牌，装好临时遮栏）的状态。
- **线路检修：** 线路隔离开关及线路高抗高压侧隔离开关拉开，线路 TV 或 CVT 低压侧断开，并在线路出线端合上接地开关（或挂好接地线）。
- **热备用：** 设备（不包括带串补装置的线路和串补装置）断路器断开，而隔离开关仍在合上位置的状态。
- **冷备用：** 线路、母线等电气设备的断路器断开，其两侧隔离开关和相关接地开关处于断开位置的状态。
- **核相：** 用仪表或其他手段对两电源或环路相位检测是否相同。
- **定相：** 新建、改建的线路、变电站在投运前分相依次送电，核对三相标志与运行系统是否一致。
- **潮流：** 电网稳态运行时的电压、电流、功率。
- **幺、两、三、四、五、六、拐、八、九、洞：** 调度业务联系时，数字“1、2、3、4、5、6、7、8、9、0”的读音。

## （四）典型任务学习——线路停送电

**学习目标：**

- 了解线路停送电操作的相关知识和流程。
- 了解操作票的填写和使用。
- 了解简单的线路停送电操作步骤要领。

<table>
<tr><th>学习要项</th><th>学习方式</th><th>考核方式</th></tr>
<tr><td>业务流程学习</td><td>● 负责人讲解业务流程<br>● 学员学习作业指导书</td><td rowspan="3">学员完成理论知识考试</td></tr>
<tr><td>相关知识与技能学习</td><td>在线课程学习</td></tr>
<tr><td>案例分析及研讨</td><td>学员集中对案例进行学习分享</td></tr>
</table>

## 业务流程

**步骤 1：拟写操作指令票**

**工作要求：**根据停电检修票中的内容、安排、要求及运行方式等，明确操作目的，确定操作任务，拟写操作指令票，必要时征求现场操作意见；拟写操作指令票前，拟票人应核对现场一、二次设备实际状态，对照厂站主接线图检查操作步骤的正确性。

**步骤 2：下达操作预告**

**工作要求：**值班调度员可利用电话、传真、网络等方式将调度指令内容传到现场人员，双方必须进行复诵，校核内容一致后签字。

**步骤 3：执行操作指令票**

**工作要求：**按核对正确且已经预告的操作指令票发布操作指令，下达操作指令和收听操作汇报必须使用普通话及调度术语，必须进行复诵，复诵无误后方可执行。

**步骤 4：归档操作指令票**

**工作要求：**操作指令票执行完成后，在调度日志中进行记录，将已全部操作完成的调度指令票进行归档。

**特别提醒：**在执行该任务前，必须详细学习和了解该岗位的《安全操作规程》。具体的操作步骤请严格按照工作现场的规章制度和安全操作要求执行。

## 相关知识和技能

| 类别 | 内容 | 学习清单 |
|---|---|---|
| 知识类 | 了解电网调度控制管理规定 | 网大标课《山东电网调度控制管理规程》 |
| | 了解调度规范用语 | 网大标课《电网调度规范用语》 |
| | 了解电力系统运行方式 | 网大标课《电力系统运行方式》 |
| | 了解电网停电管理相关规定 | 网大标课《电网停电管理》 |
| 技能类 | 了解 OMS 系统的运行方式 | 网大标课《山东电网调度管理应用系统（OMS 系统）》 |
| | 了解操作管理及术语 | 网大标课《调度操作管理及调度术语应用》 |
| | 进一步了解调度控制相关技术规范 | 网大标课《调度控制远方操作技术规范》解读 |

**注** 在线课程提供的内容仅供参考，请以实际工作要求为准。

## 案例分析与研讨

| 案例：执行调控倒闸操作时缺失监护 | |
|---|---|
| 事件经过 | 2012 年 9 月 5 日，调控正值王 ×× 和副值张 ×× 值班，在 110kV×× 线的停电过程中，王 ×× 去厕所，此时现场变电运维人员汇报“上步操作已完成”，按照操作票流程下一步应该是遥控拉开线路两侧的断路器，张 ×× 见王 ×× 不在身边，认为操作简单不会引起误操作，于是单人操作拉开断路器 |
| 违反条款 | 违反《山东电网调度控制管理规程》11.2.8 条：监控远方操作中，应核对相关变电站一次系统图画面，在分画面上操作，严格执行模拟预演、唱票、复诵、监护、记录等要求。<br>违反《山东电网调度控制管理规程》11.2.9 条：监控远方操作前后，值班监控员应检查核对设备名称、编号和断路器、隔离开关的分、合位置 |
| 可能造成的伤害 | 不按规定进行监控远方操作，仅一人操作失去监护，且操作前未仔细检查核对设备名称、编号和开关合闸位置，易发生误操作，造成局部电网停电等事故 |
| 违章原因分析 | 1. 该调度员安全意识淡薄，存在侥幸心理，在无人监护的情况下，依然独自进行遥控操作，属于习惯性违章。<br>2. 该调度员对调规细节掌握不够，工作随意，未充分认识到依规操作的重要性 |
| 应采取的防范措施 | 1. 监控远方操作必须由正值监护、副值操作，若无人监护则必须停止操作。<br>2. 提高调控人员调规培训的重视程度，强化违规的监督和考核力度，杜绝此类习惯性违章 |

## （五）典型任务学习——接地故障处理

**学习目标：**

- 了解线路接地故障类别、常见特征。
- 掌握接地故障处理原则。
- 掌握接地故障处理一般步骤和基本流程。

| 学习要项 | 学习方式 | 考核方式 |
| --- | --- | --- |
| 业务流程学习 | • 负责人讲解业务流程<br>• 学员学习作业指导书 | 学员完成理论知识考试 |
| 相关知识与技能学习 | 在线课程学习 | |
| 案例分析及研讨 | 学员集中对案例进行学习分享 | |

### 业务流程

**步骤 1：观察电压指示、判断接地情况**

**工作要求：**根据不同电压异常情况准确判断故障类型。

**步骤 2：隔离故障点**

**工作要求：**

（1）保护装置自动切除。仔细检查配电自动化系统事件记录，准确记录接地发生时间、设备名称、开关变位情况、主要保护动作信号等事故信息；判断事故范围和严重程度，确定停电范围内是否存在医院、政府、媒体、铁路、机场、煤矿等重要用户，做好事故预案。

（2）人工隔离。根据变电站的运行方式，判断是否可以进行母线分割法；试拉线路寻找接地点。

**步骤 3：组织人员消除故障**

**工作要求：**准确将停电线路名称、影响范围等情况告知相关线路管辖单位进行巡线；通知监测指挥班人员提报停电信息，并做好客户通知；确保恢复供电时间满足规定要求；及时完整做好故障处理值班记录。

**步骤 4：恢复线路供电**

**工作要求：**调度人员下令时，准确告知设备名称，严格执行下令、复诵、录音、记录和汇报制度；送电完成后，及时通知线路管辖单位和监测指挥班人员，并做好客户通知；恢复系统原运行方式。

**特别提醒：** 在执行该任务前，必须详细学习和了解该岗位的《安全操作规程》。具体的操作步骤请严格按照工作现场的规章制度和安全操作要求执行。

## 相关知识和技能

| 类别 | 内容 | 学习清单 |
|---|---|---|
| 知识类 | 了解调度工作流程 | 网大标课《调度相关工作流程》 |
| | 熟悉变压器设备调度规范用语和操作流程 | 网大标课《中性点不接地系统的接地保护》 |
| | 了解任务所涉及的相关装置 | 网大标课《变压器设备调度规范用语及其操作常识》 |
| | 了解接地保护相关知识点 | 网大标课《继电保护及安全自动装置》 |
| 技能类 | 了解接地故障的查找方式 | 网大微课《快又准查找系统接地故障》<br>网大标课《小电流接地系统单相接地故障分析处理》<br>网大标课《10kV 配网接地故障处理流程》<br>网大标课《请给我 2 小时——中性点不接地系统单相接地故障分析》 |
| | 特定情境下接地故障的分析处理方法 | |

**注**　在线课程提供的内容仅供参考，请以实际工作要求为准。

## 案例分析与研讨

| 案例：未正确判断电压异常盲目进行接地故障处置 | |
|---|---|
| 事件经过 | 2017 年 7 月 3 日，110kV×× 变电站 10kV Ⅰ段母线电压出现异常，当时的三相电压显示为：A 相电压为 0kV，B、C 相电压为 6kV，当值值班员房某接到监控班汇报后，误判断为 A 相全压接地，未与正值调度员王某沟通，直接组织进行拉路，在试拉一条线路后，被正值调度员王某发现并制止，并组织变电运维人员去现场检查 TV 熔断器 |
| 违反条款 | 1. 违反《山东电网配网调度控制管理规程》第 135 条：配调管辖范围内的 10kV 母线出现接地现象，值班调控员应首先检查三相电压指示，防止误将 TV 熔丝熔断或铁磁谐振判断为接地故障。<br>2. 违反《山东电网调度控制管理规程》第 11.3.3 条：发布操作指令和收听操作汇报，一般由副值调度员实施，调控值长（正值）监护 |
| 可能造成的伤害 | 对没有出现故障的配电线路进行停电，暂停用户正常供电，造成大面积停电，并对供电可靠性产生较大影响 |

续表

| 案例：未正确判断电压异常盲目进行接地故障处置 | |
|---|---|
| 违章原因分析 | 值班调度员对试拉接地的重要性认识不够，对误操作可能造成的危害没有保持警醒，工作态度不认真 |
| 应采取的防范措施 | 1. 强化对值班调度员的培训，加强对母线电压异常特征的分析，将接地处理流程入脑入心。<br>2. 端正值班调度员工作态度，加强调度下令的监督和考核，强化责任意识和安全意识，严格执行监护制度 |

## （六）典型任务学习——检修票受理

**学习目标：**

- 了解检修票类型及适用范围。
- 了解检修票编制注意事项。
- 了解检修票提交时间规定及注意事项。

| 学习要项 | 学习方式 | 考核方式 |
|---|---|---|
| 业务流程学习 | • 负责人讲解业务流程<br>• 学员学习作业指导书 | 学员完成理论知识考试 |
| 相关知识与技能学习 | 在线课程学习 | |
| 案例分析及研讨 | 学员集中对案例进行学习分享 | |

### 业务流程

**步骤 1：审核“检修票类型”**

**工作要求：**审核提报单位是否按设备分类正确选择“检修票类型”。

**步骤 2：审核“工作内容”**

**工作要求：**审核“工作内容”是否简明扼要，突出重点，不属于主要工作的内容，无须填报。

**步骤 3：审核“停或送电范围”**

**工作要求：**线路检修票中“停或送电范围”是否填写厂站名称；不同类型设备的停送电范围是否填写正确；输变电设备是否写明该设备要求的最终状态（转检修 / 冷备用 / 热备用 / 运行）。

**步骤 4：审核“停或送电范围”和“工作内容”逻辑**

**工作要求：**“停或送电范围”与“工作内容”之间是否保证“充分必要”关系，不得扩大或缩小停送电范围；因安全距离不足等原因需陪停的设备是否包含在“停或送电范围”内，并在“工作内容”中写明陪停原因。

**步骤 5：审核“工作申请时间”和“开始操作时间”**

**工作要求：**审核提报单位是否正确填写“工作申请时间”和“开始操作时间”。

**步骤 6：审核“送电时要求”**

**工作要求：**审核具有送电要求的检修工作是否在“送电时要求”处准确填写。

**特别提醒：**在执行该任务前，必须详细学习和了解该岗位的《安全操作规程》。具体的操作步骤请严格按照工作现场的规章制度和安全操作要求执行。

## 相关知识和技能

| 类别 | 内容 | 学习清单 |
| --- | --- | --- |
| 知识类 | 了解调度工作流程 | 网大标课《电网调度规范用语》<br>网大标课《调度相关工作流程》<br>网大标课《电网停电管理》<br>网大标课《带电作业基础知识》<br>网大标课《继电保护及安全自动装置》 |
| | 了解电网停电管理相关规定 | |
| | 了解带电作业、继电保护及安全自动装置相关知识 | |
| 技能类 | 了解调控运行常用系统 | 网大微课《调控运行常用系统介绍》<br>网大标课《调度操作管理及调度术语应用》 |
| | 了解调度操作管理及调度术语应用 | |

注　在线课程提供的内容仅供参考，请以实际工作要求为准。

## 案例分析与研讨

| 案例：未正确判断电压异常盲目进行接地故障处置 | |
| --- | --- |
| 事件经过 | 检修票中“停或送电范围”：××站 220kV 2 号母线、4 号母线及母旁 200 断路器转检修。<br>工作内容：××站 220kV 母旁 200 断路器设备清扫、预试，220kV 2 号、4 号母线消缺，3 号主变压器 203-2、203-4 隔离开关消缺 |

续表

| 案例：未正确判断电压异常盲目进行接地故障处置 | |
|---|---|
| 违反条款 | “工作内容”中出现主变压器消缺工作，“停或送电范围”中并未选择主变压器停电，导致停送电范围与工作内容逻辑不对应 |
| 可能造成的伤害 | 如按照现填写的设备组织停电操作并许可现场工作，会导致现场人员在3号主变压器带电情况下开展消缺，造成人身触电或出现感应电情况 |
| 违章原因分析 | 提报单位在选择“停或送电范围”错误考虑“就大不就小”原则，只选择母线，而未根据主变压器工作全面选择所有范围 |
| 应采取的防范措施 | 1. 组织提报单位认真学习检修票提报规范。<br>2. 对存在疑问的地方应开展充分沟通，不可盲目提报检修票 |

## （七）典型任务演练及考核——线路停送电

**演练说明：**本次演练和考核的核心内容是从“线路停送电”的业务流程中选取的1个关键步骤；学员在演练及考核前需了解任务的整体流程及详细步骤，并做好安全及其他各项准备。

**学习目标：**了解操作指令票的填写要点，学会拟写操作指令票。

**学习方式：**负责人组织学员到现场进行现场勘察观摩、现场指导、演练。

**考核方式：**学员按照工作要求参照附录2《调控运行值班　调度操作票》拟写操作指令票，负责人基于学员填写情况并参考附录3《调控运行值班　线路停送电考核表》进行评分。

### 操作要领及考核要点：

#### 拟写操作指令票

**操作要领：**

（1）根据停电检修票，完整、准确拟写操作指令票，明确操作目的和操作任务。

（2）拟写操作指令票前，拟票人应核对现场一、二次设备实际状态，对照电网潮流图、厂站主接线图进行填写。

（3）填写操作指令票。

**考核要点：**

（1）正确填写指令票中的事项类型、操作类型、操作时间、设备名称、操作任务和注意事项。

（2）认真核对现场一、二次设备实际状态。

（3）正确使用设备双重编号和调度术语。

（4）操作指令票应严格按照停送电范围、方式安排填写，不能扩大或缩小停送电范围。

（5）线路停电操作顺序符合规程要求。

## （八）典型任务演练及考核——接地故障处理

**演练说明：**本次演练和考核的核心内容是从“接地故障处理”的业务流程中选取的1个关键步骤；学员在演练及考核前需了解任务的整体流程及详细步骤，并做好安全及其他各项准备。

**学习目标：**了解不同电压异常情况，学会根据不同电压异常情况判断接地故障类型。

**学习方式：**负责人组织学员到现场进行现场勘察观摩、现场指导、演练。

**考核方式：**学员按照负责人的描述，判断故障类型，负责人基于学员回答并参考附录4《调控运行值班　接地故障处理考核表》进行评分。

**操作要领及考核要点：**

**观察电压指示**

**操作要领：**

根据不同电压异常情况准确判断故障类型：

（1）金属性接地：故障相电压为0，非故障相电压升高至线电压。

（2）非金属接地：一相（两相）电压低，但不为零，另两相（一相）电压高，近似于线电压。

（3）分频谐振过电压：三相电压依次轮流升高，并超过线电压（不超过两倍相电压）表针打到头，三相电压表针在同范围内低频摆动。

（4）高频谐振过电压：三相电压同时升高，远超过线电压（可达到四倍线电压）。

（5）TV 熔丝熔断：故障相电压为零，非故障相电压正常。

**考核要点：**

准确识别金属性接地、非金属接地、分频谐振过电压、高频谐振过电压及 TV 熔丝熔断等故障类型。

## （九）典型任务演练及考核——检修票受理

**演练说明：**本次演练和考核的核心内容是从“检修票受理”的业务流程中选取的 2 个关键步骤；学员在演练及考核前需了解任务的整体流程及详细步骤，并做好安全及其他各项准备。

**学习目标：**了解检修票“工作内容”“停或送电范围”和“工作内容”逻辑的审核方法。

**学习方式：**负责人组织学员到现场进行现场勘察观摩、现场指导、演练。

**考核方式：**学员对负责人分发的检修票的相关内容进行审核并口头作答，负责人基于学员回答情况并参考附录 5《调控运行值班　检修票受理考核表》进行评分。

## 操作要领及考核要点：

### 审核“工作内容”

**操作要领：**

（1）检修票语言简洁通顺、逻辑清晰、无错别字。

（2）影响停、送电的工作内容表述清楚。

**考核要点：**

正确审核出“工作内容”错误或表述不清的内容。

### 审核“停或送电范围”和“工作内容”逻辑

**操作要领：**

“停或送电范围”与“工作内容”之间保证“充分必要”关系，即不存在扩大或缩小停送电范围和随意增加工作内容的情况。

**考核要点：**

对“停或送电范围”和“工作内容”逻辑关系做出正确判断。

# 第二章　通信运维检修岗位轮岗实习导引

## 一、通信运维检修岗位实习安排

## 二、通信运维检修岗位实习内容

（一）岗位基本概况

（二）岗位安全要求及注意事项介绍

（三）设备、工器具及专业术语

（四）典型任务学习——通信站巡视

（五）典型任务学习——光缆故障及缺陷处理

（六）典型任务演练及考核——通信站巡视

（七）典型任务演练及考核——光缆故障及缺陷处理

# 一、通信运维检修岗位实习安排

## 岗位学习整体目标

• 形成对通信运维检修岗位的基本认知，建立岗位工作的安全意识，掌握岗位的基本常识和专业术语。

• 系统地学习岗位典型任务的知识和技能，熟悉岗位的基本工作流程，掌握典型任务的操作要领。

## 轮岗实习安排

<table>
<tr><th>时间安排</th><th>轮岗实习内容</th><th>学习方式</th><th>考核方式</th></tr>
<tr><td rowspan="3">第一天</td><td>1. 岗位介绍概况（岗位简介、职责任务）</td><td rowspan="2">讲解</td><td rowspan="7">理论考试综合评价</td></tr>
<tr><td>2. 岗位安全要求及注意事项</td></tr>
<tr><td>3. 常见通信运维检修设备、工器具及专业术语</td><td>现场观摩</td></tr>
<tr><td rowspan="2">第二天</td><td>4. 典型任务学习——通信站巡视</td><td>—</td></tr>
<tr><td>业务流程学习<br>相关知识技能学习<br>案例分析及研讨</td><td>讲解<br>自学（网课）<br>研讨</td></tr>
<tr><td rowspan="2">第三天</td><td>5. 典型任务学习——光缆故障及缺陷处理</td><td>—</td></tr>
<tr><td>业务流程学习<br>相关知识技能学习<br>案例分析及研讨</td><td>讲解<br>自学（网课）<br>研讨</td></tr>
<tr><td rowspan="2">第四天</td><td>6. 任务演练及考核——通信站巡视</td><td rowspan="4">演练<br>实操</td><td rowspan="4">实操考核综合评价</td></tr>
<tr><td>示范及指导演练（负责人）<br>现场操作（学员）</td></tr>
<tr><td rowspan="3">第五天</td><td>7. 任务演练及考核——光缆故障及缺陷处理</td></tr>
<tr><td>示范及指导演练（负责人）<br>现场操作（学员）</td></tr>
<tr><td>8. 知识考核<br>9. 通关档案填写</td><td>—</td><td>—</td></tr>
</table>

# 二、通信运维检修岗位实习内容

## （一）岗位基本概况

**学习目标：** 了解通信运维检修岗位的岗位简介、职责任务、主要业务等。

**学习方式：** 负责人讲解。

**考核方式：** 负责人结合附录1《日常行为规范评分表》，对学员的整体学习及表现情况进行综合打分。

**学习内容要点：**

### 通信运维检修岗位简介

电力通信网络是电力系统重要组成部分，为电网生产、运营和管理等业务提供通道保障，是确保电网安全、稳定、经济运行的重要手段。通信运维检修岗位全面负责电力通信光缆、设备及其附属设施的巡视、运行、检修及故障缺陷处理等工作。

### 岗位职责任务

通信运维检修岗主要包含5项工作职责、11项重点工作任务。

**通信运维检修岗位**

**职责A：通信系统巡视**

A1—通信站巡视

A2—通信光缆巡视

**职责B：故障及缺陷处理**

B1—光缆故障及缺陷处理

B2—设备故障及缺陷处理

B3—动力环境故障及缺陷处理

**职责C：业务方式开通及调整**

C1—通信业务开通

C2—运行方式调整

**职责D：通信系统检修**

D1—通信独立检修

D2—配合电网检修

**职责E：通信系统验收**

E1—通信站工程验收

E2—通信线路工程验收

## （二）岗位安全要求及注意事项介绍

**学习目标：**了解通信运维检修岗位的安全要求及注意事项。

**学习方式：**负责人讲解。

**考核方式：**学员完成理论知识考试。

**学习内容要点：**

### 通信运维检修岗位安全要求及注意事项

（1）巡视检查时，不得进行其他工作（严禁进行电气工作），不得移开或越过遮栏。

（2）夜间巡视时，应及时开启设备区照明（夜巡应带照明工具）。

（3）在清洁过程中，应佩戴防静电手环；清扫设备时，使用绝缘除尘工具。

（4）避免光端口、尾纤连接头端面直接照射眼睛。

（5）巡视时与设备带电部分保持足够的安全距离。

（6）使用仪表时应摆放平稳，注意防潮、防尘、防有害源。

（7）尾纤接头应卡接到位。

（8）测试用跳纤需经擦纤器擦拭后使用。

（9）用 OTDR 对纤芯进行测试，应确保对端站测试纤芯与光设备无连接。

（10）登高作业时应与带电体保持安全距离，并制定防跌落等安全措施。

（11）高空作业所使用的工具和材料应放在工具袋内或用绳索绑牢，严禁抛掷。

（12）密闭空间作业时，应注意通风，防止窒息和气体中毒。

（13）在使用 OTDR 和光源测试时，严禁尾纤连接头端面正对眼睛。

（14）检修作业人员应正确穿戴劳动防护用品，正确使用安全工器具，在指定的工作区域内进行作业，工作负责人和监护人加强监护。

（15）检修人员应严格按照工作票和任务内容要求，开展指定的检修

工作，严禁误动其他在运系统或设备设施，造成其他系统或业务的非计划中断。

**备注：** 可结合该岗位对应的《安全操作规程》，对学员做详细的讲解。

## （三）设备、工器具及专业术语

**学习目标：** 了解通信运维检修岗位常见的相关设备及工器具，学员能够做初步的辨识。

**学习方式：** 负责人讲解，并带领学员现场观摩学习。

**考核方式：** 负责人结合附录1《日常行为规范评分表》，对学员的整体学习及表现情况进行综合打分。

**学习内容要点：**

**常见设备及工器具**

- SDH。
- PTN。
- IAD。
- 数字配线架。
- 光纤配线架。

**专业术语**

- **通信站辅助系统：** 通信站机房、屏体、通信管线、配线系统、接地、过电压保护等称为通信站辅助系统。
- **通信站设备：** 安装在通信站内为电力系统服务的各种通信设备称为通信站设备。
- **通信巡视作业：** 对运行中通信线路、通信设备等进行的巡查，一般不改变设备、网络运行状态且不引发设备告警。
- **通信检修作业：** 对运行中通信线路、通信设备等进行修理、测试、试验等，需要进行设备软件、硬件操作和业务数据配置操作，通常会改变设备、网络运行状态。

- **普通架空光缆：** 利用电力杆路资源通过吊线形式进行敷设的光缆。
- **电力特种光缆：** 依附于输电线路杆塔，电气和机械性能满足输电线路同杆架设或布敷要求的光缆。
- **复合架空地线光缆（OPGW）：** 电力系统独有的，具有电力线路地线和通信光纤光缆的双重功能，用于电力系统内部的通信及输电线路维护保养信息的传送，也可以用于一般的公共服务网络。
- **全介质自承式光缆（ADSS）：** 一种全介质材料组成，自身包含必要的支撑系统，可直接悬挂于电力杆塔上的非金属光缆。
- **标准化现场作业：** 以作业现场安全生产、技术活动的全过程及其要素为主要内容，按照企业安全生产的客观规律与要求，以作业过程的组织、技术、安全管理为中心，制定作业程序标准和贯彻标准的一种有组织的系列活动。
- **一体式电视电话会议终端：** 通常位于视频会议系统组网的边缘层或者终端接入层，不仅包含必需的高清视频会议终端、麦克风和镜头等视频会议系统必需配件，还配置了标准的高清显示设备及支架，多种组件的结合形成比较完整的视频会议系统。
- **通信工作票：** 准许进行通信现场工作的书面命令，是执行保证安全技术措施的依据，一般在独立通信站、中心站、通信管道、通信杆路等通信专用设施进行通信作业时使用。

## （四）典型任务学习——通信站巡视

**学习目标：**

- 了解通信站设备维护制度和要求。
- 辨识通信设备及电源。
- 了解通信站巡视的准备工作及巡视内容。

| 学习要项 | 学习方式 | 考核方式 |
|---|---|---|
| 业务流程学习 | • 负责人讲解业务流程<br>• 学员学习作业指导书 | 学员完成理论知识考试 |
| 相关知识与技能学习 | 在线课程学习 | |
| 案例分析及研讨 | 学员集中对案例进行学习分享 | |

## 业务流程

**步骤1：准备工作安排**

**工作要求：**确定工作负责人及工作班成员；准备好巡视所需仪器仪表、工器具、备品备件、技术资料以及劳动防护用品；组织学习作业指导书及相关规程、标准；办理工作票许可；召开现场开工会。

**步骤2：检查机房环境**

**工作要求：**依次检查通信站监视和报警系统，机房温度、湿度，机房空调，机房门窗，机房具备防小动物设施和安全防盗设施，机房管沟孔洞，机房消防情况，机房具备防雨、防水、防汛措施，通信机房照明及蓄电池室。

**步骤3：检查通信设备（通用部分）**

**工作要求：**检查通信运行设备及相关辅助设备的运行状况；各种通信设备的电源线、接地线、光缆、光跳纤、同轴电缆、音频电缆；设备及缆线标志；设备是否可靠固定，接地是否符合要求；设备滤网、电源输入、设备面板及机柜内的灰尘；设备运行资料。

**步骤4：检查通信设备（光传输设备）**

**工作要求：**检查设备告警板卡指示灯状态；设备公共控制板卡的运行指示灯；设备风扇运行状态及机柜风扇状态及温度情况；各种速率光接口卡收信、发信指示灯，运行状态指示灯，业务板卡运行状态指示灯及光放大器运行状态指示灯；设备电源板卡工作状态；检查机柜电源分配单元的电源开关位置；设备连接线；与网管核对现场情况。

**步骤5：检查通信设备（语音交换设备）**

**工作要求：**检查系统专网中继线及公网中继线的使用状态，根据交换网络图检查中继路由设置情况。

**特别提醒：**在执行该任务前，必须详细学习和了解该岗位的《安全操作规程》。具体的操作步骤请严格按照工作现场的规章制度和安全操作要求执行。

## 相关知识和技能

| 类别 | 内容 | 学习清单 |
|---|---|---|
| 知识类 | 了解通信站巡视流程及标准 | 网大标课《2017 评优—通信站巡视标准化作业》<br>网大标课《2017 评优—终端通信（EPON）巡视标准化作业》 |
| | 了解通信设备 | |
| | 了解终端通信巡视流程及标准 | |
| 技能类 | 了解电力通信系统安全检查内容 | 网大标课《电力通信系统安全检查内容》<br>网大标课《通信电源日常维护》<br>网大标课《通信电源测试与维护》<br>网大标课《光传输设备巡检工作介绍》 |
| | 了解通信电源的维护及相关知识 | |
| | 了解光传输设备巡检流程 | |

**注**　在线课程提供的内容仅供参考，请以实际工作要求为准。

## 案例分析与研讨

| 案例：机房巡视人员违规操作 | |
|---|---|
| 事件经过 | 2017 年 7 月 10 日，李 ×× 在进行机房巡视时，发现通信机房 3 号温湿度采集点温度 30℃告警，未报告通信运维单位的情况下自行处理，温度仍未下降。临近下班时间，李 ×× 直接登录动环监控系统后台消除告警信息 |
| 违反条款 | 李 ×× 巡视时发现异常未报告通信运维单位（部门）。违反《国家电网公司电力安全工作规程（电力通信部分）》5.1 的规定：发现异常问题，应及时报告电力通信运维单位（部门）；非紧急情况的异常问题处理，应获得电力通信运维单位（部门）批准。<br>李 ×× 巡视时直接登录动环监控系统后台消除告警信息。违反《国家电网公司电力安全工作规程（电力通信部分）》5.2 的规定：“巡视时未经批准，不得更改、清除电力通信系统或机房动力环境告警信息 |
| 可能造成的伤害 | 机房巡视时擅自消除设备告警信息会导致网管无法收集设备告警，造成设备故障 |
| 违章原因分析 | 1．操作人员工作态度不端正，存在习惯性违章行为。<br>2．工作流程不规范，未熟练掌握安规要求，缺乏过程监管 |
| 应采取的防范措施 | 1．机房巡视时应严格按照巡视要求，发现异常情况及时报告，严禁擅自更改机房设备及动力环境告警信息。<br>2．端正巡视人员工作态度，加大工作现场管控和考核，杜绝习惯性违章 |

## （五）典型任务学习——光缆故障及缺陷处理

**学习目标：**

- 了解电力通信光缆的基本类型及简单电力通信光缆中断故障处理流程。
- 了解光缆故障定位原理及方法。
- 了解电力通信光缆接续方法。

| 学习要项 | 学习方式 | 考核方式 |
| --- | --- | --- |
| 业务流程学习 | ● 负责人讲解业务流程<br>● 学员学习作业指导书 | 学员完成理论知识考试 |
| 相关知识与技能学习 | 在线课程学习 | |
| 案例分析及研讨 | 学员集中对案例进行学习分享 | |

### 业务流程

**步骤 1：准备工作**

**工作要求：**根据光缆故障处理任务和内容，准备相应的光缆抢修材料；准备齐备的工器具和仪器仪表；准备相关的技术资料，包括光缆路由图、光缆配线表等；办理工作票；召开开工会，工作负责人向作业人员交代作业任务、安全措施、注意事项、风险点等。

**步骤 2：向通信调度汇报、确认**

**工作要求：**工作负责人向通信调度汇报，确认无其他影响本次故障处理的因素，可以开工。

**步骤 3：光缆故障定位**

**工作要求：**在站端对故障光缆采用 OTDR 设备对光缆纤芯进行测试；根据故障光缆长度、故障点距测试点 OTDR 测试长度及光缆图纸资料确认故障点大体位置；根据故障点测试位置，对光缆进行现场巡视，找出故障光缆位置。

**步骤 4：光缆接续**

**工作要求：**通过剥缆、光缆固定、在光纤上加套热缩套管、制备光纤端面、光纤熔接、光纤衰耗复测、盘纤及接续盒封装、接续盒安装及余缆整理等步骤完成光缆接续。

**步骤 5：光缆技术指标测试及确认**

**工作要求**：对每根纤芯进行双向测量，测试值应取双向测量的平均值；对光缆纤芯的测试应做好记录，并与上一次测试结果进行对比分析；汇报通信调度，确认光缆承载业务恢复，技术参数达到要求。

**特别提醒**：在执行该任务前，必须详细学习和了解该岗位的《安全操作规程》。具体的操作步骤请严格按照工作现场的规章制度和安全操作要求执行。

## 相关知识和技能

| 类别 | 内容 | 学习清单 |
| --- | --- | --- |
| 知识类 | 了解通信光缆的基本知识 | 网大标课《30 分钟带你走进光缆的世界——通信光缆基础知识》<br>网大标课《光纤通信原理与系统系列课二（光纤和光缆）》 |
| | 了解光纤通信原理 | |
| 技能类 | 了解光缆的开剥、接续及测试方法 | 网大标课《普通光缆的接续与测试》<br>网大标课《普通光缆的开剥与接续》<br>网大标课《光缆故障处理》<br>网大标课《光缆的运行维护》<br>网大标课《光缆故障定位三步法》 |
| | 了解光缆故障处理的工作流程 | |
| | 了解光缆的运行维护 | |
| | 了解光缆故障定位的方法 | |

注 在线课程提供的内容仅供参考，请以实际工作要求为准。

## 案例分析与研讨

| 案例：未断开被测纤芯对端电力通信设备和仪表 | |
| --- | --- |
| 事件经过 | 2017 年 12 月 1 日 18 时 30 分，×× 公司通信调度通知，×× 独立通信站至 220kV×× 变电站备用光路中断。具体故障原因需工作人员到现场后进一步排查。21 时 15 分，×× 公司通信运检工作负责人 ×× 和工作班成员 ×× 到达 ×× 独立通信站，完成准备工作后开始作业。工作班成员王 ×× 在核对确认中断光路端口后，拔下本侧尾纤，直接使用光时域反射仪（OTDR）测试纤芯。经测试发现该光缆在距通信机房 285m 处中断，现场检查光缆故障点在电缆沟内。经排查分析，故障原因系老鼠啃噬所致。工作负责人组织开展光缆敷设熔接工作。光缆熔接完毕后状态核实和确认工作发现对端光通信模块损坏 |

续表

| 案例：未断开被测纤芯对端电力通信设备和仪表 | |
|---|---|
| 违反条款 | 工作人员王 ×× 直接使用光时域反射仪（OTDR）测试纤芯。违反《电力安全工作规程（电力通信部分）》7.6“使用光时域反射仪（OTDR）进行光缆纤芯测试时，应先断开被测纤芯对端的电力通信设备和仪表”和 3.2.8.4“工作班成员：c）正确使用工器具、仪器仪表等”的规定 |
| 可能造成的伤害 | 使用光时域反射仪（OTDR）进行光缆纤芯测试时，应先断开被测纤芯对端的电力通信设备和仪表，否则会造成对端通信设备损坏 |
| 违章原因分析 | 1. 作业人员安全意识淡薄，作业前未开展风险点分析和交代安全注意事项，对违章造成的后果和危害不清楚。<br>2. 工作负责人对工作班成员行为管控不力，未能制止违章行为 |
| 应采取的防范措施 | 1. 加强通信作业人员教育培训，提高设备安全意识，使之入脑入心，让“使用光时域反射仪（OTDR）进行光缆纤芯测试时，必先断开被测纤芯对端的电力通信设备和仪表”成为一种工作习惯。<br>2. 工作前，加强对作业过程中危险点和安全注意事项分析，加强工作负责人对工作班成员行为的管控 |

## （六）典型任务演练及考核——通信站巡视

**演练说明：**本次演练和考核的核心内容是从“通信站巡视”的业务流程中选取的 1 个关键步骤，学员在演练及考核前需了解任务的整体流程及详细步骤，并做好安全及其他各项准备。

**学习目标：**了解通信站巡视流程，熟悉机房环境的检查要点及流程。

**学习方式：**负责人组织学员到现场进行现场勘察观摩、现场指导、演练。

**考核方式：**学员按照工作要求进行机房环境检查，并填写附录 6《通信运维检修　机房环境巡视记录表》，负责人基于学员填写情况并参考附录 7《通信运维检修　通信站巡视考核表》进行评分。

### 操作要领及考核要点：

**检查机房环境**

**操作要领：**依次对下列设备进行检查，并记录检查情况。

（1）信站监视和报警系统应 24h 正常工作并有人监视。

（2）机房温湿度满足设备安全运行要求，并具备监测手段。

（3）机房空调运转正常，滤网及时清理。

（4）机房门窗密封，室内定期除尘。

（5）机房防小动物设施、防盗设施正常。

（6）孔洞及时封堵，电缆竖井、沟道具备防火措施。

（7）机房消防器材定期检查，记录齐全，不得存放易燃、易爆、易腐等危险物品。

（8）防雨、防水、防汛措施正常，排水管道通畅。

（9）机房具备符合要求的工作照明和事故照明。

（10）蓄电池室具备符合要求的防爆灯具、通风换气设施。

**考核要点：**

对所有设备进行检查，并记录检查情况。

## （七）典型任务演练及考核——光缆故障及缺陷处理

**演练说明：**本次演练和考核的核心内容是从“光缆故障及缺陷处理”的业务流程中选取的 1 个关键步骤；学员在演练及考核前需了解任务的整体流程及详细步骤，并做好安全及其他各项准备。

**学习目标：**了解光缆故障定位的方法，学习使用 OTDR 设备进行简单测试。

**学习方式：**负责人组织学员到现场进行勘察观摩、现场指导、演练。

**考核方式：**学员操作使用 OTDR 设备进行测试，并进行故障点位置计算，负责人基于学员的操作和作答结果并参考附录 8《通信运维检修　光缆故障及缺陷处理考核表》进行评分。

## 操作要领及考核要点：

### 光缆故障定位

**操作要领：**

（1）使用OTDR设备对光缆纤芯进行简单测试。

（2）根据故障光缆长度、故障点距测试点OTDR测试长度计算故障点大体位置。

**考核要点：**

（1）正确使用OTDR设备对光缆纤芯进行简单测试。

（2）正确计算光缆故障点位置。

# 第三章　输电线路运检岗位轮岗实习导引

# 一、输电线路运检岗位实习安排

## 岗位学习整体目标

•形成对输电线路运检岗位的基本认知，建立岗位工作的安全意识，掌握岗位的基本常识和专业术语。

•系统地学习岗位典型任务的知识和技能，熟悉岗位的基本工作流程，掌握典型任务的操作要领。

## 轮岗实习安排

<table>
<tr><th>时间安排</th><th>轮岗实习内容</th><th>学习方式</th><th>考核方式</th></tr>
<tr><td rowspan="3">第一天</td><td>1. 岗位介绍概况（岗位简介、职责任务）</td><td rowspan="2">讲解</td><td rowspan="7">理论考试<br>综合评价</td></tr>
<tr><td>2. 岗位安全要求及注意事项</td></tr>
<tr><td>3. 常见岗位相关设备、工器具及专业术语</td><td>现场观摩</td></tr>
<tr><td rowspan="2">第二天</td><td>4. 典型任务学习——本体巡视</td><td>—</td></tr>
<tr><td>业务流程学习<br>相关知识技能学习<br>案例分析及研讨</td><td>讲解<br>自学（网课）<br>研讨</td></tr>
<tr><td rowspan="2">第三天</td><td>5. 典型任务学习——停电更换直线绝缘子串</td><td>—</td></tr>
<tr><td>业务流程学习<br>相关知识技能学习<br>案例分析及研讨</td><td>讲解<br>自学（网课）<br>研讨</td></tr>
<tr><td rowspan="6">第四天</td><td>6. 任务演练及考核——本体巡视</td><td rowspan="4">演练<br>实操</td><td rowspan="4">实操考核<br>综合评价</td></tr>
<tr><td>示范及指导演练（负责人）<br>现场操作（学员）</td></tr>
<tr><td>7. 任务演练及考核——停电更换直线绝缘子串</td></tr>
<tr><td>示范及指导演练（负责人）<br>现场操作（学员）</td></tr>
<tr><td>8. 知识考核</td><td rowspan="2">—</td><td rowspan="2">—</td></tr>
<tr><td>9. 通关档案填写</td></tr>
</table>

# 二、输电线路运检岗位实习内容

## （一）岗位基本概况

**学习目标：** 了解输电线路运检岗位的岗位简介、职责任务、主要业务。

**学习方式：** 负责人讲解及指导模拟操作。

**考核方式：** 负责人结合附录 1《日常行为规范评分表》，对学员的整体学习及表现情况进行综合打分。

**学习内容要点：**

### 输电线路运检岗位简介

输电线路是指将发电厂、变电站等设施互相联系在一起的电力线路，起着电能输送的重要作用，是电网中的骨架和血脉。因此，做好输电线路运检工作，保障输电线路长期安全、稳定运行，对整个电网具有十分重要的意义。

### 岗位职责任务

输电线路运检岗主要包含 3 项工作职责，16 项重点工作任务。

**输电线路运检岗位**

| 职责 A：输电线路运维 | 职责 B：输电线路验收 | 职责 C：输电线路检修 |
|---|---|---|
| A1—本体巡视 | B1—本体验收 | C1—杆塔检修 |
| A2—通道巡视 | B2—通道验收 | C2—导地线检修 |
| A3—附属设施巡视 | B3—附属设施验收 | C3—绝缘子串检修 |
| A4—红外测温 | | C4—金具检修 |
| A5—接地电阻测量 | | C5—附属设施检修 |
| A6—交跨测量 | | |
| A7—通道隐患处理 | | |
| A8—绝缘子检零 | | |

## （二）岗位安全要求及注意事项介绍

**学习目标：** 了解输电线路运检岗位的安全要求及注意事项。

**学习方式：** 负责人讲解。

**考核方式：** 学员完成理论知识考试。

**学习内容要点：**

**输电线路运检岗位安全要求及注意事项**

（1）线路巡视必须着纯棉工作服，戴安全帽、穿绝缘鞋（靴）、携带望远镜、测距仪等常用工具以及螺栓、铁丝等易耗材料。

（2）巡视人员应有电力线路工作经验，无妨碍工作的病症，具有线路运行的基本知识和专业技能，熟悉有关法律规程并经考试合格。

（3）巡视工作要到岗到位，尽职尽责，工作认真仔细，及时发现隐患和缺陷，保持线路良好运行状态。

（4）巡视时应严格执行《电力安全工作规程（线路部分）》标准。

（5）注意人身、电网、设备安全。

（6）注意交通安全。

（7）防止狗、蛇、蜂等小动物伤人。

（8）田间行路注意沟、井、河，防止意外伤害。

（9）进行民事协调时应注意企业形象。

**备注：** 可结合该岗位对应的《安全操作规程》，对学员做详细的讲解。

## （三）设备、工器具及专业术语

**学习目标：** 了解输电线路运检岗位常见的相关设备及工器具，学员能够做初步的辨识。

**学习方式：** 负责人讲解，并带领学员现场观摩学习。

**考核方式：** 负责人结合附录 1《日常行为规范评分表》，对学员的整体学习及表现情况进行综合打分。

**学习内容要点：**

### 专业术语

- **基础：** 支撑杆（塔），承受架空输电线路地上各部件的荷载。主要有电杆基础、铁塔基础等，按其承载力分类主要有开挖基础、掏挖基础、岩石基础、灌注桩基础、倾覆基础等。

- **杆（塔）：** 支持导线、地线及其他附件，使相导线以及地线之间彼此保持一定的安全距离，并保证导线对地面，交叉跨越物或者其他建筑物等的安全距离。主要有钢筋混凝土电杆和铁塔，其中铁塔主要有角钢塔、钢管杆、钢管塔。

- **绝缘子：** 支持导线或悬挂导线和地线，保证导线、地线与（杆）塔间绝缘，主要有导线绝缘子、地线绝缘子。按照材质可以分为瓷绝缘子、玻璃绝缘子、复合绝缘子、瓷复合绝缘子、玻璃复合绝缘子等。

- **导线：** 传导电流，输送电能，通过绝缘子悬挂在（杆）塔上，主要有钢芯铝绞线、钢芯铝合金绞线、铝包钢绞线等。

- **地线：** 又称避雷线，悬挂导线上方，防止雷电直击导线，同时在雷击（杆）塔时起分流作用，对导线起耦合和屏蔽作用，降低导线上的感应过电压。OPGW 光缆属于地线中特殊形式的一种，功能与地线相同，芯部的光导纤维起通信作用。

- **金具：** 将绝缘子与导线、地线连接、拉线与（杆）塔连接，导线、地线防振、保护、接续等，主要有悬垂线夹、耐张线夹、连接金具、接续金具、保护金具、拉线金具等。

- **避雷器：** 用来限制过电压，使电力系统中相关的各电气设备免受大气过电压和内部过电压的危害。

- **间隔棒：** 间隔棒用于维持分裂导线的距离，防止子导线之间的鞭击，抑制次档距振荡，抑制微风振动。

• **悬垂：** 悬挂导线、地线在直线（杆）塔的绝缘子上面。

• **重锤：** 重锤悬挂于悬垂线夹之下，用于增大垂向荷载，减小悬垂串的偏摆，防止悬垂串上扬。

• **接地装置：** 包括接地网和接地引下线组成，用来将（杆）塔传导下来的雷电流、短路电流等引导入大地。

## （四）典型任务学习——本体巡视

**学习目标：**

• 了解线路巡视的安全管理规定和操作规程。

• 了解线路本体的各个部件的名称、作用和正常状态。

• 了解设备缺陷、安全隐患、部件的非正常状态等，并提出检修消缺意见和建议。

| 学习要项 | 学习方式 | 考核方式 |
| --- | --- | --- |
| 业务流程学习 | • 负责人讲解业务流程<br>• 学员学习作业指导书 | 学员完成理论知识考试 |
| 相关知识与技能学习 | 在线课程学习 | |
| 案例分析及研讨 | 学员集中对案例进行学习分享 | |

### 业务流程

**步骤 1：工作准备**

**工作要求：** 穿着符合规定的工作服、戴安全帽、穿绝缘鞋（靴）、携带必要的工器具和材料。

**步骤 2：到达现场**

**工作要求：** 步行或乘坐交通工具，到达计划巡视的线路所在位置，开展观测、检查。

**步骤 3：盯防施工现场**

**工作要求：**

（1）杆塔基础：破损、酥松、裂纹、露筋、下沉，保护帽破损、边坡保护不够等。

（2）杆塔：杆塔倾斜、主材弯曲、地线支架变形、塔材、螺栓丢失、严重锈蚀、脚钉缺失、爬梯变形、土埋塔脚等；混凝土杆未封杆顶、破损、裂纹等。

（3）接地装置：断裂、严重锈蚀、螺栓松脱、接地体丢失、接地体外露、接地体连接部位有雷电烧痕等。

（4）拉线及基础：拉线金具等被拆卸、拉线棒严重锈蚀或蚀损、拉线松弛、断股、严重锈蚀、基础回填土下沉或缺土等。

（5）绝缘子：伞裙破损、严重污秽、有放电痕迹、弹簧销缺损、钢帽裂纹、断裂、钢脚严重锈蚀或蚀损、绝缘子串倾斜大于 7.5° 或 300mm。

（6）导线、地线、引流线、OPGW 散股、断股、损伤、断线、放电烧伤、导线接头部位过热、悬挂漂浮物、弧垂过大或过小、严重锈蚀、有电晕现象、导线缠绕（混线）、覆冰、舞动、风偏过大、对交叉跨越物距离不够等。

（7）线路金具：线夹断裂、裂纹、磨损、销钉脱落或严重锈蚀；均压环、屏蔽环烧伤、螺栓松动；防振锤跑位、脱落、严重锈蚀、预交丝变形、烧伤；间隔棒松脱、变形或离位；各种连板、连接环、调整板损伤、裂纹等。

**步骤 4：记录上报**

**工作要求：**对发现的缺陷、隐患认真仔细记录，并汇总上报。

**特别提醒：**在执行该任务前，必须详细学习和了解该岗位的《安全操作规程》；具体的操作步骤请严格按照工作现场的规章制度和安全操作要求执行。

## 相关知识和技能

| 类别 | 内容 | 学习清单 |
| --- | --- | --- |
| 知识类 | 电力设施保护规定 | 网大标课《电力设施保护》<br>网大标课《〈中华人民共和国电力法〉的基本内容》<br>网大标课《输电线路运行与维护》<br>网大标课《输电线路基本知识》<br>网大标课《架空输电线路巡视的主要内容》 |
| | 输电线路的基本知识 | |
| | 输电线路巡视内容 | |
| 技能类 | 本体巡视的主要内容 | 网大标课《2017 评优—输电线路典型缺陷巡视检查方法（杆塔）》<br>网大标课《2017 评优—输电线路典型缺陷巡视检查方法（导线、避雷线）》<br>网大标课《2017 评优—输电线路典型缺陷巡视检查方法（绝缘子）》<br>网大标课《2017 评优—输电线路典型缺陷巡视检查方法（金具）》<br>网大标课《2017 评优—输电线路典型缺陷巡视检查方法（接地装置）》<br>网大标课《2017 评优—架空输电线路无人机立体化巡检——无人机巡检应用实例》 |
| | 本体巡视的工作办法 | |
| | 本体巡视的新型技术手段 | |

注　在线课程提供的内容仅供参考，请以实际工作要求为准。

## 案例分析与研讨

| 案例：未使用后备保护绳登杆检查 | |
| --- | --- |
| 事件经过 | 2019 年 11 月 24 日 35kV×× 线线路跳闸，重合不成。经巡视发现 78 号杆塔耐张线夹发生断裂，存在放电痕迹，判定此处为故障点。为杜绝此类故障再次发生，输电运检班组织运维人员对该线路耐张线夹进行登杆检测，在 64 号杆登杆过程中，王 × 未使用后备保护绳，被运检部管理人员李 × 及时发现，并立即制止王 × 的违章行为 |
| 违反条款 | 违反《国家电网公司电力安全工作规程（线路部分）》9.2.4 的规定：在杆塔上作业时，应使用有后备保护绳或速差自锁器的双控背带式安全带，当后备保护绳超过 3m 时，应使用缓冲器。安全带和后备保护绳应分别挂在杆塔不同部位的牢固构件上。后备保护绳不准对接使用 |
| 可能造成的伤害 | 人员从杆塔上坠落，造成人员伤亡 |
| 违章原因分析 | 登杆检查人员习惯性违章，安全意识淡薄 |
| 应采取的防范措施 | 1. 加强安全培训，提高班组人员对于违章作业的严重性认识。对安规进行进一步巩固学习，了解违章作业的危害。<br>2. 每周利用安全活动日，开展典型违章案例分析、学习 |

## （五）典型任务学习——停电更换直线绝缘子串

**学习目标：**

- 了解电力线路第一种工作票的填写与使用。
- 了解线路验电的操作步骤。
- 了解接地线安装及拆除的操作步骤。
- 了解线路停电更换直线绝缘子串的作业流程、危险点及防范措施。

| 学习要项 | 学习方式 | 考核方式 |
|---|---|---|
| 业务流程学习 | • 负责人讲解业务流程<br>• 学员学习作业指导书 | 学员完成理论知识考试 |
| 相关知识与技能学习 | 在线课程学习 | |
| 案例分析及研讨 | 学员集中对案例进行学习分享 | |

### 业务流程

**步骤 1：填用工作票**

**工作要求：**根据检修工作任务，填用电力线路第一种工作票。

**步骤 2：现场准备**

**工作要求：**将绝缘子串及所用的工器具运至杆塔下面，并对绝缘子串表面进行擦拭，清除其表面的污垢，对绝缘子串进行检查和检测。

**步骤 3：现场勘察，召开开工会**

**工作要求：**工作负责人到工作现场后核对工作现场、线路双重称号、识别标记及塔（杆）号，与工作票上所列的是否一致，并召开现场开工会。

**步骤 4：停电、验电、挂接地线**

**工作要求：**

（1）工作负责人接到线路停电的许可后，塔上电工携带传递绳登塔，并在杆塔适当位置挂好传递绳。

（2）塔下电工与塔上电工配合将绝缘手套、验电器传至杆塔上，塔上电工逐相验电。

（3）验明线路确无电压后，塔下电工与塔上电工配合将接地线传至塔上，塔上电工逐相挂接地线。

**步骤 5：更换绝缘子串**

**工作要求：**

（1）横担侧电工与导线侧电工配合安装导线后备保护绳。

（2）横担侧电工与导线侧电工配合安装链条葫芦。

（3）导线侧电工收紧链条葫芦。

（4）横担侧电工与导线侧电工配合拆除旧绝缘子、安装新绝缘子。

（5）横担侧电工与导线侧电工配合放松链条葫芦，拆除工器具。

**步骤 6：拆除接地线**

**工作要求：**工作负责人检查本线路检修工作任务已全部完成，检修工作质量良好，线路上确无遗留缺陷、无遗留材料、工器具，确认所有工作人员均已撤离杆塔后，指挥拆除工作班所挂接的所有接地线。

**步骤 7：清点工具、召开现场收工会**

**工作要求：**

（1）清点工具，清理工作现场，人员撤离。

（2）作业人员向工作负责人汇报检修结果。工作负责人对工作进行总结。

**步骤 8：办理工作票终结**

**工作要求：**工作负责人向工作许可人汇报工作结束，并向工作票签发人履行工作票终结手续。

**特别提醒：**在执行该任务前，必须详细学习和了解该岗位的《安全操作规程》。具体的操作步骤请严格按照工作现场的规章制度和安全操作要求执行。

## 相关知识和技能

| 类别 | 内容 | 学习清单 |
|---|---|---|
| 知识类 | 了解输电线路绝缘子与金具基本知识 | 网大标课《输电线路绝缘子和金具》 |
| 技能类 | 了解工作票填写办法 | 网大标课《调 2017 评优—电力线路第一种工作票填写规范》<br>网大标课《220kV 输电线路双分裂导线验电作业规范》<br>网大标课《2018 评优—110～220kV 线路验电、挂地线》<br>网大标课《2017 评优—输电线路停电更换悬垂绝缘子标准化作业》<br>网大标课《停电更换输电线路直线杆塔绝缘子串的技法》<br>网大标课《更换 110kV 直线塔单串合成绝缘子》 |
| | 了解更换直线绝缘子串的工作办法 | |

**注**　在线课程提供的内容仅供参考，请以实际工作要求为准。

## 案例分析与研讨

| 案例：绝缘子检修现场随意抛掷物件 | |
|---|---|
| 事件经过 | 2020 年 05 月 06 日，×× 公司输电运检班开展 110kV×× 线绝缘子停电检修。对损坏的 59 号杆塔 B 相绝缘子进行更换时，工作班成员李 × 向杆塔下方抛掷破损的绝缘子，被安全督察队人员杨 × 及时发现，并立即制止李 × 的违章行为 |
| 违反条款 | 违反《国家电网公司电力安全工作规程（线路部分）》9.2.5 的规定：杆塔上作业应使用工具袋，较大的工具应固定在牢固的构件上，不准随便乱放。上下传递物件应用绳索拴牢传递，禁止上下抛掷 |
| 可能造成的伤害 | 下方人员被高空抛物砸伤或者造成人员伤亡 |
| 违章原因分析 | 人员对危害性认识不足的一种表现，存在麻痹大意心理；对平时的违章事故教育方面不够重视，没有从思想深处去认识违章行为的严重性；不能正确处理安全与任务之间的关系，为及时完成任务而冒险作业，违章作业 |
| 应采取的防范措施 | 1. 加强安全培训，提高班组人员对于违章作业的严重性认识。对安规进行进一步巩固学习，了解违章作业的危害。<br>2. 每周利用安全活动日，开展典型违章案例分析、学习。<br>3. 加强施工现场的管控。落实好各项规章制度，做好班前会、班后会等现场安全教育措施 |

## （六）典型任务演练及考核——本体巡视

**演练说明：**本次演练和考核的核心内容是从“本体巡视”的业务流程中选取的2个关键步骤；学员在演练及考核前需了解任务的整体流程及详细步骤，并做好安全及其他各项准备。

**学习目标：**了解准备工作的注意事项，了解本体巡视要点。

**学习方式：**负责人组织学员到现场进行现场勘察观摩、现场指导、演练。

**考核方式：**学员按照工作要求复述工作准备、巡视内容的流程及要点，负责人基于学员回答并参考附录9《输电线路运检　本体巡视考核表》进行评分。

### 操作要领及考核要点：

#### 工作准备

**操作要领：**

穿着符合规定的工作服、戴安全帽、穿绝缘鞋（靴）、携带必要的工器具、材料。

**考核要点：**

（1）着装是否规范：穿棉质长袖工作服，纽扣齐全并整齐扣好；是否穿着符合规定的绝缘鞋（靴）。

（2）安全帽佩戴是否合格：安全帽的帽壳、帽箍、顶衬、下颏带、后扣（或帽箍扣）等组件应完好无损，下颏带锁好，松紧适当。

（3）工器具材料：携带望远镜、照相机、螺栓、铁丝等。

#### 巡视内容

**操作要领：**

对杆塔基础、杆塔、接地装置、拉线及基础、绝缘子、线路金具等进行巡视。

**考核要点：**

（1）杆塔基础：破损、酥松、裂纹、露筋、下沉，保护帽破损，边坡保护不够等。

（2）杆塔：杆塔倾斜，主材弯曲，地线支架变形，塔材、螺栓丢失，严重锈蚀，脚钉缺失，爬梯变形，土埋塔脚等；混凝土杆未封杆顶，出现破损、裂纹等。

（3）接地装置：断裂、严重锈蚀，螺栓松脱，接地体丢失，接地体外露，接地体连接部位有雷电烧痕等。

（4）拉线及基础：拉线金具等被拆卸，拉线棒严重锈蚀或蚀损，拉线松弛、断股、严重锈蚀，基础回填土下沉或缺土等。

（5）绝缘子：伞裙破损、严重污秽、有放电痕迹、弹簧销缺损、钢帽裂纹、断裂、钢脚严重锈蚀或蚀损、绝缘子串倾斜大于7.5°或300mm。

（6）线路金具：线夹断裂、裂纹、磨损，销钉脱落或严重锈蚀；均压环、屏蔽环烧伤，螺栓松动，防振锤跑位、脱落、严重锈蚀，预交丝变形、烧伤；间隔棒松脱、变形或离位；各种连板、连接环、调整板出现损伤、裂纹等。

## （七）典型任务演练及考核——停电更换直线绝缘子串

**演练说明：** 本次演练和考核的核心内容是从“停电更换直线绝缘子串”的业务流程中选取的2个关键步骤；学员在演练及考核前需了解任务的整体流程及详细步骤，并做好安全及其他各项准备。

**学习目标：** 了解停电更换直线绝缘子串现场准备的注意事项；了解更换绝缘子串的要领。

**学习方式：** 负责人组织学员到现场进行现场勘察观摩、现场指导、演练。

**考核方式：** 学员按照工作要求复述现场准备、更换绝缘子串的流程及要点，负责人基于学员回答并参考附录10《输电线路运检　停电更换直线绝缘子串考核表》进行评分。

## 操作要领及考核要点：

### 现场准备

**操作要领：**

将绝缘子串及所用的工器具运至杆塔下面，并对绝缘子串表面进行擦拭，清除其表面的污垢，对绝缘子串进行检查和检测。

**考核要点：**

（1）瓷质绝缘子伞裙不应破损，瓷质不应有裂纹，瓷釉不应烧损。棒形及盘形复合绝缘子伞裙、护套不应出现破损或龟裂、脱落、蚀损等现象，端头密封不应开裂、老化。

（2）绝缘子开口销不得有缺失，安装方向符合运行规程要求。

（3）盘形绝缘子绝缘电阻：330kV及以下线路不应小于300MΩ，交流500kV及以上线路绝缘子不应小于500MΩ。

（4）现场工器具应合格、齐备。

### 更换绝缘子串

**操作要领：**

（1）横担侧电工与导线侧电工配合安装导线后备保护绳。

（2）横担侧电工与导线侧电工配合安装链条葫芦。

（3）导线侧电工收紧链条葫芦。

（4）横担侧电工与导线侧电工配合拆除旧绝缘子、安装新绝缘子。

（5）横担侧电工与导线侧电工配合放松链条葫芦，拆除工器具。

**考核要点：**

（1）导线侧电工下导线前应使用人身后备保护绳。

（2）链条葫芦安装完毕后应检查是否连接良好。

（3）旧绝缘子脱离前应检查链条葫芦是否受力良好。

（4）绝缘子安装完毕后，应检查绝缘子是否连接良好。

（5）链条葫芦拆除前，应检查绝缘子串是否受力良好。

# 第四章　变电站设备检修岗位轮岗实习导引

# 一、变电站设备检修岗位实习安排

## 岗位学习整体目标

•形成对变电站设备检修岗位的基本认知，建立岗位工作的安全意识，掌握岗位的基本常识和专业术语。

•系统地学习岗位典型任务的知识和技能，熟悉岗位的基本工作流程，掌握典型任务的操作要领。

## 轮岗实习安排

| 时间安排 | 轮岗实习内容 | 学习方式 | 考核方式 |
|---|---|---|---|
| 第一天 | 1. 岗位介绍概况（岗位简介、职责任务） | 讲解 | 理论考试<br>综合评价 |
| | 2. 岗位安全要求及注意事项 | | |
| | 3. 常见变电站设备、工器具及专业术语 | 现场观摩 | |
| 第二天 | 4. 典型任务学习——日常维护检修 | — | |
| | 业务流程学习<br>相关知识技能学习<br>案例分析及研讨 | 讲解<br>自学（网课）<br>研讨 | |
| 第三天 | 5. 典型任务学习——GIS 设备特殊巡检 | — | |
| | 业务流程学习<br>相关知识技能学习<br>案例分析及研讨 | 讲解<br>自学（网课）<br>研讨 | |
| 第四天 | 6. 任务演练及考核——日常维护检修 | 演练<br>实操 | 实操考核<br>综合评价 |
| | 示范及指导演练（负责人）<br>现场操作（学员） | | |
| 第五天 | 7. 任务演练及考核——GIS 设备特殊巡检 | | |
| | 示范及指导演练（负责人）<br>现场操作（学员） | | |
| | 8. 知识考核<br>9. 通关档案填写 | — | — |

# 二、变电站设备检修岗位实习内容

## （一）岗位基本概况

**学习目标：** 了解变电站设备检修岗位的岗位简介、职责任务、主要业务等。

**学习方式：** 负责人讲解。

**考核方式：** 负责人结合附录 1《日常行为规范评分表》，对学员的整体学习及表现情况进行综合打分。

**学习内容要点：**

### 变电站设备检修岗位简介

全面负责变电站一次设备［即变压器、断路器、隔离开关、组合电器（GIS、HGIS）、电流互感器、电压互感器、高压开关柜、变电站母线、无功补偿装置等］的常规检修、改扩建工程、消缺维护等工作，确保所辖电网设备安全、健康、经济运行。

### 岗位职责任务

变电站设备检修岗主要包含 5 项工作职责、19 项重点工作任务。

**变电站设备检修岗位**

**职责 A：设备例行检修**

A1—日常维护检修

A2—定期检修

A3—状态检修

**职责 B：技改大修**

B1—勘察立项

B2—项目实施

B3—项目验收

**职责 C：专业巡检**

C1—迎峰度夏巡检

C2—迎峰度冬巡检

C3—特殊巡检

**职责 D：设备验收**

D1—随工验收

D2—图纸资料验收

D3—设备外观检查

D4—实际操作检查

D5—备品备件验收

**职责 E：设备异常处理**

E1—设备操作失灵

E2—设备接头发热处理

E3—设备辅助系统异常处理

E4—充气、充油设备渗漏处理

E5—监测装置异常处理

## （二）岗位安全要求及注意事项介绍

**学习目标：**了解变电站设备检修岗位的安全要求及注意事项。

**学习方式：**负责人讲解。

**考核方式：**学员完成理论知识考试。

**学习内容要点：**

### 变电站设备检修岗位安全要求及注意事项

（1）进入现场穿全棉长袖工作服、绝缘鞋，正确佩戴安全帽。

（2）无工作负责人带领不得进入现场，服从工作负责人指挥，禁止擅自操作设备。

（3）现场工作过程中严禁跨越现场围栏。

（4）进入变电站必须办理工作票。

（5）现场工作应至少两人一组。

（6）巡检过程中与带电部位保持足够的安全距离：10kV 0.7m、35kV 1.0m、110kV 1.5m、220kV 3.0m、500kV 5.0m。

（7）现场勘察禁止操作设备，准确全面分析停电范围、分析风险点等内容。

（8）工作票等票卡编制严格执行“两票”执行规定和《国家电网公司电力安全工作规程（变电部分）》要求，杜绝出现错漏项；检修工作开展要严格执行工作流程及工艺质量要求，不得跳项、漏项操作。

**备注：**可结合该岗位对应的安规，对学员做详细的讲解。

## （三）常见变电站设备、工器具及专业术语

**学习目标：** 了解变电站设备岗位常见的相关设备及工器具，学员能够做初步的辨识。

**学习方式：** 负责人讲解，并带领学员现场观摩学习。

**考核方式：** 负责人结合附录1《日常行为规范评分表》，对学员的整体学习及表现情况进行综合打分。

**学习内容要点：**

**设备及工器具：**

- 真空滤油机。
- 有载分接开关特性测试仪、断路器动作特性测试仪。
- 真空泵。
- 温度计校验仪、气体继电器校验仪。
- 扳手、力矩扳手。
- 电焊机、磨光机、电钻、冲击钻、台钻。
- 液压钳。
- 母排制作成套装置。
- 热烘枪。
- 气泵。
- 高压水枪。

**专业术语：**

- **主变：** 在发电厂和变电站中，用来向电力系统或用户输送功率的变压器，称为主变压器，简称主变。
- **GIS、HGIS：** 组合电器的简称，是将两种或两种以上的电器，按接线要求组成一个整体而各电器仍保持原性能的装置。
- **TV（PT）：** 电压互感器的简称，主要是用来给测量仪表和继电保护装置供电，用来测量线路的电压、功率和电能。
- **TA（CT）：** 电流互感器的简称，是依据电磁感应原理将一次侧大电流转换成二次侧小电流的设备。

- **所变：**站用变压器的简称。
- **瓦斯继电器：**气体继电器的简称，是油浸式变压器上的重要安全保护装置，安装在变压器箱盖与储油柜的联管上，在变压器内部故障产生的气体或油流作用下接通信号或跳闸回路，使有关装置发出警报信号或使变压器从电网中切除，达到保护变压器的作用。
- **地刀：**接地开关（接地刀闸）的简称，用于设备检修时保护检修人员的措施。
- **保险：**高压熔断器的俗称。
- **11万、22万、3万5：**分别对应110kV、220kV、35kV。
- **反措：**国家电网公司十八项电网重大反事故措施。
- **隐蔽工程：**隐蔽工程验收是指对施工过程中本工序会被下一工序所覆盖，在随后的验收中不易查看其质量时开展的验收。

## （四）典型任务学习——日常维护检修

**学习目标：**

- 了解变电一次设备日常维护检修工作。
- 了解设备日常维护检修工作流程及工作要点。
- 了解变电一次设备检修现场工作概况。

| 学习要项 | 学习方式 | 考核方式 |
| --- | --- | --- |
| 业务流程学习 | • 负责人讲解业务流程<br>• 学员学习作业指导书 | 学员完成理论知识考试 |
| 相关知识与技能学习 | 在线课程学习 | |
| 案例分析及研讨 | 学员集中对案例进行学习分享 | |

### 业务流程

**步骤1：拟开展工作任务确定**

**工作要求：**根据设备检修周期、设备缺陷、大修技改工程确定拟开展工作任务，任务明确、清晰。

**步骤 2：计划前现场勘察**

**工作要求：**明确停电范围、保留的带电部位，全面分析作业现场的条件、环境及其他危险点，并逐条制定风险管控措施、确认“老虎口”和专责监护人设置。

**步骤 3：三大措施（组织 / 安全 / 技术）及检修方案制定**

**工作要求：**从组织措施、安全措施、技术措施三方面全面分析工作任务，明确人员分工、材料及机具准备、针对风险点制定管控措施、确定停电措施以及工艺质量要求等内容。

**步骤 4：检修计划编制**

**工作要求：**明确检修工作任务、停电范围、工作流程、检修工作时间。

**步骤 5：作业前现场勘察**

**工作要求：**综合考虑天气等原因，根据工作任务和停电计划进行现场再勘察。

**步骤 6：三大措施（组织 / 安全 / 技术）及检修方案完善及审批**

**工作要求：**根据作业前现场勘察结果进一步完善三大措施和检修方案，并完成审批手续。

**步骤 7：“一板四卡”准备**

**工作要求：**

（1）根据工作内容、风险点及防范措施绘制检修现场看板，绘制电气主接线图明确检修设备、相邻带电间隔、老虎口等信息。

（2）工作票要明确人员、任务、安全措施，由工作票签发人审核无误，手工或电子签名，并经运维人员预审无误后执行。

（3）根据三大措施及检修方案编制标准化作业卡，明确工作流程及安全质量管控要点。

**步骤 8：关键风险点编制 / 审核**

**工作要求：**分析工作中存在的关联风险点，并在关键风险点管控 App 中完成编制，经班组长审核无误后执行。

**步骤 9：视频终端关联**

**工作要求：**工作前一日提前登录作业现场安全管控平台针对工作任务关联视频监控设备。

**步骤 10：现场工作许可**

**工作要求：**许可开工前工作负责人应与工作许可人检查相邻带电设备是否有可靠安全措施，遮栏设置是否正确，检修电源箱是否满足要求，无误后双方在工作票上签字。

**步骤 11：现场开工会**

**工作要求：**了解工作任务、工作流程。明确工作中的危险点。

**步骤 12：检修工作开展**

**工作要求：**按照有关要求开展现场工作，互相关心工作安全。

**步骤 13：现场收工会**

**工作要求：**检查现场及设备状态，总结汇报工作开展情况，分析工作中存在的不足，确保无遗留问题后现场工作结束。

**步骤 14：工作终结**

**工作要求：**收工会结束后撤离工作地点，由工作负责人与许可人办理终结手续。

**特别提醒：**在执行该任务前，必须详细学习和了解该岗位的《安全操作规程》。具体的操作步骤请严格按照工作现场的规章制度和安全操作要求执行。

## 相关知识和技能

| 类别 | 内容 | 学习清单 |
|---|---|---|
| 知识类 | 熟悉一次系统接线图 | 网大标课《电气图形符号的识读》<br>网大标课《变电检修作业行为准则》<br>网大微课《变电检修工作分类知多少》<br>网大标课《变压器基础知识》 |
| | 熟悉一次设备构造及原理 | |
| | 《国家电网公司电力安全工作规程（变电部分）》 | |
| | 《国家电网公司变电检修通用管理规定》 | |

续表

| 类别 | 内容 | 学习清单 |
| --- | --- | --- |
| 技能类 | 阅读一次系统图 | 网大标课《现场勘察的规范化作业》<br>网大微课《高压设备巡视工作的基本要求》<br>网大移动课程《变电站作业现场安全措施“知多点”》<br>网大微课《2017 评优—如何预防习惯性违章》 |
| | 设备现场勘察 | |
| | 现场安全措施执行<br>掌握检修工作组织流程 | |
| | 了解设备检修工艺 | |

**注**　在线课程提供的内容仅供参考，请以实际工作要求为准。

## 案例分析与研讨

| 案例：500 kV×× 变电站 220kV 1 号、2 号母线停电事件 | |
| --- | --- |
| 事件经过 | ××年××月××日，国网××公司在进行 500kV×× 变电站 500kV 1 号主变压器 201 断路器间隔防腐除锈工作中，高空作业车驾驶员（操作员）在未经许可情况下，误入母联 212 间隔，擅自开展作业准备，高空作业车与带电设备距离不足放电，造成 220kV 1 号、2 号母线跳闸，6 回 220kV 出线及所带 2 座 220kV 变电站失电，损失负荷 14.9 万 kW |
| 违反条款 | 违反《国家电网公司电力安全工作规程（变电部分）》6.5.2：所有工作人员（包括工作负责人）不许单独进入、滞留在高压室、阀厅内和室外高压设备区内。6.5.1：工作许可手续完成后，工作负责人、专责监护人应向工作班成员交代工作内容、人员分工、带电部位和现场安全措施，进行危险点告知，并履行确认手续，工作班方可开始工作。工作负责人、专责监护人应始终在工作现场，对工作班人员的安全认真监护，及时纠正不安全的行为 |
| 可能造成的伤害 | 误入带电间隔，未经许可开展工作，除造成设备跳闸外，有可能引发高压触电造成人员伤亡 |
| 违章原因分析 | 1. 作业人员安全意识淡薄，在无工作负责人带领的情况下单独进入高压设备区，并且未核对间隔名称，误入带电间隔，未经许可操作高空作业车，引起设备跳闸。<br>2. 工作负责人未能有效履行安全职责，现场安全措施检查确认不全面，存在误入带电间隔可能并且未认真履行监护职责，没有及时发现并制止高空作业车驾驶员误入带电间隔、擅自操作作业车的违章行为。<br>3. 该单位电网运行安全风险和作业安全风险预警管控全过程存在薄弱环节，作业组织管理不完善，现场勘察不细致，风险辨识评估不全面，邻近带电设备使用高空作业车，未有效制定落实防止误碰带电设备的措施，未充分考虑作业地点可能误碰邻近母联间隔风险对电网安全运行的影响 |
| 应采取的防范措施 | 1. 加强作业人员安全教育培训，以事故案例警示教育为切入点，提升员工主动遵章守纪意识，自觉严格执行《安规》、“两票三制”和“十不干”等要求。<br>2. 落实各级风险管控责任，针对每一项作业任务，围绕“电网、设备、人员、用户、环境”等各维度，组织提前开展风险辨识，制定风险防控措施，层层把好安全措施关，切实做到风险全覆盖管控无死角。<br>3. 强化到岗到位职责落实，严格管理生产秩序，特别要针对多专业、多班组、多作业面的作业督导制定落实现场作业各项安全组织措施和技术措施。<br>4. 强化各类现场常态化“四不两直”检查，严肃查处各类作业和管理违章，加大违章曝光通报力度，严肃考核问责，形成高压态势，强化有效监督 |

## （五）典型任务学习——GIS 设备特殊巡检

**学习目标：**

- 强化对变电一次设备的认知。
- 了解变电一次设备巡检的工作特点、流程及作业方法。
- 了解特殊巡检过程中的安全风险管控措施。

| 学习要项 | 学习方式 | 考核方式 |
| --- | --- | --- |
| 业务流程学习 | • 负责人讲解业务流程<br>• 学员学习作业指导书 | 学员完成理论知识考试 |
| 相关知识与技能学习 | 在线课程学习 | |
| 案例分析及研讨 | 学员集中对案例进行学习分享 | |

### 业务流程

**步骤 1：工作准备**

**工作要求：**明确巡检任务和巡检范围，正确填写工作票，携带巡检记录表，进入现场穿全棉长袖工作服、绝缘鞋，正确佩戴安全帽。

**步骤 2：数据记录**

**工作要求：**记录当前日期与设备所处环境温湿度、记录 $SF_6$ 压力表示数、记录断路器机构打压动作次数、记录避雷器在线监测装置泄漏电流。

**步骤 3：GIS 设备检查**

**工作要求：**外壳、支架等无锈蚀、松动、损坏；外壳漆膜无局部颜色加深或烧焦、起皮；环氧树脂浇注的绝缘子外露部分无颜色异常、裂纹等；接地端子无松动，接触完好；各类管道及阀门无损伤、锈蚀，阀门的开闭位置正确，管道的绝缘法兰与盖板紧固件无松动；盆式绝缘子外观良好，无龟裂、起皮，颜色标示正确；GIS 内部无异常的声响；架空线套管防污闪涂层均匀无损坏。

**步骤 4：汇控柜检查**

**工作要求：**汇控柜外壳接地良好；柜内封堵良好，无进水受潮、无凝露；汇控柜内干净整洁，无变形和锈蚀；钢化玻璃无裂纹、损伤；断路

器、隔离开关及接地开关位置指示正确，无异常信号；带电显示器安装牢固，指示正确；加热驱潮装置功能正常。

**步骤 5：操作机构检查**

**工作要求：**断路器、隔离开关及接地开关位置指示正确，无异常信号；断路器机构内部无烧焦的气味或痕迹；操动机构输出轴装配上的卡圈或开口销无脱落。

**步骤 6：工作总结**

**工作要求：**准确无误填写汇总巡检表，及时准确分类上报缺陷。

**特别提醒：**在执行该任务前，必须详细学习和了解该岗位的《安全操作规程》。具体的操作步骤请严格按照工作现场的规章制度和安全操作要求执行。

## 相关知识和技能

<table>
<tr><th>类别</th><th>内容</th><th>学习清单</th></tr>
<tr><td rowspan="4">知识类</td><td>熟悉 GIS 设备构造</td><td rowspan="4">网大微课《不同凡响的 GIS 组合电器》<br>网大微课《快速解读 GIS 设备巡视要点》<br>网大微课《变电站特殊巡视的方法》<br>网大微课《2017 评优—GIS 超声波局部放电常见缺陷与类型识别》</td></tr>
<tr><td>熟悉巡视范围和路线</td></tr>
<tr><td>设备巡视要求</td></tr>
<tr><td>《国家电网公司电力安全工作规程（变电部分）》</td></tr>
<tr><td>技能类</td><td>阅读一次系统图《国家电网生产技能人员职业能力培训专用教材变电检修（220kV）》</td><td>网大标课《一般防护安全工器具的介绍与使用》</td></tr>
</table>

注 在线课程提供的内容仅供参考，请以实际工作要求为准。

## 案例分析与研讨

| 案例：GIS 设备特殊巡检过程中发生人身触电未遂 | |
|---|---|
| 事件经过 | 2016 年 7 月 13 日，检修人员对 220kV×× 变电站 220kV GIS 设备进行特殊巡检，在巡检过程中发现 ×× 线路汇控柜温湿度控制器运行不正常，工作人员赵 ×× 未经工作负责人同意，擅自使用万用表检查温湿度控制器回路电源时，未检查万用表挡位、测量时表针容易碰触短路，易发生触电，被工作负责人发现后及时制止工作人员赵 ×× 的违章行为 |

续表

| 案例：GIS 设备特殊巡检过程中发生人身触电未遂 | |
|---|---|
| 违反条款 | 1. 违反《国家电网公司电力安全工作规程（变电部分）》第 5.4.1.3 条：工作本身不需要停电并且不可能触及导电部分的工作。<br>2. 违反《国家电网公司电力安全工作规程（变电部分）》第 5.4.2 条：在高压设备上工作，应至少由两人进行，并完成保证安全的组织措施和技术措施。<br>3. 违反《生产作业现场“十不干”》中第 10 条：工作负责人（专责监护人）不在现场的不干 |
| 可能造成的伤害 | 工作人员赵 ×× 使用万用表检查温湿度控制器回路电源，未在工作负责人监护下进行工作，万用表挡位选择不当，使用万用表指针测量短接，易发生万用表损坏，二次回路短路或接地机人身触电 |
| 违章原因分析 | 检修人员技能水平不高，万用表使用不规范，安全意识淡薄，对习惯性违章熟视无睹，对巡检工作中存在的危险点不清楚 |
| 应采取的防范措施 | 1. 强化对检修人员的技术培训。<br>2. 加强《国家电网公司电力安全工作规程（变电部分）》学习，做到执行《国家电网公司电力安全工作规程（变电部分）》意识入脑入心，将三个“我不伤害”，即我不伤害自己、我不伤害别人、我不被别人伤害”，切实落地执行。<br>3. 危险点风险辨识要结合现场实际将巡检过程中的危险点分析到位，切实可行 |

## （六）典型任务演练及考核——日常维护检修

**演练说明：**本次演练和考核的核心内容是从“日常维护检修”的业务流程中选取的 2 个关键步骤；学员在演练及考核前需了解任务的整体流程及详细步骤，并做好安全及其他各项准备。

**学习目标：**了解制定日常维护检修计划的关键要点，学会填写《现场勘察记录》及编制《标准化作业卡》。

**学习方式：**负责人组织学员到现场进行现场勘察观摩、现场指导、演练。

**考核方式：**学员按照工作要求填写附录 11《变电站设备检修　计划前现场勘察记录》及附录 12《变电站设备检修　标准作业卡》，负责人基于学员填写情况并参考附录 13《变电站设备检修　日常维护检修考核表》进行评分。

## 操作要领及考核要点：

### 计划前现场勘察

**操作要领：**

（1）根据计划任务明确停电范围、保留的带电部位。

（2）全面分析作业现场的条件、环境及其他危险点，逐条制定风险管控措施，确认老虎口和专责监护人设置。

（3）填写《变电站设备检修计划前现场勘察记录》。

**考核要点：**

（1）《变电站设备检修计划前现场勘察记录》内容完整，无缺项漏项。

（2）风险点及管控措施分析全面，无遗漏。

（3）《变电站设备检修计划前现场勘察记录》书写格式规范，严格按照作业的规范用语填写。

### “一板四卡”准备

**操作要领：**

（1）根据工作内容、风险点及防范措施绘制检修现场看板。

（2）绘制电气主接线图，明确检修设备、相邻带电间隔、老虎口等信息。

（3）填写并审核工作票，工作票要明确人员、任务、安全措施，由工作票签发人审核无误，手工或电子签名，并经运维人员预审无误后执行。

（4）根据三大措施及检修方案编制《变电站设备检修标准化作业卡》，明确工作流程及安全质量管控要点。

**考核要点：**

（1）检修看板内容简洁、清晰。

（2）电气主接线图明确，检修设备、相邻带电间隔、“老虎口”

等信息描述正确，无遗漏。

（3）《变电站设备检修标准化作业卡》应按照作业规范进行工作流程分解，分解准确、合理。

（4）安全质量管控要点严格结合工作流程进行详细分析，确保准确无遗漏。

## （七）典型任务演练及考核——GIS 设备特殊巡检

**演练说明：** 本次演练和考核的核心内容是从“GIS 设备特殊巡检”的业务流程中选取的 3 个关键步骤，学员在演练及考核前需了解任务的整体流程及详细步骤，并做好安全及其他各项准备。

**学习目标：** 了解 GIS 特殊巡检的关键要点，学会 GIS 设备、汇控柜及操作机构的检查内容。

**学习方式：** 负责人组织学员到现场进行现场勘察观摩、现场指导、演练。

**考核方式：** 学员按照巡检要求进行设备巡检，负责人参考附录 14《变电站设备检修 GIS 设备特殊巡检考核表》进行评分。

### 操作要领及考核要点：

### GIS 设备检查

**操作要领：**

（1）外壳、支架等无锈蚀、松动、损坏。

（2）外壳漆膜无局部颜色加深或烧焦、起皮。

（3）环氧树脂浇注的绝缘子外露部分无颜色异常、裂纹等。

（4）接地端子无松动，接触完好。

（5）各类管道及阀门无损伤、锈蚀，阀门的开闭位置正确，管道的绝缘法兰与盖板紧固件无松动。

（6）盆式绝缘子外观良好，无龟裂、起皮，颜色标示正确。

（7）GIS 内部无异常的声响。

（8）架空线套管防污闪涂层均匀无损坏。

**考核要点：**能准确指出具体的检查细项，并能说明检查要求，确保每个检查细项不漏检，做好详细记录。

### 汇控柜检查

**操作要领：**

（1）汇控柜外壳接地良好。

（2）柜内封堵良好，无进水受潮、无凝露，汇控柜内干净整洁，无变形和锈蚀。

（3）钢化玻璃无裂纹、损伤。

（4）断路器、隔离开关及接地开关位置指示正确，无异常信号。

（5）带电显示器安装牢固，指示正确。

（6）加热驱潮装置功能正常。

**考核要点：**能准确指出具体的检查细项，并能说明检查要求，确保每个检查细项不漏检，做好详细记录。

### 操作机构检查

**操作要领：**

（1）断路器、隔离开关及接地开关位置指示正确，无异常信号。

（2）断路器机构内部是否有烧焦的气味或痕迹。

（3）操作机构输出轴装配上的卡圈或开口销是否脱落。

**考核要点：**能准确指出具体的检查细项，并能说明检查要求，确保每个检查细项不漏检，做好详细记录。

# 第五章　变电站运维岗位轮岗实习导引

一、变电站运维岗位实习安排

二、变电站运维岗位实习内容

（一）岗位基本概况
（二）岗位安全要求及注意事项介绍
（三）常见设备、工器具及专业术语
（四）典型任务学习——单一线路停送电
（五）典型任务学习——例行巡视
（六）典型任务演练及考核——单一线路停送电
（七）典型任务演练及考核——例行巡视

# 一、变电站运维岗位实习安排

## 岗位学习整体目标

• 形成对变电站运维岗位的基本认知，建立岗位工作的安全意识，掌握岗位的基本常识和专业术语。

• 系统地学习岗位典型任务的知识和技能，熟悉岗位的基本工作流程，掌握典型任务的操作要领。

## 轮岗实习安排

| 时间安排 | 轮岗实习内容 | 学习方式 | 考核方式 |
|---|---|---|---|
| 第一天 | 1. 岗位介绍概况（岗位简介、职责任务） | 讲解 | 理论考试<br>综合评价 |
| | 2. 岗位安全要求及注意事项 | | |
| | 3. 常见设备、工器具及专业术语 | 现场观摩 | |
| 第二天 | 4. 典型任务学习——单一线路停送电 | — | |
| | 业务流程学习<br>相关知识技能学习<br>案例分析及研讨 | 讲解<br>自学（网课）<br>研讨 | |
| 第三天 | 5. 典型任务学习——例行巡视 | — | |
| | 业务流程学习<br>相关知识技能学习<br>案例分析及研讨 | 讲解<br>自学（网课）<br>研讨 | |
| 第四天 | 6. 任务演练及考核——单一线路停送电 | 演练<br>实操 | 实操考核<br>综合评价 |
| | 示范及指导演练（负责人）<br>现场操作（学员） | | |
| 第五天 | 7. 任务演练及考核——油浸式变压器例行巡视 | | |
| | 示范及指导演练（负责人）<br>现场操作（学员） | | |
| | 8. 知识考核 | — | — |
| | 9. 通关档案填写 | | |

# 二、变电站运维岗位实习内容

## （一）岗位基本概况

**学习目标：** 了解变电站运维岗位的岗位简介、职责任务、主要业务等。

**学习方式：** 负责人讲解。

**考核方式：** 负责人结合附录1《日常行为规范评分表》，对学员的整体学习及表现情况进行综合打分。

**学习内容要点：**

### 变电站运维岗位简介

变电站是联系发电厂和用户的中间环节，起着变换和分配电能的重要作用，它的安全经济运维对电力系统影响重大，与工农业生产和人民生活紧密相连，因此，搞好变电站运维工作对电力系统的稳定运维有着深远的意义。变电站运维岗位全面负责所辖变电站的运行维护、倒闸操作、事故及异常处理（配合检修人员）、设备巡视等。

### 变电站运维岗位工作概况

变电站运维分为操作队和巡检队。操作队是在调度的指挥下，负责变电站停电检修的倒闸操作、事故处理、工作许可。巡检队定期对变电设备进行巡视检查，对发现的缺陷记录上报。

其出勤要求为24小时连续工作，上一休二。上班期间需住在基地站，当自动化设备出现故障时，对无人值守的变电站恢复有人值班，必须随时到故障变电站值守，直到自动化设备恢复正常才能撤离。

### 岗位职责任务

变电站运维岗主要包含5项工作职责、21项重点工作任务。

**变电站运维岗位**

**职责 A：倒闸操作**
A1—单一线路停送电
A2—站用变停送电
A3—电容器停送电
A4—继电保护停复役
A5—母线停送电
A6—主变停送电

**职责 B：设备巡视**
B1—例行巡视
B2—全面巡视
B3—熄灯巡视
B4—特殊巡视
B5—带电检测巡视

**职责 C：异常处理**
C1—异常信号核查
C2—设备跳闸处理
C3—接地故障处理

**职责 D：设备验收**
D1—设备复议验收
D2—新设备投运验收
D3—消缺验收

**职责 E：设施维护**
E1—消防维护
E2—安防维护
E3—变电站环境治理
E4—小动物防治

## （二）岗位安全要求及注意事项介绍

**学习目标：** 了解变电站运维岗位的安全要求及注意事项。

**学习方式：** 负责人讲解。

**考核方式：** 学员完成理论知识考试。

**学习内容要点：**

### 变电站运维岗位安全要求及注意事项

（1）正确穿戴劳动保护用品。

（2）严格执行工作票制度。

（3）作业前必须要经过停电、验电、装设接地线、悬挂标示牌的步骤，方能进行变压器维修。

（4）适时检查校验变压器的保护定值和线路。

（5）要掌握和正确使用仪器仪表，防止反击电压触电。

（6）巡视过程中保持安全距离。

（7）登高作业时要注意踩稳、抓牢，悬挂好安全带。

（8）做好互保联保和安全监护工作。

（9）检查灭火器、防护装置的完好情况。

（10）严格遵守各项制度，并严格遵守安全操作规程。

（11）线路停电操作，必须先拉开断路器，再拉开隔离开关，送电的顺序与此相反，不得带负荷拉、合隔离开关。

（12）线路送电，操作断路器、隔离开关前，必须先投入操作电源和保护装置。

（13）操作隔离开关时，应将该开关的“远方就地”切换开关切至就地位置，以防止在操作隔离开关时监控中心值班人员误将开关合闸导致带负荷拉隔离开关。

（14）设备检修，必须将其可靠接地，接地前，必须验明接地处各相无电压。

（15）停运的断路器在投入运行前，应对该断路器本体及保护装置进行全面、细致的检查，必要时进行保护装置的传动试验，保证分、合良好，信号正确，方可投入运行。

（16）操作中应同时监视有关电压、电流、功率等指示及红绿灯的变化是否正常。

（17）在带电情况下，严禁使用千斤顶或连接片缓慢合闸。

（18）电动分、合闸后，若发现分、合闸未成功，应立即取下控制熔断器或跳开控制电源开关，以防烧坏分、合闸线圈。

（19）在断路器操作后，应检查有关信号灯及测量仪表的指示，以判断断路器动作的正确性。但不得以此为依据来证明断路器的时间分／合位置，还应到现场检查断路器的机械位置指示器，才能确定实际分／合位置。

（20）需要紧急手动操作高压断路器时，必须经调度同意后方可操作。

（21）在操作断路器的远方控制开关时，不要用力过猛，以防损坏控制开关。也不得返回太快，以防断路器机构未合上。

（22）在就地操作断路器时，要迅速果断。有条件时应做好防止断路器故障威胁人身安全的必要措施。

**备注：** 可结合该岗位对应的安规，对学员做详细的讲解。

## （三）常见设备、工器具及专业术语

**学习目标：** 了解变电站设备岗位常见的相关设备及工器具，学员能够做初步的辨识。

**学习方式：** 负责人讲解，并带领学员现场观摩学习。

**考核方式：** 负责人结合附录1《日常行为规范评分表》，对学员的整体学习及表现情况进行综合打分。

**学习内容要点：**

### 常见设备及工器具

- 变压器。
- 高压开关电器。
- 互感器。
- 保护电器。
- 继电保护。

### 专业术语

- **一次系统：** 构成电能生产、输送、分配和使用的系统，称为一次系统。
- **二次系统：** 对一次系统进行保护、监控、测量、控制的系统，称为二次系统。
- **低压设备：** 额定电压为1000V以下电气设备。
- **高压设备：** 额定电压为1000V及以上的电气设备。
- **高压负荷开关：** 仅用来在正常工作情况下，断开和闭合正常工作电流的开关电器。
- **高压熔断器：** 仅用来断开故障情况下的过负荷电流或短路电流的开

关电器。

- **高压断路器：** 既用来断开和闭合正常工作电流，也用来断开和闭合过负荷电流或短路电流的开关电器。
- **隔离开关：** 不要求断开或闭合电流，只用来对被检修的电气设备隔离电压的开关电器。
- **电弧：** 开关两个触头之间空气（或其他绝缘介质）局部被击穿，形成的一个气体导电通道。
- **母线：** 在发电厂和变电站的各级电压配电装置中，将发电机、变压器等大型电气设备与各种电器装置连接的导体。
- **绝缘子：** 支持和固定裸载流导体，并使裸载流导体与地绝缘，或使装置中处于不同电位的载流导体之间绝缘。
- **运行：** 设备（不包括串带补装置的线路和串补装置）的隔离开关及断路器都在合闸位置，将电源至受电端的电路接通（含辅助设备，如TV、避雷器等）的状态。
- **充电：** 设备带标称电压但不带负荷的状态。
- **合环：** 将非环状运行的电网改为环状运行状态。
- **保护投跳闸：** 将继电保护由停用或信号改成跳闸运行方式。此种情况下，保护的功能连接片和出口连接片均投入。
- **保护投信号：** 将继电保护由停用或跳闸改成信号运行方式。此种情况下，保护的功能连接片投入，出口连接片停用。
- **保护停用：** 将继电保护由跳闸或信号改成停用运行方式。此种情况下，保护的功能连接片和出口连接片均停用。

## （四）典型任务学习——单一线路停送电

**学习目标：**

- 了解倒闸操作的相关知识和流程。
- 了解操作票的填写和使用。

• 能够完成单一线路的倒闸操作任务。

| 学习要项 | 学习方式 | 考核方式 |
|---|---|---|
| 业务流程学习 | • 负责人讲解业务流程<br>• 学员学习作业指导书 | 学员完成理论知识考试 |
| 相关知识与技能学习 | 在线课程学习 | |
| 案例分析及研讨 | 学员集中对案例进行学习分享 | |

## 业务流程

**步骤 1：接受预令**

**工作要求：**根据调控人员的预令或操作预告等明确操作任务和停电范围。

**步骤 2：填写操作票**

**工作要求：**操作顺序应根据操作任务、现场运行方式、参照本站典型操作票内容进行填写。

**步骤 3：核对操作票**

**工作要求：**操作票填写后，由操作人和监护人共同审核无误，签名后交给运维负责人，运维负责人核对签名。

**步骤 4：接受操作指令**

**工作要求：**

（1）接令时发令人和受令人应先互报单位和姓名。

（2）接令时边听边记录在“变电站运维工作日志”中；接令完毕，应将记录的全部内容向发令人复诵一遍，并得到发令人认可。

（3）对调控指令有疑问时，应向发令人询问清楚无误后执行，运维人员接受调控指令应全程录音。

**步骤 5：模拟操作**

**工作要求：**模拟操作前应结合调控指令核对系统方式、设备名称、编号和位置。模拟操作由监护人在模拟图（或微机防误装置、微机监控装置），按操作顺序逐项下令，由操作人复令执行。模拟操作后应再次核对新运行方式与调控指令，应相符，由操作人和监护人共同核对操作票后分

别签名。

**步骤 6：实际操作**

**工作要求：**

（1）监护操作应由两人执行，其中一人对设备较为熟悉者作监护。

（2）不得做与操作无关的事情，操作人在操作过程中不准有任何未经监护人同意的操作行为。

（3）操作过程中应按操作票填写的顺序逐项操作，不得颠倒顺序、增减步骤、跳项、漏项，如需改变应重新填写操作票。

（4）现场操作开始前，汇报调控中心监控人员，由监护人填写操作开始时间。

（5）操作地点转移前，监护人应提示，转移过程中操作人在前，监护人在后，到达操作位置，应认真核对；监护人唱诵操作内容，操作人用手指向被操作设备并复诵。

（6）监护人确认无误后发出“正确、执行”动令，操作人立即进行操作。

（7）每步操作完毕，监护人应核实操作结果无误后立即在对应的操作项目后打“√”；操作中有疑问时，应立即停止操作并向发令人报告。待发令人再行许可后，方可进行操作。

（8）不准擅自更改操作票，不准随意解除闭锁装置。

**步骤 7：操作复查**

**工作要求：**全部操作结束后，操作人、监护人应对操作票按操作顺序复查。复查被操作设备的状态、表计及信号指示等是否正常、有无漏项等，复查监控后台监控机与五防机画面设备位置确实对应变位。逐项复查所有项目全部执行并已打“√”。

**步骤 8：操作汇报**

**工作要求：**完成全部操作项目后，监护人在操作票盖“已执行”章，并在操作票上记录操作结束时间后交现场运维负责人。受令人向发令人汇报操作任务已完成，操作汇报应全程录音。操作完毕后将安全工器具、操作工具等归位，将操作票、录音归档管理。

**特别提醒**：在执行该任务前，必须详细学习和了解该岗位的《安全操作规程》。具体的操作步骤请严格按照工作现场的规章制度和安全操作要求执行。

## 相关知识和技能

| 类别 | 内容 | 学习清单 |
|---|---|---|
| 知识类 | 变电站一次设备辨识 | 网大标课《500kV 变电站典型一次设备介绍》<br>网大标课《断路器基础知识》<br>网大标课《倒闸操作行为规范》<br>网大微课《倒闸操作需要注意——男 / 女》<br>网大微课《750kV 变压器倒闸操作要求》 |
| | 断路器基础知识 | |
| | 《变电站倒闸操作票执行规范》 | |
| | 《电力安全工作规程变电部分》 | |
| | 《变电站现场运行规程》 | |
| | 《山东电网调度控制管理规程》 | |
| 技能类 | 填写操作票 | 网大微课《倒闸操作票填写要求》<br>网大标课《交流 500kV 变电站运维 500kV 变电站安全工器具使用》<br>网大微课《2016 评优—电力系统“五防”措施》<br>网大微课《变电站五防不全造成带负荷拉闸》 |
| | 工器具检查及使用 | |
| | 五防系统的应用 | |
| | 视频终端使用 | |

注 在线课程提供的内容仅供参考，请以实际工作要求为准。

## 案例分析与研讨

| 案例：不按规定使用操作票进行倒闸操作 | |
|---|---|
| 事件经过 | 2013 年 9 月 2 日，当值正班张 ×× 和副班王 ×× 来到 35kV ×× 变电站执行“将站用电系统由 10kV 1 号站用变供电切至 35kV 2 号站用变供电”的操作。到站后，张 ×× 认为自己熟悉该站站用变压器切换操作，并未填写倒闸操作票，即指挥副班王 ×× 直接进行操作。现场督查人员发现并及时制止了该行为 |
| 违反条款 | 违反《国家电网公司电力安全工作规程（变电部分）》5.3.5.4 条：有值班调控人员、运维负责人正式发布的指令，并使用经事先审核合格的操作票。<br>符合《安全生产典型违章 300 条》第 154 条：不按规定使用操作票进行倒闸操作 |

续表

| 案例：不按规定使用操作票进行倒闸操作 | |
|---|---|
| 可能造成的伤害 | 不按规定使用操作票进行倒闸操作，缺失了当前运行方式确认和倒闸操作票逐级审核，易发生操作跳项、漏项，造成误操作，并引起人身、电网或设备事故 |
| 违章原因分析 | 1. 操作人员工作随意性强，习惯性违章情况严重，在未填写操作票的情况下即开始操作，安全意识淡薄。<br>2. 操作人员对倒闸操作票的重要性认识不够，对误操作可能造成的危害没有保持警醒，工作态度不认真 |
| 应采取的防范措施 | 1. 倒闸操作必须填写操作票，填写操作票时要根据现场运行方式、设备情况等正确填写，严格实行操作票逐级审核制度。<br>2. 端正变电站运维人员工作态度，加强非大型倒闸操作的现场监督和考核，强化责任意识和安全意识，杜绝习惯性违章 |

## （五）典型任务学习——例行巡视

**学习目标：**

- 了解变电站设备维护的制度及要求。
- 能辨识变电站一次及二次设备。
- 了解变电站设备巡视的准备工作、常见方法及内容。

| 学习要项 | 学习方式 | 考核方式 |
|---|---|---|
| 业务流程学习 | • 负责人讲解业务流程<br>• 学员学习作业指导书 | 学员完成理论知识考试 |
| 相关知识与技能学习 | 在线课程学习 | |
| 案例分析及研讨 | 学员集中对案例进行学习分享 | |

### 业务流程

**步骤 1：明确巡视任务和巡视范围**

**工作要求：**组织运行人员认真学习有关规程，熟悉巡视内容和要求。根据运行人员所辖线路及设备状况，正确调配人员和分工，布置巡视过程中重点解决的问题和要求。运行人员认真熟悉线路图纸和资料。

**步骤 2：本体及套管的巡视**

**工作要求：**运行监控信号、灯光指示、运行数据等均应正常。各部位无渗油、漏油。套管油位正常，套管外部无破损裂纹、无严重油污、无放电痕迹，防污闪涂料无起皮、脱落等异常现象。套管末屏无异常声音，接地引线固定良好，套管均压环无开裂歪斜。变压器声响均匀、正常。引线接头、电缆应无发热迹象。外壳及箱沿应无异常发热，引线无散股、断股。变压器外壳、铁心和夹件接地良好。35kV 及以下接头及引线绝缘护套良好。

**步骤 3：分接开关的巡视**

**工作要求：**分接挡位指示与监控系统一致。三相分体式变压器分接挡位三相应置于相同挡位，且与监控系统一致。机构箱电源指示正常，密封良好，加热、驱潮等装置运行正常。分接开关的油位、油色应正常。在线滤油装置工作方式设置正确，电源、压力表指示正常，在线滤油装置无渗漏油。

**步骤 4：冷却系统的巡视**

**工作要求：**各冷却器（散热器）的风扇、油泵、水泵运转正常，油流继电器工作正常。冷却系统及连接管道无渗漏油，特别注意冷却器潜油泵负压区出现渗漏油。冷却装置控制箱电源投切方式指示正常。水冷却器压差继电器、压力表、温度表、流量表的指示正常，指针无抖动现象。冷却塔外观完好，运行参数正常，各部件无锈蚀、管道无渗漏、阀门开启正确、电动机运转正常。

**步骤 5：非电量保护装置的巡视**

**工作要求：**温度计外观完好、指示正常，表盘密封良好，无进水、凝露，温度指示正常。压力释放阀、安全气道及防爆膜应完好无损。气体继电器内应无气体。气体继电器、油流速动继电器、温度计防雨措施完好。

**步骤 6：储油柜的巡视**

**工作要求：**本体及有载调压开关储油柜的油位应与制造厂提供的油温、油位曲线相对应。本体及有载调压开关吸湿器呼吸正常，外观完好，吸湿剂符合要求，油封油位正常。

**步骤 7：其他巡视**

**工作要求：**各控制箱、端子箱和机构箱应密封良好，加热、驱潮等装置运行正常。变压器室通风设备应完好，温度正常。门窗、照明完好，房屋无漏水。电缆穿管端部封堵严密。各种标志应齐全明显。原存在的设备缺陷是否有发展。变压器导线、接头、母线上无异物。

**步骤 8：撰写巡视记录**

**工作要求：**准确记录巡视中发现的异常缺陷，启动 PMS 系统中的设备缺陷消缺流程。

**特别提醒：**在执行该任务前，必须详细学习和了解该岗位的《安全操作规程》。具体的操作步骤请严格按照工作现场的规章制度和安全操作要求执行。

## 相关知识和技能

| 类别 | 内容 | 学习清单 |
| --- | --- | --- |
| 知识类 | 熟悉一次设备构造 | 网大标课《500kV 变电站典型一次设备介绍》<br>网大微课《变压器巡视作业九步走》<br>网大微课《配电部分案例分析案例 16　10kV 线路巡视》<br>网大标课《750kV 变压器全面巡视》<br>网大标课《220kV 变电运行》<br>网大标课《国家电网公司电网设备缺陷管理规定宣贯课件 》 |
| | 熟悉巡视范围和路线 | |
| | 设备巡视案例 | |
| | 《变压站巡视作业指导书》 | |
| | 《电力安全工作规程变电部分》 | |
| | 《变电站现场运行规程》 | |
| | 《变电设备标准缺陷库》 | |

注　在线课程提供的内容仅供参考，请以实际工作要求为准。

## 案例分析与研讨

| 案例：雷雨天巡视室外高压设备不穿绝缘靴 | |
| --- | --- |
| 事件经过 | 2014 年 6 月 4 日，因大风雷雨天气影响，220kV×× 变电站 110kV×× 线 1511 隔离开关支柱绝缘子故障，差动保护动作，引起 110kV Ⅰ母失电。当值运维人员王 ×、李 × 接到调控人员通知到站对 110kV Ⅰ母及所属设备进行巡视检查，在巡视过程中，王 ×、李 × 两人均未穿绝缘靴，在其巡视至 110kV 场地 3 号避雷针时，被到站的管理人员樊 × 及时发现，并立即制止王 ×、李 × 的违章行为 |

续表

| 案例：雷雨天巡视室外高压设备不穿绝缘靴 | |
|---|---|
| 违反条款 | 1. 违反《国家电网公司电力安全工作规程（变电部分）》第 5.2.2 条：雷雨天气需要巡视室外高压设备室，应穿绝缘靴，并不准靠近避雷器和避雷针。<br>2. 符合《安全生产典型违章 300 条》第 243 条：电气倒闸操作不戴绝缘手套或不正确使用绝缘手套，雷雨天气巡视室外高压设备不穿绝缘靴 |
| 可能造成的伤害 | 在雷雨天气时，王 ××、李 ×× 巡视 110kV 场地没有穿绝缘靴，并且靠近了避雷针，可能造成人员伤亡 |
| 违章原因分析 | 巡视人员自我保护意识淡薄，巡视前未进行危险点分析，对雷雨天巡视中的危险点不清楚 |
| 应采取的防范措施 | 1. 强化对运维人员的培训，加强对巡视过程中危险点的分析，使危险点防范意识入脑入心。<br>2. 雷雨天气尽量不安排巡站，若有必要巡站时，要穿戴雨衣和绝缘靴，禁止打伞，并不得靠近避雷器和避雷针 |

## （六）典型任务演练及考核——单一线路停送电

**演练说明：**本次演练和考核的核心内容是从“单一线路停送电”的业务流程中选取的 3 个关键步骤。学员在演练及考核前需了解任务的整体流程及详细步骤，并做好安全及其他各项准备。

**学习目标：**了解制定单一线路停送电计划的关键要点，学会填写《变电站运维　操作票》及完成模拟操作流程。

**学习方式：**负责人组织学员到现场进行现场勘察观摩、现场指导、演练。

**考核方式：**学员按照工作要求填写附录 15《变电站运维　操作票》，负责人基于学员填写情况并参考附录 16《变电站运维　单一线路停送电考核表》进行评分。

### 操作要领及考核要点：

**接受预令，填写操作票**

**操作要领：**

（1）根据调控人员的预令或操作预告等明确操作任务和停电

范围。

（2）操作顺序应根据操作任务、现场运行方式、参照本站典型操作票内容进行填写。

（3）操作票填写后，由操作人和监护人共同审核无误，交给运维负责人，运维负责人核对后签名。

**考核要点：**

（1）《变电站运维　操作票》内容准确无误，无缺项漏项，无修改涂抹痕迹。

（2）《变电站运维　操作票》书写格式规范，严格按照作业的规范用语填写，能正确使用操作术语。

### 接受操作指令

**操作要领：**

（1）核对操作票并签名，电话接听调度指令，互报单位、姓名，将调度指令填写到操作指令记录本上，包括站名、指令类别、发令时间、发令人、受令人、操作任务、操作人、监护人。

（2）主责重复调度指令：将220kV前于站35kV待用Ⅰ313断路器由热备用转线路检修。

（3）填写给定操作票上的内容，包括发令人、受令人、发令时间。

**考核要点：**

（1）操作票上监护人和操作人均需签字。

（2）需报告主责单位和姓名，调度指令填写到操作指令记录本上，内容清晰完整无遗漏。

（3）主责需重复调度的正确指令。

### 模拟操作

**操作要领：**

（1）在五防机前主责向作业下达模拟操作任务指令，作业重复主责模拟指令。

（2）主责下达各项模拟指令（操作任务），作业重复指令并模拟操作各项操作项目。

（3）主责下达指令：向钥匙传送程序，主责在操作指令记录本上和操作票上分别填写操作开始时间。

**考核要点：**

（1）主责需清晰准确下达模拟操作任务指令，作业需重复主责模拟指令。

（2）作业按照要求模拟操作项目，不能遗漏。

（3）主责下达指令，作业正确传送五防程序。

（4）主责在操作指令记录本和《变电站运维　操作票》准确无误记录操作时间。

## （七）典型任务演练及考核——例行巡视

**演练说明：** 本次演练和考核的核心内容是从“例行巡视”的业务流程中选取的 4 个关键步骤。学员在演练及考核前需了解任务的整体流程及详细步骤，并做好安全及其他各项准备。

**学习目标：** 了解变电站油浸式变压器例行巡视的关键要点，学会本体及套管、冷却系统、储油柜等的检查内容。

**学习方式：** 负责人组织学员到现场进行现场勘察观摩、现场指导、演练。

**考核方式：** 学员按照巡检要求进行设备巡检，负责人参考附录 17《变电站运维　例行巡视考核表》进行评分。

**操作要领及考核要点：**

**明确巡视任务和巡视范围**

**操作要领：** 携带巡视记录及变压站巡视作业指导书。

**考核要点**：能够准确说出本次巡视内容和巡视范围，做好各项准备工作。

**检查本体及套管的巡视**

**操作要领**：

（1）检查运行监控信号、灯光指示、运行数据。

（2）检查各部位无渗油、漏油。

（3）检查变压器声响。

（4）检查引线接头、电缆应无发热迹象。

（5）检查 35kV 及以下接头及引线绝缘护套。

**考核要点**：能准确指出具体的检查细项，并能说明检查要求；确保每个检查细项不漏检；做好详细记录。

**冷却系统的巡视**

**操作要领**：

（1）检查各冷却器的风扇、油泵、水泵，油流继电器。

（2）检查冷却系统及连接管道无渗漏油。

（3）检查冷却装置控制箱电源投切方式。

（4）检查外观完好，运行参数正常，各部件无锈蚀、管道无渗漏。

**考核要点**：能准确指出具体的检查细项，并能说明检查要求；确保每个检查细项不漏检；做好详细记录。

**储油柜的巡视**

**操作要领**：

（1）检查本体及有载调压开关储油柜的油位应与制造厂提供的油温、油位曲线相对应。

（2）检查本体及有载调压开关吸湿器呼吸正常，外观完好，吸湿剂，油封油位。

**考核要点**：能准确指出具体的检查细项，并能说明检查要求；确保每个检查细项不漏检；做好详细记录。

### 填写巡视记录和启动缺陷流程

**操作要领：**

（1）填写巡视记录。

（2）启动缺陷流程。

**考核要点：**准确填写巡视记录，正确启动缺陷流程。

# 第六章　配电线路及设备运检岗位轮岗实习导引

# 一、配电线路及设备运检岗位实习安排

## 岗位学习整体目标

•形成对配电线路及设备运检岗位的基本认知，建立岗位工作的安全意识，掌握岗位的基本常识和专业术语。

•系统地学习岗位典型任务的知识和技能，熟悉岗位的基本工作流程，掌握典型任务的操作要领。

## 轮岗实习安排

| 时间安排 | 轮岗实习内容 | 学习方式 | 考核方式 |
| --- | --- | --- | --- |
| 第一天 | 1. 岗位介绍概况（岗位简介、职责任务） | 讲解 | 理论考试<br>综合评价 |
| | 2. 岗位安全要求及注意事项 | | |
| | 3. 常见岗位相关设备、工器具及专业术语 | 现场观摩 | |
| 第二天 | 4. 典型任务学习——配电线路巡视 | — | |
| | 业务流程学习 | 讲解 | |
| | 相关知识技能学习 | 自学（网课） | |
| | 案例分析及研讨 | 研讨 | |
| 第三天 | 5. 典型任务学习——配电架空线路柱上断路器更换 | — | |
| | 业务流程学习 | 讲解 | |
| | 相关知识技能学习 | 自学（网课） | |
| | 案例分析及研讨 | 研讨 | |
| 第四天 | 6. 任务演练及考核——配电线路巡视<br>示范及指导演练（负责人）<br>现场操作（学员） | 演练<br>实操 | 实操考核<br>综合评价 |
| | 7. 任务演练及考核——配电架空线路柱上断路器更换<br>示范及指导演练（负责人）<br>现场操作（学员） | | |
| | 8. 知识考核<br>9. 通关档案填写 | — | — |

# 二、配电线路及设备运检岗位实习内容

## （一）岗位基本概况

**学习目标：**了解配电线路及设备运检岗位的岗位简介、职责任务、主要业务。

**学习方式：**负责人讲解及指导模拟操作。

**考核方式：**负责人结合附录 1《日常行为规范评分表》，对学员的整体学习及表现情况进行综合打分。

**学习内容要点：**

### 配电线路及设备运检岗位简介

配电线路及设备，由配电变电站、高压配电线路、配电变压器、低压配电线路以及相应的控制保护设备组成，是连接变电站电源与用户之间的桥梁与纽带，是在电力系统中直接与用户相连并向用户分配电能的最末端环节。因此，做好配电线路及设备运检，对保障国民经济发展和人民生活用电有着深远的意义。

### 岗位职责任务

配电线路及设备运检岗主要包括 3 项工作职责、13 项重点工作任务。

**配电线路及设备运检岗位**

| 职责 A：配电线路及设备运维 | 职责 B：配电线路及设备检修 | 职责 C：配电线路及设备验收 |
|---|---|---|
| A1—配电线路巡视 | B1—配电线路检修 | C1—业扩验收 |
| A2—配电倒闸操作 | B2—配电设备试验 | C2—居配验收 |
| A3—资料及系统管理 | B3—配电架空线路柱上开关更换 | C3—配网新（扩）建工程验收 |
| A4—带电检测 | B4—故障处理 | |
| A5—自动化管理 | | |
| A6—缺陷管理 | | |

## （二）岗位安全要求及注意事项介绍

**学习目标：**了解配电线路及设备运检岗位的安全要求及注意事项。

**学习方式：**负责人讲解。

**考核方式：**学员完成理论考试。

**学习内容要点：**

### 配电线路及设备运检岗位安全要求及注意事项

（1）操作人员应正穿全棉长袖工作服、绝缘靴，正确使用施工工器具、安全工器具及个人防护用品。

（2）操作人员应有配电线路工作经验，无妨碍工作的病症，掌握配电作业必备的电气知识和业务技能。

（3）操作人员应熟悉本单位配电网设备的调度管辖权限。调度部门管辖设备的倒闸操作应按调度指令进行，操作完毕后应立即向当值调度员汇报；运维单位管辖设备的倒闸操作应按有资质的发令人指令进行，操作完毕后应立即向发令人汇报。

（4）巡视时应严格执行《国家电网公司电力安全工作规程（配电部分）》试行中规定。

（5）注意交通及巡线行进安全。

（6）防止狗、蛇、蜂等小动物伤人。

（7）田间行路注意沟、井、河，山区巡视应注意峭壁和悬崖，防止意外伤害。

（8）注意及时发现断落的导线或脱落接触带电部位的拉线，防止本人及行人靠近 8m 以内。

（9）高温天气应注意防止中暑。

（10）操作票书写要用规范字体。

（11）操作过程中唱票、复诵时，声音要洪亮。

（12）每一项操作完毕后的复查，操作人要做到眼看—手指—嘴说“三同时”。

（13）高低压操作，所需安全措施不同。

（14）根据现场设备配置，操作时间要合理。

**备注：**可结合该岗位对应的安规，对学员做详细的讲解。

## （三）设备、工器具及专业术语

**学习目标：**了解配电线路及设备运检岗位常见的相关设备及工器具，学员能够做初步的辨识。

**学习方式：**负责人讲解，并带领学员现场观摩学习。

**考核方式：**负责人结合附录1《日常行为规范评分表》，对学员的整体学习及表现情况进行综合打分。

**学习内容要点：**该部分由负责人对工作环境中设备进行讲解后，带领学员到现场开展学习。

### 常见设备及工器具

- 绝缘子。
- 验电器。
- 接地线。
- 绝缘操作杆。

### 专业术语

- **高压断路器：**用来关合与分断正常情况下的各种负载电路，还能在故障情况下关合与开断短路电流，并且能实现自动重合闸功能。
- **高压熔断器：**当线路中电流超过一定限度或出现短路故障情时能够自动开断电路。电路开断后，熔断器必须人工更换后才能再次使用。
- **高压负荷开关：**用来在正常情况下关合与开断各种负载电路，但不能开断短路电流。
- **高压隔离开关：**用来隔离电源或电路。隔离开关只能开断很小的电流，例如长度很短的母线空载电流，容量不大的变压器空载电流。

- **接地开关：**高压与超高压线路检修电器设备时，为确保人身安全，可用接地开关进行接地。
- **电流互感器：**用来配合测量高压线路中的电流，供计量和继电保护用。
- **电压互感器：**用来配合测量高压线路中的电压，供计量和继电保护用。
- **避雷器：**用来限制过电压，使电力系统中相关的各电气设备免受大气过电压和内部过电压的危害。
- **自动重合闸：**当线路发生故障，断路器跳闸后，能够不用人工操作而进行自动重新合闸的装置。
- **保护接地：**把电气设备金属外壳、框架等通过接地装置与大地可靠地连接。在电源中性点不接地系统中，它是保护人身安全的重要措施。
- **保护接零：**在中性点接地系统中，把电气设备的金属外壳、框架等与中性点引出中线相连接。
- **短路：**三相电路中，相与相和相与地之间经小阻抗或直接连接，从而导致电路中的电流剧增，这种现象叫作短路。
- **低压开关：**1kV 以下的隔离开关、断路器、熔断器等。
- **环网柜：**联系环网线路，提高线路的供电可靠性，如环网线路合环运行或环网线路负荷割接等。

## （四）典型任务学习——配电线路巡视

**学习目标：**

- 了解电缆及通道保护区范围。
- 了解电缆及通道附近施工作业可能造成的严重后果。
- 了解外力破坏防护交底内容。
- 了解如何设置警示标志。
- 了解如何与施工作业人员进行沟通。

<table>
<tr><th>学习要项</th><th>学习方式</th><th>考核方式</th></tr>
<tr><td>业务流程学习</td><td>● 负责人讲解业务流程<br>● 学员学习作业指导书</td><td rowspan="3">学员完成理论知识考试</td></tr>
<tr><td>相关知识与技能学习</td><td>在线课程学习</td></tr>
<tr><td>案例分析及研讨</td><td>学员集中对案例进行学习分享</td></tr>
</table>

## 业务流程

**步骤 1：工作准备**

**工作要求：**穿着符合规定的工作服、戴安全帽、穿绝缘鞋（靴）、携带必要的工器具、材料。

**步骤 2：到达现场**

**工作要求：**步行或乘坐交通工具，到达计划巡视的线路所在位置，近距离开展观测、检查。

**步骤 3：盯防施工现场**

**工作要求：**

（1）杆塔和基础巡视：对杆塔、转角杆、终端杆、砼杆、焊接杆、铁塔、混凝土、周围土壤及附着物、杆塔埋深、各类标志等进行巡视。

（2）导线巡视：对绑扎线、链接线夹螺栓、三相驰度、连接部位、线间距离、过引线等进行巡视。

（3）铁件、金具、绝缘子、附件巡视。

（4）拉线巡视。

（5）柱上开关设备的巡视。

（6）防雷和接地装置的措施巡视。

**步骤 4：记录归档**

**工作要求：**巡视完毕，将巡视记录进行归档；对于巡视发现的隐患，建立隐患档案，为配网线路状态评价、检修消缺、运行维护提供依据。

**特别提醒：**在执行该任务前，必须详细学习和了解该岗位的《安全操作规程》。具体的操作步骤请严格按照工作现场的规章制度和安全操作要求执行。

## 相关知识和技能

| 类别 | 内容 | 学习清单 |
|---|---|---|
| 知识类 | 了解配电相关的安全规程<br>了解配电架空线路常见物料<br>了解配电架空线路常见缺陷<br>了解柱上断路器相关知识 | 网大标课《国家电网公司电力安全工作规程（配电部分）试行》<br>网大标课《架空配电线路常见物料识别》<br>网大标课《2017评优—安全帽使用对与错》，网大标课《配电架空线路的常见缺陷》<br>网大标课《柱上断路器常见缺陷的特点及分类方法》 |
| 技能类 | 了解配电线路巡视要点<br>了解配电线路常见缺陷处理方法 | 网大标课《配电线路巡视》<br>网大标课《配电线路巡视及故障查询方法》<br>网大标课《高压熔断器常见缺陷的处理》<br>网大标课《2017评优—配电架空线路元件常见缺陷的处理》<br>网大标课《10kV架空线路定期巡视》 |

**注** 在线课程提供的内容仅供参考，请以实际工作要求为准。

## 案例分析与研讨

| 案例：大风天气攀爬超高树木砍剪树枝 | |
|---|---|
| 事件经过 | 2020年6月7日，风力6级，某公司供电中心运维人员刘××、张××，按照运维班班长要求对10kV林场线进行巡视，发现10kV林场线17号~18号杆线路路边有超高树木，为防止超高树木受大风影响倒在线路上，两人爬到树上准备用油锯砍剪树枝，被中心安全专责李×发现并制止两人作业 |
| 违反条款 | 巡视人员未执行工作票制度，未履行许可手续。砍剪树木属于使用书面记录或按口头、电话命令的范畴，违反《国家电网公司电力安全工作规程（配电部分）》“3.3工作票制度”“3.3.7可使用书面记录或按口头、电话命令执行的工作”的规定。<br>自然环境不满足砍剪树木条件，违反《国家电网公司电力安全工作规程（配电部分）》“5.3.8风力超过五级时，禁止砍剪高出或接近带电线路的树木”的规定 |
| 可能造成的伤害 | 大风引起树木搭接到线路可能导致人身触电 |
| 违章原因分析 | 经验主义严重，工作中不按照标准化，特别是在抢修或者工期紧张时忽视安全措施的落实，冒险作业，对违章思想不够重视 |
| 应采取的防范措施 | 取有力措施，加强对现场工作人员执行规章制度的监督、落实，杜绝违章行为的发生。工作班成员要互相监督，严格执行安全规程和企业的规章制度。<br>加强职工的技术培训和安全知识培训，提高职工的业务素质和安全意识，让职工切实从思想上认识到作业性违章的危害性 |

## （五）典型任务学习——配电架空线路断路器更换

**学习目标：**

• 了解 10kV 架空线路柱上断路器更换的工作流程、风险点法分析及防范措施。

• 了解架空线路柱上断路器、柱上 TV 及避雷器等设备相关知识。

• 了解脚扣、安全带、解验电器、接地线、绝缘手套等安全工器具的正确使用。

| 学习要项 | 学习方式 | 考核方式 |
|---|---|---|
| 业务流程学习 | • 负责人讲解业务流程<br>• 学员学习作业指导书 | 学员完成理论知识考试 |
| 相关知识与技能学习 | 在线课程学习 | |
| 案例分析及研讨 | 学员集中对案例进行学习分享 | |

### 业务流程

**步骤 1：工作准备**

**工作要求：**

（1）现场勘察、明确工作任务、确定作业方法、风险点分析及防范措施制定、进行人员分工、审核签发工作票。

（2）施工工器具、安全工器具及个人防护用品的准备，主要备品备件及材料的准备。

**步骤 2：开工会**

**工作要求：**工作负责人办理工作票许可手续、进行工作任务、安全措施交底和危险点告知，全体工作班成员履行签字确认手续。

**步骤 3：实施安全措施**

**工作要求：**作业人员根据工作票所列安全措施，完成停电、验电、接地、悬挂标示牌和装设遮栏（围栏）等安全措施。

**步骤 4：设备拆除**

**工作要求：**拆开断路器、隔离开关、避雷器等各部引线，检查全部拆开后由吊车安全吊下。

**步骤 5：开关吊装**

**工作要求：**使用吊车将待更换开关吊装安放在槽钢上，如放不到位，可人工平移到位。

**步骤 6：附件安装**

**工作要求：**安装避雷器、隔离开关等附件，使用铜铝端子及引线连接各部位，并安装断路器、避雷器等设备接地引线。

**步骤 7：检查试验**

**工作要求：**对断路器、隔离开关进行外观检查和拉合试验，测量绝缘电阻，确定在分位。

**步骤 8：工作终结**

**工作要求：**工作完工后，检查无遗留设备，全部人员撤离后，拆除工作班装设的接地线，并办理工作票终结手续。

**步骤 9：验收总结**

**工作要求：**总结工作中安全、组织等情况，并做好记录。

**特别提醒：**在执行该任务前，必须详细学习和了解该岗位的《安全操作规程》。具体的操作步骤请严格按照工作现场的规章制度和安全操作要求执行。

## 相关知识和技能

<table>
<tr><th>类别</th><th>内容</th><th>学习清单</th></tr>
<tr><td rowspan="3">知识类</td><td>了解柱上断路器分类</td><td rowspan="3">网大标课《10kV 柱上断路器分类要点》<br>网大标课《2017 评优—柱上断路器 TV 二次接线“一点通”》<br>网大标课《柱上断路器技术标准执行指导意见》</td></tr>
<tr><td>了解柱上断路器 TV 二次接线相关知识</td></tr>
<tr><td>了解柱上断路器技术标准</td></tr>
</table>

续表

| 类别 | 内容 | 学习清单 |
| --- | --- | --- |
| 技能类 | 了解柱上断路器安装流程 | 网大标课《ZW32-12柱上真空断路器单杆架式安装流程》<br>网大标课《2018评优—10kV（0.4kV）常见配电设备的更换—更换10kV柱上断路器》<br>网大标课《10kV柱上断路器安装》 |
| | 了解柱上断路器安装、更换流程 | 网大标课《柱上断路器的操作》<br>网大标课《10kV配电设备运行维护及检修——如何进行柱上真空断路器检修》<br>网大标课《2017评优—柱上断路器安装》<br>网大标课《更换柱上断路器》 |

注　在线课程提供的内容仅供参考，请以实际工作要求为准。

### 案例分析与研讨

| 案例：同杆架设多回线路检修 | |
| --- | --- |
| 事件经过 | 2020年3月2日，某公司供电中心运维人员林×、蔡×，接到运检班班长要求，对10kV泉南线故障进行检修。林×、蔡×误以为与10kV泉南线同杆架设的下层10kV泉西线是10kV泉南线，因抢修着急，未验电装设接地线即登杆工作，导致人员触电 |
| 违反条款 | 1. 违反《国家电网公司电力安全工作规程（配电部分）》4.3.1：接地前，应使用相应电压等级的验电器，在装设接地线处逐相分别验电。<br>2. 违反《国家电网公司电力安全工作规程（配电部分）》6.7.3：禁止在有同杆架设的10kV及以下线路带电情况下，进行另一回线路的停电施工作业 |
| 可能造成的伤害 | 未验电装设接地线进行检修引发人身触电 |
| 违章原因分析 | 作业人员安全意识差，明知没有进行验电、装设接地线仍然登杆工作。也未核对停电线路识别标记及线路名称杆号即登杆 |
| 应采取的防范措施 | 加强反习惯性违章教育和培训，通过标准化训练强化遵章作业行为。按照安规要求，严格执行配电故障紧急抢修单，健全事故抢修管理流程 |

## （六）典型任务演练及考核——配电线路巡视

**演练说明：**本次演练和考核的核心内容是从“配电线路巡视”的业务流程中选取的2个关键步骤，学员在演练及考核前需了解任务的整体流程及详细步骤，并做好安全及其他各项准备。

**学习目标：**了解配电线路巡视工作准备要点，了解导线巡视内容。

**学习方式：**负责人组织学员到现场进行现场勘察观摩、现场指导、演练。

**考核方式：**学员按照工作要求复述工作准备、导线巡视的流程及要点，负责人基于学员回答并参考附录18《配电线路及设备运检　配电线路巡视考核表》进行评分。

## 操作要领及考核要点：

### 工作准备

**操作要领：**

穿全棉长袖工作服、戴安全帽、穿绝缘鞋（靴），携带必要的工器具、材料。

**考核要点：**

（1）穿棉质长袖工作服，纽扣齐全并整齐扣好；穿绝缘鞋（靴）。

（2）安全帽佩戴合格：安全帽在规定使用年限之内，其帽壳、帽箍、顶衬、下颏带、后扣（或帽箍扣）等组件应完好无损，下颏带锁好，松紧适当。

（3）工器具材料：携带望远镜、测距仪、常用电工工具等常用工具以及钢线卡、螺栓、铁丝等易耗材料，山区和恶劣天气情况巡视还应配备防护用具、自救器具和药品。

### 导线巡视

**操作要领：**

对绑扎线、链接线夹螺栓、三相驰度、连接部位、线间距离、过引线等进行巡视。

**考核要点：**

（1）导线有无断股、损伤、烧伤、腐蚀的痕迹，绑扎线有无脱落、开裂，连接线夹螺栓是否紧固、有无跑线现象，7股导线中任一股损伤深度不应超过该股导线直径的1/2，19股及以上导线任一处的

损伤不应超过 3 股。

（2）三相弛度是否平衡，有无过紧、过松现象，三相导线弛度误差不应超过设计值的 −5% 或 +10%，一般档距内弛度相差不宜超过 50mm。

（3）导线连接部位是否良好，有无过热变色和严重腐蚀，连接线夹是否缺失。

（4）跳（档）线、引线有无损伤、断股、弯扭；导线的线间距离，过引线、引下线与邻相的过引线、引下线、导线之间的净空距离以及导线与拉线、杆塔或构件的距离是否符合 DL/T 601—1996《架空绝缘配电线路设计技术规程》、DL/T 5220—2005《10kV 及以下架空配电线路设计技术规程》相关规定。

（5）导线上有无抛扔物。架空绝缘导线有无过热、变形、起泡现象。

（6）过引线有无损伤、断股、松股、歪扭，与杆塔、构件及其他引线间距离是否符合规定。

## （七）典型任务演练及考核——配电架空线路柱上断路器更换

**演练说明：** 本次演练和考核的核心内容是从“配电架空线路柱上断路器更换”的业务流程中选取的 2 个关键步骤，学员在演练及考核前需了解任务的整体流程及详细步骤，并做好安全及其他各项准备。

**学习目标：** 了解配电架空线路柱上断路器更换工作准备要点；了解断路器吊装注意事项。

**学习方式：** 负责人组织学员到现场进行现场勘察观摩、现场指导、演练。

**考核方式：** 学员按照工作要求复述工作准备、断路器吊装的流程及要点，负责人基于学员回答并参考附录 19《配电线路及设备运检　配电架空线路柱上断路器更换考核表》进行评分。

## 操作要领及考核要点：

### 工作准备

**操作要领：**

（1）现场勘察、明确工作任务、确定作业方法、风险点分析及防范措施制定、进行人员分工、审核签发工作票。

（2）施工工器具、安全工器具及个人防护用品的准备，主要备品备件及材料的准备。

**考核要点：**

（1）现场勘察应保留现场勘察记录，应全面分析作业现场的条件、环境及其他影响作业的危险点，并提出有针对性的安全措施和注意事项。

（2）工作票填写正确，安全措施完备、人员分工明确。

（3）工器具检查合格，均在实验周期内，备品备件及材料充足。

### 断路器吊装

**操作要领：**

使用吊车将待更换断路器吊装安放在槽钢上，如放不到位，可人工平移到位。

**考核要点：**

（1）吊起断路器时应保持平衡，不准斜吊断路器，套管处必要时应包垫，开关配件未安装牢固前不得解除吊钩。

（2）断路器安装牢固、平整，托架水平面倾斜应不大于1/100。

# 第七章　市场开拓与业扩报装岗位轮岗实习导引

## 一、市场开拓与业扩报装岗位实习安排

## 二、市场开拓与业扩报装岗位实习内容

（一）市场开拓业务介绍

（二）综合能源服务管理系统及专业术语的学习

（三）典型任务学习——综合能源服务

（四）典型任务演练及考核——综合能源服务

（五）业扩报装业务介绍

（六）业扩报装安全要求及注意事项

（七）营销业务应用系统及专业术语的学习

（八）典型任务学习——高压新装、低压非居新装

（九）典型任务演练及考核——高压新装

# 一、市场开拓与业扩报装岗位实习安排

## 岗位学习整体目标

- 形成对市场开拓与业扩报装岗位的基本认知，建立岗位工作的安全意识，掌握岗位的基本常识和专业术语。
- 系统地学习岗位典型任务的知识和技能，熟悉岗位的基本工作流程，掌握典型任务的操作要领。

## 轮岗实习安排

| 时间安排 | 轮岗实习内容 | 学习方式 | 考核方式 |
|---|---|---|---|
| 第一天 | 1. 市场开拓业务介绍（业务内容、相关政策） | 讲解 | 理论考试<br>综合评价 |
| | 2. 综合能源服务管理系统及专业术语的学习 | | |
| | 3. 典型任务学习——综合能源服务 | | |
| | 业务流程学习 | | |
| | 相关知识技能学习 | 自学（网课） | |
| | 案例分析及研讨 | 研讨 | |
| 第二天 | 4. 任务演练及考核——综合能源服务<br>示范及指导演练（负责人）<br>现场操作（学员） | 演练<br>实操 | 实操考核<br>综合评价 |
| 第三天 | 5. 业扩报装业务介绍 | 讲解 | 理论考试<br>综合评价 |
| | 6. 业扩报装安全要求及注意事项 | | |
| | 7. 营销业务应用系统及专业术语的学习 | | |
| 第四天 | 8. 典型任务学习——高压新装、低压非居新装 | | |
| | 业务流程学习 | | |
| | 相关知识技能学习 | 自学（网课） | |
| | 案例分析及研讨 | 研讨 | |
| 第五天 | 9. 任务演练及考核——高压新装<br>示范及指导演练（负责人）<br>现场操作（学员） | 演练<br>实操 | 实操考核<br>综合评价 |
| | 10. 知识考核<br>11. 通关档案填写 | — | — |

# 二、市场开拓与业扩报装岗位实习内容

## （一）市场开拓业务介绍

**学习目标：**了解市场开拓职责任务、主要业务等。

**学习方式：**负责人讲解。

**考核方式：**负责人结合附录 1《日常行为规范评分表》，对学员的整体学习及表现情况进行综合打分。

**学习内容要点：**

### 市场开拓介绍

以能源生产和消费革命为契机，落实电力体制改革、污染防治攻坚战、乡村振兴等相关政策部署，按照以客户为中心、以市场为导向、以效益为保障等工作模式，多措并举、挖潜增效，切实增加公司售电量，提升公司市场占有率。市场开拓业务涵盖综合能源服务、电能替代、电动汽车充换电、需求响应、新能源并网、电厂管理、营业区规范管理、增量配电改革、售电市场分析等业务。

### 岗位职责任务

市场开拓与业扩报装岗位分为两大业务板块，其中市场开拓板块包含 3 项工作职责、11 项重点工作任务。

**市场开拓与业扩报装岗位——市场开拓板块**

**职责 A：开拓售电市场**

A1—综合能源服务

A2—电能替代

A3—电动汽车充换电

A4—需求响应

A5—新能源并网

**职责 B：维护售电市场**

B1—燃煤自备电厂关停、替代

B2—自供区规范管理

B3—增量配电改革

B4—售电市场分析预测

**职责 C：前期业务咨询**

C1—一般客户

C2—重点客户

## （二）综合能源服务管理系统及专业术语的学习

**学习目标：** 了解市场开拓所涉及的相关专业术语，熟悉综合能源服务管理系统的应用。

**学习方式：** 负责人讲解及系统演示。

**考核方式：** 学员完成理论考试。

**学习内容要点：**

### 常用系统

**综合能源服务管理系统**

- 系统简介说明。
- 系统页面介绍。
- 系统操作指引。
- 系统使用注意事项。

### 专业术语

- **需求响应：** 指电力市场价格明显升高（降低）或系统安全可靠性存在风险时，电力用户根据价格信号或激励措施，暂时改变其固有的习惯用电模式，减少（增加）用电，从而促进电力供需平衡、保障系统稳定运行的行为。削峰需求响应需要用户在规定时间段内减少用电负荷，填谷需求响应需要用户在规定时间段内增加用电负荷。

- **负荷聚合商：** 是由需求响应发展而新生的服务企业，主要是为客户提供专业的需求响应技术和高效的咨询服务，其通过将需求响应资源聚合并代理参与需求响应容量、电能量竞价获得收益，应是售电公司或具有“工业领域电力需求侧管理服务机构”资质的公司。

- **综合能源服务：** 指以扩大能源市场中电能占比、提高能源利用效率、降低客户用能成本、促进新能源发展和公司提质增效为目标，满足客户侧终端能源生产、传输及消费需求的能源综合服务项目，涵盖能源规划咨询、方案设计、投资建设、运营维护及增值服务的全过程。

- **能效比：** 能源转化效率之比。能效比越大，节省的电能就越多。例

如空调的能效比就是制冷量与有效输入功率之比。

• **合同能源管理：** 指由综合能源公司与用能单位以契约形式约定节能目标，由综合能源公司购置节能设备或进行改造，用能单位以节能效益支付综合能源公司投资及其合理回报的项目，合同期满后，综合能源公司将资产转让给用能单位。

## （三）典型任务学习——综合能源服务

**学习目标：**

- 了解综合能源服务工作内容及流程。
- 了解相关政策，能向客户宣传解释。
- 了解综合能源服务管理系统。

| 学习要项 | 学习方式 | 考核方式 |
|---|---|---|
| 业务流程学习 | • 负责人讲解业务流程<br>• 学员学习作业指导书 | 学员完成理论知识考试 |
| 相关知识与技能学习 | 在线课程学习 | |
| 案例分析及研讨 | 学员集中对案例进行学习分享 | |

### 业务流程

**步骤 1：市场调研**

**工作要求：**

（1）根据发展部提供的当地政府年度规划建设重点项目情况，收集重点项目基础信息，包含项目计划建设内容、规模、时间、地点等信息。

（2）完成综合能源潜力项目筛选，并制订调研计划，明确重点项目现场走访时间、调研组成员、调研的主要内容和应用的设备等。

（3）根据调研计划和调研表，现场收集项目调研信息，在综合能源服务管理系统内进行信息录入和传递。

**步骤 2：项目储备**

**工作要求：**

（1）根据项目实施技术和经济性指标初步判断是否具备综合能源服务

改造潜力。

（2）对潜力项目客户进行现场走访沟通，深入了解客户改造需求及改造意愿，针对具有改造可行性的项目，进一步调研掌握相关基础信息及数据资料，并编制项目调研报告。

（3）调研报告及相关数据资料提交综合能源公司进行可行性分析，对认定为具有可行性的项目纳入储备库管理。

（4）对储备项目进行分类分级管理，将项目分类为园区、工业企业、城市综合体、大型建筑物等类型。

（5）根据项目投资规模、预计收益、改造意向及示范效果等标准，将项目分级为重点培育、重点跟踪、一般跟踪3个级别。

**步骤3：项目推进**

**工作要求：**

（1）根据项目分类、分级情况，制订项目差异化跟踪推进策略，向客户宣传相关优惠政策和标准，提高项目签约实施成功率。

（2）合同签署后及时在省级智慧能源服务平台项目管理系统中更新项目状态，并制定项目实施计划。

（3）项目合同签署后，做好业扩报装及相关协调工作，对接发展部做好配套电网工程立项，对接设备管理部完成配套电网建设，项目竣工投运后，在综合能源服务管理系统中更新项目状态。

**步骤4：跟踪服务**

**工作要求：**

（1）向客户宣传用能监控服务和省级智慧用能服务平台，争取用户安装用能监测终端并接入至省级智慧能源服务平台。

（2）客户沟通回访。定期走访客户，了解综合能源服务项目运行效果、客户满意度等相关信息，并将客户提出的相关建议及时录入系统。

（3）项目经验总结。定期编写综合能源服务工作动态，并每月将上月工作动态反馈综合能源公司汇总。及时向本单位新闻宣传部门提供综合能源服务工作素材，并加强宣传推广工作，提升公司在综合能源服务市场领域的影响

力。及时在综合能源服务管理系统中完善项目实施成效、总结项目建设经验。

**特别提醒：**在执行该任务前，必须详细学习和了解该岗位的《安全操作规程》。具体的操作步骤请严格按照工作现场的规章制度和安全操作要求执行。

## 相关知识和技能

<table>
<tr><th>类别</th><th>内容</th><th>学习清单</th></tr>
<tr><td rowspan="4">知识类</td><td>《国家电网有限公司关于印发推进综合能源服务业务发展 2019—2020 年行动计划的通知》（国家电网营销〔2019〕173 号）</td><td rowspan="8">网大微课《您身边的能源管理专家—综合能源服务》<br>网大微课《五分钟让你彻底看懂综合能源服务》<br>网大微课《三分钟带你了解综合能源技术应用》<br>网大微课《观综合能源，览综合能源服务—岛屿总览》及系列：商业模式岛、典型服务岛、分布式能源岛、电动汽车岛、能效提升岛</td></tr>
<tr><td>《国家电网有限公司关于优化综合能源服务项目管理的通知》（国家电网营销〔2019〕481 号）</td></tr>
<tr><td>《国网营销部关于印发 2020 年综合能源服务工作安排的通知》（营销市场〔2020〕5 号）</td></tr>
<tr><td>《国网山东省电力公司营销部关于印发 2020 年综合能源服务工作安排的通知》（营销市场〔2020〕12 号）</td></tr>
<tr><td rowspan="4">技能类</td><td>综合能源服务管理系统的应用</td></tr>
<tr><td>项目基础信息收集</td></tr>
<tr><td>编制项目调研报告</td></tr>
<tr><td>省级智慧能源服务平台的应用</td></tr>
</table>

**注**　在线课程提供的内容仅供参考，请以实际工作要求为准。

## 案例分析与研讨

<table>
<tr><th colspan="2">案例：综合能源服务</th></tr>
<tr><td>案例类型</td><td>成功案例</td></tr>
<tr><td>S<br>（背景）</td><td>2018 年 11 月临沂丰源小区由于处在城市郊区，距离热力管网较远，无法实现集中供暖。丰源小区村委会想建立一套独立的供暖系统，在 2019 年 1 月 15 日前实现小区冬季供暖。但是存在以下问题：一是初投资较大，无资金支撑；二是距离供暖期非常近，工程工期紧迫。临沂供电公司了解到情况后，积极向客户宣传综合能源服务，获得用户的认可</td></tr>
<tr><td>T<br>（任务）</td><td>目标：在 50 日内完成项目的立项和实施，保证丰源小区在 2019 年 1 月 15 日之前实现正常供暖，供暖成本低于 17 元 /$m^2$，供暖费低于当地供暖费。<br>挑战：施工工期短、供暖质量要求高。<br>心情：冷静、周密的思考问题，全面考虑项目实施会遇到的难点，提前做好项目的汇报和协调工作</td></tr>
</table>

续表

| 案例：综合能源服务 | |
|---|---|
| A<br>（行动） | 1. 向丰源小区业委会宣传、介绍综合能源服务，获得客户的认可，解除客户的后顾之忧，保证客户的大力支持。<br>2. 做好项目前期调研工作，收集建筑类型、供暖面积、当地供暖费、电网配套容量、入住率等基础信息，为项目实施方案编写提供可靠依据。<br>3. 配合综合能源公司与客户完成合同签订、施工方案编写、项目施工等工作，施工过程中应积极联系发展部和运检部，高效完成配套电网设施的立项和建设，压缩中间协调时间，提高工作效率。<br>4. 项目结束后做好项目满意度的回访和运维信息收集、反馈的工作，保证项目稳定、高效实施，提高客户满意度 |
| R<br>（结果） | 1. 项目经过前期科学组织及严格规范施工，历时 31 天，克服低温、雨雪，冰冻天气，提前 20 天完成全部安装调试任务，于 2018 年 12 月 25 日正式为丰源新区居民送去温暖。<br>2. 项目供暖效果良好，且供暖费低于当地供暖费，获得了小区居委会和业主的认可，为后续项目的实施提供了典型的经验 |

## （四）典型任务演练及考核——综合能源服务

**演练说明：** 本次演练和考核的核心内容是从“综合能源服务”的业务流程中选取的 1 个关键步骤，学员在演练及考核前需了解任务的整体流程及详细步骤，并做好安全及其他各项准备。

**学习目标：** 了解综合能源服务相关政策并能向客户解释清楚、宣传到位。

**学习方式：** 负责人组织学员到现场进行勘察观摩、指导、演练。

**考核方式：** 学员按照工作要求向客户讲解政策，负责人基于学员填写情况并参考附录 20《市场开拓与业扩报装　综合能源服务考核表》进行评分。

### 操作要领及考核要点：

**跟踪服务**

**操作要领：**

（1）向客户宣传用能监控与分析、运维服务和省级智慧用能服务

平台，争取用户安装用能监测终端并接入至省级智慧能源服务平台。

（2）走访客户，了解综合能源服务项目运行效果、客户满意度等相关信息，并将客户提出的相关建议及时录入系统。

**考核要点：**

（1）对综合能源服务的相关政策有清晰认知，能向客户清晰地讲解和宣传综合能源服务政策，并做好详细记录。

（2）宣传内容全面不遗漏，并能对客户的提问灵活有效地作答。

（3）能正确使用综合能源服务管理系统，将收集到的客户满意度等信息及时地录入系统中。

## （五）业扩报装业务介绍

**学习目标：** 了解业扩报装的职责任务、主要业务等。

**学习方式：** 负责人讲解。

**考核方式：** 负责人结合附录1《日常行为规范评分表》，对学员的整体学习及表现情况进行综合打分。

**学习内容要点：**

### 业扩报装介绍

受理客户用电申请，依据客户用电的需求并结合供电网络的状况制定安全、经济、合理的供电方案。确定供电工程投资界面，组织电网配套工程的实施，签订供用电合同，装表接电等的业务流程的总称。

### 岗位职责任务

市场开拓与业扩报装岗位分为两大业务板块，其中业扩报装板块包含4项工作职责、12项重点工作任务。

**市场开拓与业扩报装岗位——业扩报装板块**

**职责D：高压业扩**

D1—高压新装

D2—高压增容

D3—装表临时用电

**职责E：低压业扩**

E1—低压居民新装

E2—低压居民增容

E3—低压非居新装

E4—低压非居增容

**职责F：变更电力业务**

F1—迁址

F2—分户

F3—过户

F4—减容

**职责G：居配工程**

（专项职责）

## （六）业扩报装安全要求及注意事项

**学习目标：**了解业扩报装的安全要求及注意事项。

**学习方式：**负责人讲解。

**考核方式：**学员完成理论考试。

**学习内容要点：**

### 业扩报装安全要求及注意事项

（1）业扩报装现场工作应严格执行“两票四卡”制度。

（2）对客户开展高、低压业扩报装相关工作的，必须填《客户业扩报装现场作业安全控制卡》，严格执行业扩类作业指导书。

（3）业扩报装现场作业时，严格执行工作票（卡）“双签发，双许可”制度，严格执行工作监护制度，严格落实安全技术措施，严格执行个人安全防护措施，严格落实现场风险预控措施。

（4）严格查处违章行为。建立健全业扩反违章工作机制，坚持以“三铁”反“三违”，从严处罚，常抓不懈。在业扩现场工作中，任何人发现有违反《安规》要求的情况，应立即制止，经纠正后才能恢复作业。各类作业人员有权拒绝违章指挥和强令冒险作业；在发现直接危及人身、电网

和设备安全的紧急情况时，有权停止作业或者在采取可能的紧急措施后撤离作业场所，并立即报告。

（5）在开展新装时，作业人员应穿全棉长袖工作服、绝缘鞋，正确佩戴安全帽。现场使用的安全工器具应合格并符合有关要求。

（6）在勘察现场，工作人员应保持精力集中，注意地面的沟、坑、洞和基建设备等，防止摔伤、碰伤。

（7）与带电设备保持足够安全距离，严禁移开或越过遮栏，严禁操作客户设备，严禁误碰、误动、误登运行设备。不得进行和现场勘察无关的工作［《国家电网公司电力安全工作规程（配电部分）》］。

（8）验收人员与带电设备保持安全距离，严禁移开或越过遮栏，严禁代替客户操作设备，严禁误碰、误动、误登运行设备。

（9）验收需攀登杆塔（梯子）时，严格落实防高坠措施，登高人员上下杆塔（梯子）及在杆塔（梯子）上检查时，高度超过1.5m时，应使用安全带，并在有效监护下进行。

**备注：**可结合该岗位对应的安规，对学员做详细的讲解。

## （七）营销业务应用系统及专业术语的学习

**学习目标：**了解业扩报装所涉及的相关专业术语，熟悉营销业务应用系统的应用。

**学习方式：**负责人讲解及系统演示。

**考核方式：**学员完成理论考试。

**学习内容要点：**

### 常用系统

**营销业务应用系统**

### 专业术语

- **现场勘察：**供电企业根据客户用电申请，结合现场供电条件，初步确定电源、计量、计费方案，与客户商定意向接电时间的行为。

- **供电方案：** 由供电企业提出，经供用双方确定满足客户用电需求的电力供应具体实施计划。供电方案可作为客户受电工程规划立项以及设计施工建设的依据。

## （八）典型任务学习——高压新装、低压非居新装

**学习目标：**

- 了解高压新装业务流程。
- 正确组织现场勘察工作。
- 能熟练答复供电方案。

| 学习要项 | 学习方式 | 考核方式 |
| --- | --- | --- |
| 业务流程学习 | • 负责人讲解业务流程<br>• 学员学习作业指导书 | 学员完成理论知识考试 |
| 相关知识与技能学习 | 在线课程学习 | |
| 案例分析及研讨 | 学员集中对案例进行学习分享 | |

### 业务流程

**步骤 1：业务受理（与客户交互环节）**

**工作要求：**

（1）受理客户用电申请时，应主动向客户提供用电咨询服务，接收查验客户申请资料，及时将相关信息录入营销业务应用系统（以下简称营销系统），推行线上办电、移动作业和客户档案电子化，坚决杜绝系统外流转。

（2）营业厅和政务大厅受理的，即时将工单传递至责任班组（供电所）；线上受理的，1 个工作日内完成审核、预约，传递至责任班组（供电所）。

**步骤 2：现场勘察（与客户交互环节）**

**工作要求：**

（1）勘察内容：现场勘察时，应审核客户的用电需求，确定新增用电容量、用电性质及负荷特性，初步确定供电电源、供电电压、供电线路、

计量方案、计费方案、确定是否具备不停电接火条件等。

（2）供电方案确定及答复：结合现场勘察结果、电网规划、用电需求及当地供电条件等因素，经过技术经济比较、与客户协商一致后，拟定供电方案；方案包含客户用电申请概况、接入系统方案、受电系统方案、计量计费方案、其他事项 5 部分内容。

（3）供电方案答复期限：在受理申请后，有外线工程的低压客户不超过 2 个工作日；10kV 及以下单电源客户不超过 5 个工作日，双电源不超过 7 个工作日；35kV 客户不超过 10 个工作日高压供电方案有效期 1 年。

**步骤 3：外部工程实施（跟踪服务）**

**工作要求：**通过电话、微信、网上国网等线上渠道与客户建立有效沟通机制，协助客户制定里程碑计划，全程跟踪客户工程和配套电网工程建设进度；供电方案答复后，为客户提供不少于两次的现场服务（主要包括施工工艺、施工规范、施工质量、施工安全等方面的服务）。

**步骤 4：送电准备（内部流程环节）**

**工作要求：**

（1）可靠性供电费用收取标准计算高可靠性供电费用，收费后应向客户提供正式发票。

（2）与客户签订供用电合同。

（3）电能计量装置和用电信息采集终端的安装应与客户受电工程施工同步进行，验收前完成。

**步骤 5：验收送电（与客户交互环节）**

**工作要求：**

（1）通过电话、网上国网等线上方式受理客户竣工检验申请。简化竣工检验内容，重点查验可能影响电网安全运行的接网设备和涉网保护装置，取消客户内部非涉网设备施工质量、运行规章制度、安全措施等竣工检验内容；优化客户报验资料，普通客户实行设计、竣工资料合并报验，一次性提交。

（2）竣工检验分为资料查验和现场查验。

资料查验：在受理客户竣工报验申请时，应审核客户提交的材料是否齐全有效，主要包括：设计单位资质证书是否满足要求；施工、试验单位资质证书是否满足要求；工程竣工图及说明是否满足要求；交接试验报告是否满足要求；主要设备的合格证明和型式试验报告，500kVA 及以上客户还需提供保护整定调试记录现场查验（应与客户预约查验时间，组织开展竣工检验）。按照国家、行业标准、规程和客户竣工报验资料，对受电工程涉网部分进行全面检验。对于发现缺陷的，应一次性线上告知客户，复验合格后方可接电。

**步骤 6：资料归档（内部流程环节）**

**工作要求：**

（1）在送电后 3 个工作日内，收集、整理并核对归档信息和资料，完成归档。

（2）制订客户资料归档目录，利用系统校验、95598 回访等方式，核查客户档案资料，确保完整准确。如果档案信息错误或信息不完整，则发起纠错流程。

**特别提醒：** 在执行该任务前，必须详细学习和了解该岗位的《安全操作规程》。具体的操作步骤请严格按照工作现场的规章制度和安全操作要求执行。

## 案例分析与研讨

| 案例：高压新装 | |
|---|---|
| 案例类型 | 成功案例 |
| S（背景） | 2020 年 3 月初，新冠疫情刚发生不久，某口罩生产企业为了扩大生产需要新上一台 800kVA 变压器，电话咨询营业厅自己的用电需求，并想尽快用电 |
| T（任务） | 高压业扩新装业务 |

续表

| 案例：高压新装 | |
|---|---|
| A（行动） | 1．接到电话咨询后，工作人员主动对接该企业，并引导客户利用网上国网 App 进行申请。<br>2．由于该企业是口罩生产企业，为了能让客户尽快用电，工作人员联系该企业的当天，提前了解需要勘察地点的电网现状、规划和可开放容量等现场条件，并于当天就奔赴现场进行方案勘察，利用移动作业终端制定供电方案，并现场答复客户供电方案，客户施工过程中，工作人员主动上门服务，指导客户进行施工。<br>3．客户施工完成后，工作人员第一时间进行验收，并在现场同客户签订供用电合同，计量人员当天装表，带电接火人员当天完成接火送电 |
| R（结果） | 该企业从电话咨询到接火用电，共计 10 个工作日，电网环节只有两个工作日，有效提升了客户“获得电力”便利度，解决了客户的用电需求，为企业安心生产提供了坚实保障 |

**学习目标：**

- 了解低压非居民新装业务流程。
- 熟悉装表接电技能。

| 学习要项 | 学习方式 | 考核方式 |
|---|---|---|
| 业务流程学习 | • 负责人讲解业务流程<br>• 学员学习作业指导书 | 学员完成理论知识考试 |
| 相关知识与技能学习 | 在线课程学习 | |
| 案例分析及研讨 | 学员集中对案例进行学习分享 | |

## 业务流程

**步骤 1：业务受理**

**工作要求：**全面落实报装业务“一证办理”“一链办理”和一次性告知，受理时需要收资以下申请材料：

（1）用电主体资格整明（居民用户需提供身份证或军人证、护照、户口簿、公安机关户籍证明，非居民客户需提供营业执照或组织机构代码证）。

（2）房屋产权证明（复印件）或土地权属证明文件。

（3）若您受用电人委托办理业务还需提供授权委托书和有效身份证明。

**步骤 2：现场勘察**

**工作要求：**

（1）对申请新装、增容用电的非居民客户，应审核客户的基本信息、用电容量、用电性质及负荷特性与申请是否一致。

（2）现场初步确定供电电源、供电电压、供电线路、产权分界点、计量方案、计费方案等。

**步骤 3：验收接电**

**工作要求：**

（1）客户基本信息是否与申请一致。

（2）用电类别、行业分类、供电电压、容量、产权分界点是否与供电方案一致。

（3）计量方式是否符合相关要求。

## 相关知识和技能

<table>
<tr><th>类别</th><th>内容</th><th>学习清单</th></tr>
<tr><td rowspan="4">知识类</td><td>营业厅服务规范《国家电网公司业扩供电方案编制导则》</td><td rowspan="4">网大微课《业扩报装安全事故分析以及风险防范》<br>移动课程《“三零服务”助力小微企业》<br>网大微课《如何进一步优化营商环境?》<br>网大微课《典型服务投诉及其风险防控——业扩报装》<br>网大微课《业扩报装最多跑一次？是真的!》</td></tr>
<tr><td>《国家电网公司业扩报装管理规则》</td></tr>
<tr><td>《中共国网山东省电力公司委员会关于明确目标落实责任全面优化供电营商环境的实施意见》（鲁电党〔2018〕166 号）</td></tr>
<tr><td>《国网山东省电力公司业扩报装管理实施细则》</td></tr>
<tr><td rowspan="4">技能类</td><td>营销系统的使用</td><td rowspan="4">网大微课《移动作业终端微应用基本操作和业务应用》<br>移动课程《10kV 业扩全流程标准化作业》<br>网大微课《低压业扩报装流程》<br>网大微课《变压器容量测试仪》<br>网大标课《基于“大运行”体系省地县一体化 OMS 系统介绍》</td></tr>
<tr><td>OMS 系统的使用</td></tr>
<tr><td>行为记录仪、功率分析仪的使用</td></tr>
<tr><td>容量测试仪、接地电阻测试仪的使用</td></tr>
</table>

注　在线课程提供的内容仅供参考，请以实际工作要求为准。

## 案例分析与研讨

| 案例：低压非居新装 | |
|---|---|
| 案例类型 | 成功案例 |
| S（背景） | 客户刘师傅电话咨询自己加工饲料申请用电所需资料及办理流程 |
| T（任务） | 低压非居民新装业务 |

续表

| 案例：低压非居新装 | |
|---|---|
| A（行动） | 1. 接到用户咨询电话后，引导客户在网上国网 App 提交申请。并预约现场勘察时间。<br>2. 根据预约时间勘察现场，预先了解待勘察地点的电网现状、规划及可开放容量等现场供电条件利用移动作业终端制定供电方案，并现场答复。<br>3. 客户具备直接装表接电条件，在答复方案后，根据勘察装表“一岗制”作业要求，当场装表接电 |
| R（结果） | 客户在提交申请后，第二天就完成装表接电，有效提升客户“获得电力”便利度和获得感 |

## （九）典型任务演练及考核——高压新装

**演练说明：** 本次演练和考核的核心内容是从“高压新装”的业务流程中选取的 3 个关键步骤，学员在演练及考核前需了解任务的整体流程及详细步骤，并做好安全及其他各项准备。

**学习目标：** 了解高压新装流程和关键要点，学会收集高压新装资料并为客户在系统生产安全控制卡确定计量和计费方案，确定供电方案。

**学习方式：** 负责人组织学员到现场进行勘察观摩、现场指导、演练。

**考核方式：** 学员受理用户资料并向用户做现场勘察和供电方案的确认，负责人参考附录 21《市场开拓与业扩报装　高压新装考核表》进行评分。

### 操作要领及考核要点：

#### 资料准备及现场收资

**操作要领：**

（1）准备好移动作业终端、行为记录仪、安全生产工器具、设备材料。预先了解待勘察地点的电网现状、规划及可开放容量。

（2）按照“一证受理”要求受理的客户收取并审核剩余资料。

**考核要点：**能预先了解现场情况，并准备相应材料，无遗漏；现场收取客户资料，确保无遗漏。

### 现场勘察

**操作要领：**

（1）供电方案勘察前，召开班前会，在移动终端生成安全控制卡，确认安全注意事项，并签字确认。现场核实用户信息、安装地点、用电类别、用电性质与申请是否一致。

（2）现场根据用户负荷确认供电电压。按照经济性原则确认电源接入点。并确认客户是否具备直接接入条件。

（3）计量方案初步确定：根据客户报装容量确定客户计量方案。

（4）计费方案初步确定：根据客户用电性质确定客户计费方案。

（5）费用确定：如果需要交纳高可靠性供电费用，应严格按照高可靠性供电费用收取标准计算高可靠性供电费用，如果不需要交纳高可靠性供电费用，则不需要填写。

**考核要点：**在移动终端上正确生成安全控制卡，及时核实用户情况无遗漏；按照用户符合情况确认供电电压并确认是否具备直接接入条件；与客户确定计量和计费方案；正确确定高可靠性供电费用；以上确认信息需及时准确无遗漏，并做好详细记录。

### 答复供电方案

**操作要领：**

（1）在移动终端形成供电方案现场答复客户，与客户分别签字确认。

（2）具备直接装表条件的，在勘察确定供电方案后当场装表接电。

**考核要点：**能在移动终端形成供电方案，并及时与客户做签字确认（若具备直接装表条件的，需当场完成装表接电，该模块考核学员能否判断装表接电条件即可）。

# 第八章　装表接电岗位轮岗实习导引

## 一、装表接电岗位实习安排

## 二、装表接电岗位实习内容

（一）岗位基本概况

（二）岗位安全要求及注意事项介绍

（三）计量采集设备、工器具及专业术语

（四）典型任务学习——装拆电能表

（五）典型任务学习——装拆采集终端

（六）典型任务演练及考核——装拆电能表

（七）典型任务演练及考核——装拆采集终端

# 一、装表接电岗位实习安排

## 岗位学习整体目标

• 形成对装表接电岗位的基本认知，建立岗位工作的安全意识，掌握岗位的基本常识和专业术语。

• 系统地学习岗位典型任务的知识和技能，熟悉岗位的基本工作流程，掌握典型任务的操作要领。

## 轮岗实习安排

| 时间安排 | 轮岗实习内容 | 学习方式 | 考核方式 |
|---|---|---|---|
| 第一天 | 1. 岗位介绍概况（岗位简介、职责任务） | 讲解 | 理论考试<br>综合评价 |
| | 2. 岗位安全要求及注意事项 | | |
| | 3. 常见计量采集设备、工器具及专业术语 | | |
| 第二天 | 4. 典型任务学习——装拆电能表 | — | |
| | 业务流程学习<br>相关知识技能学习<br>5. 典型任务学习——装拆采集终端 | 讲解<br>自学（网课）<br>— | |
| 第三天<br>第四天 | 业务流程学习<br>相关知识技能学习<br>6. 任务演练及考核——装拆电能表<br>示范及指导演练（负责人）<br>现场操作（学员） | 讲解<br>自学（网课）<br>演练实操 | 实操考核<br>综合评价 |
| 第五天 | 7. 任务演练及考核——装拆采集终端<br>示范及指导演练（负责人）<br>现场操作（学员） | | |
| | 8. 知识考核<br>9. 通关档案填写 | — | — |

# 二、装表接电岗位实习内容

## （一）岗位基本概况

**学习目标：**了解装表接电岗位的岗位简介、职责任务、主要业务等。

**学习方式：**负责人讲解。

**考核方式：**负责人结合附录1《日常行为规范评分表》，对学员的整体学习及表现情况进行综合打分。

**学习内容要点：**

### 装表接电岗位简介

主要从事电能计量装置、采集装置装拆调试工作。按照管理要求，开展设备巡视，异常排查，档案维护等工作。

### 岗位职责任务

装表接电岗位主要包含5项工作职责、16项重点工作任务。

**装表接电岗位**

**职责A：装、拆电能计量装置与电能信息采集终端**

A1—装、拆电能表

A2—装、拆互感器及二次回路

A3—装、拆采集终端

A4—装、拆封印

**职责C：执行竣工验收手续**

C1—验收资料

C2—验收设备

C3—停、送电

**职责B：调试电能计量装置与电能信息采集终端**

B1—调试电能表

B2—调试采集终端

**职责D：处理计量与采集异常**

D1—处理计量差错

D2—处理计量故障

D3—处理档案错误

D4—处理采集异常

**职责E：应用业务系统**

E1—电力用户用电信息采集系统运行、维护、管理

E2—电力营销应用业务系统运行、维护、管理

E3—SCADA供服管理系统等使用与操作

## （二）岗位安全要求及注意事项介绍

**学习目标：**了解装表接电岗位的安全要求及注意事项。

**学习方式：**负责人讲解。

**考核方式：**学员完成理论考试。

**学习内容要点：**

### 装表接电岗位安全要求及注意事项

（1）作业人员穿全棉长袖工作服、绝缘鞋，戴护目镜、戴安全帽。

（2）检查工作票所列安全措施应正确完备，应符合现场实际条件。

（3）防止因安全措施不到位引起人身伤害和设备损坏。

（4）避免使用不合格工器具引起机械伤害。

（5）防止因安全措施未落实引起人身伤害和设备损坏。

（6）防止危险点未告知和工作班成员状态欠佳，引起人身伤害和设备损坏。

（7）防止开关故障或用户倒送电造成人身触电。

（8）断开断路器后，在断路器操作把手上均应悬挂“禁止合闸，有人工作！”的标示牌。

（9）严禁电流互感器二次回路开路和电压互感器二次回路短路，防止发生设备损坏和人身伤害。

（10）在绝缘梯上工作时，传递工具和器材必须使用吊绳和圆桶袋，注意防止工具、物件掉落。检查梯子是否牢固，梯上作业应有人扶持。梯上高处作业应系上双控背带式安全带，防止高空坠落。

（11）防止电源未切除，拆除中及拆除后引起人身触电。

（12）接取临时电源时安排专人监护。

（13）检查接入电源的线缆有无破损，连接是否可靠。

（14）禁止戴手套使用转动电动工具，以免造成机械伤害。

（15）防止电源回路接入时短路或接地造成人身伤亡事故和设备事故。

（16）防止接控制回路时，被控断路器跳闸，造成营销服务事故。被

控断路器接入常闭触点时，为避免断路器跳闸应与客户沟通，必须停电进行。

（17）防止接入脉冲及 RS485 数据线时，短路或接地，如电能表带电，应使用绝缘挡板隔离进行接线。

（18）在屋顶以及其他危险的边沿进行工作，临空一面应装设安全网或防护栏杆，否则，作业人员应使用双控背带式安全带。安全带使用应符合电力安全工作规程要求。

（19）室外天线应采用防风拉线进行固定。

（20）雷雨天气禁止室外天线安装作业。

（21）防止拆除终端电源回路时短路或接地；防止高空作业时高空摔跌和高空坠物伤人。

（22）加强监护、检查，防止接线时压接不牢固、接线错误导致设备损坏。

（23）注意终端地址设置是否重复、表计地址设置是否重复，注意终端的测量点序号与表计对应，避免抄表错误。

（24）注意施封过程中与带电部分的安全距离。

（25）清扫整理作业现场应加强监护，防止触电。

**备注：**可结合该岗位对应的安规，对学员做详细的讲解。

## （三）计量采集设备、工器具及专业术语

**学习目标：**了解计量采集设备岗位常见的相关设备及工器具，学员能够做初步的辨识。

**学习方式：**负责人讲解，并带领学员现场观摩学习。

**考核方式：**负责人结合附录 1《日常行为规范评分表》，对学员的整体学习及表现情况进行综合打分。

**学习内容要点：**

### 常见设备及工器具

（1）常见设备：感应式电能表、机电一体式电能表、电子式电能表、电能计量柜、电压互感器、电流互感器。

（2）常用工器具：安全用具、钳具、手动旋具、电动工具等，包括低压验电器、螺丝刀、剥皮钳、钢丝钳、斜口钳、活动扳手、万用表、相位伏安表、三相表现场校验仪、单相表现场校验仪等。

### 专业术语

- **装表接电：** 通过在供电线路中串入计量装置，实现电量计量功能。
- **电能计量装置：** 由各种类型的电能表或与计量用电压、电流互感器（或专用二次绕组）及其二次回路相连接组成的用于计量电能的装置，包括电能计量柜（箱、屏）。
- **电能信息采集装置：** 对用户用电信息进行采集的设备，可以实现电能表数据的采集、电能计量设备工况和供电电能质量监测，以及客户用电负荷和电能量的监控，并对采集数据进行管理和双向传输。

## （四）典型任务学习——装拆电能表

**学习目标：**

- 了解应用装拆电能表技术要求。
- 了解电能表装拆作业工作流程及要点。
- 了解装拆电能表现场工作概况。

| 学习要项 | 学习方式 | 考核方式 |
|---|---|---|
| 业务流程学习 | • 负责人讲解业务流程<br>• 学员学习作业指导书 | 学员完成理论知识考试 |
| 相关知识与技能学习 | 在线课程学习 | |

### 业务流程

**步骤 1：接受任务**

**工作要求：** 根据工作计划，接受任务安排，并打印工作任务单。

**步骤 2：办理工作票签发**

**工作要求：**依据工作任务填写工作票、办理工作票签发手续。

**步骤 3：领取材料、检查工器具**

**工作要求：**凭装拆工作单领取所需电能表，并核对所领取的材料是否符合装拆工作单要求；选用合格的安全工器具，检查工器具应完好、齐备。

**步骤 4：办理工作票许可、开工会**

**工作要求：**办理工作票许可手续；交代工作内容、人员分工、带电部位和现场安全措施，进行危险点告知，进行技术交底，并履行确认手续。

**步骤 5：新装电能表——断开电源**

**工作要求：**使用验电笔（器）对计量柜（箱）金属裸露部分进行验电；确认电源进、出线方向，断开进、出线开关，且能观察到明显断开点；使用验电笔（器）再次进行验电，确认互感器一次进出线等部位均无电压后，装设接地线。

**步骤 6：安装电能表**

**工作要求：**

（1）检查确认计量柜（箱）完好，符合规范要求。

（2）根据计量柜（箱）接线图核对检查，确保接线正确、布线规范。联合接线盒的安装、导线的敷设及捆扎应符合规程要求。

（3）安装电能表时，应把电能表牢固地固定在计量柜（箱）内，电能表显示屏应与观察窗对准。

（4）将联合接线盒内的电流短路连接片接至正常位置，电压、中性线连接片接至连接位置。

（5）所有布线要求横平竖直、整齐美观，连接可靠、接触良好。

（6）导线应连接牢固，螺栓拧紧，导线金属裸露部分应全部插入接线端钮内，不得有外露、压皮现象。

**步骤 7：安装检查**

**工作要求：**

（1）对电能表安装质量和接线进行检查，确保接线正确，工艺符合规范要求。

（2）检查联合接线盒内连接片位置，确保正确。

（3）使用相位伏安表等方式核对电能表接线方式，防止发生错接线。

**步骤 8：实施封印**

**工作要求：**确认安装无误后，正确记录新装电能表各项读数，对电能表、计量柜（箱）、联合接线盒等进行加封，记录封印编号，并拍照留证。

**步骤 9：拆除电能表——核对和抄录电能表信息**

**工作要求：**核对电能表、接线盒封印是否完好，信息是否与装拆工作单相符。发现异常转异常处理程序；抄录电能表当前各项读数，并拍照留证。

**步骤 10：短接和断开连接片**

**工作要求：**短接联合接线盒内的电流连接片、断开联合接线盒内的电压连接片。先电流后电压。

**步骤 11：拆除电能表**

**工作要求：**检查确认现场互感器已拆除；用验电笔（器）试验确认无电，拆除电能表等电能计量装置。

**步骤 12：清理现场、收工**

**工作要求：**现场作业完毕，工作班成员应清点个人工器具并清理现场，做到工完料净场地清；装、拆作业后应请客户现场签字确认。

**步骤 13：办理工作票终结**

**工作要求：**办理工作票终结手续；请运行单位人员拆除现场安全措施。

**特别提醒：**在执行该任务前，必须详细学习和了解该岗位的《安全操作规程》。具体的操作步骤请严格按照工作现场的规章制度和安全操作要求执行。

### 相关知识和技能

<table>
<tr><th>类别</th><th>内容</th><th>学习清单</th></tr>
<tr><td rowspan="5">知识类</td><td>装拆工作单</td><td rowspan="5">网大标课《2017 评优—装表接电中的接线工艺》<br>网大微课《相量图及应用》<br>网大微课《一块智能表的自我介绍》<br>网大微课《装表接电四步操作法之装表接电基本知识》</td></tr>
<tr><td>工作票执行规定</td></tr>
<tr><td>《高压电能计量装置装拆标准化作业指导书》</td></tr>
<tr><td>《电力安全工作规程》</td></tr>
<tr><td>DL/T 448—2016《电能计量装置技术管理规程》</td></tr>
<tr><td rowspan="5">技能类</td><td>填写工作票</td><td rowspan="5">网大标课《电能表周期轮换和计量非周期更换流程》<br>网大标课《营销业务应用系统中的装表接电业务》<br>网大微课《伏安相位表在错接线中的应用》<br>网大微课《钳形电流表入门使用》<br>网大微课《计量现场施工质量工艺规范之二次回路的安装》</td></tr>
<tr><td>工器具检查及使用</td></tr>
<tr><td>视频终端应用</td></tr>
<tr><td>风险管控 App</td></tr>
<tr><td>装拆工艺</td></tr>
</table>

注　在线课程提供的内容仅供参考，请以实际工作要求为准。

## （五）典型任务学习——装拆采集终端

**学习目标：**

- 了解采集终端的工作原理。
- 了解采集终端的安装流程。
- 了解采集终端的调试方法。

<table>
<tr><th>学习要项</th><th>学习方式</th><th>考核方式</th></tr>
<tr><td>业务流程学习</td><td>• 负责人讲解业务流程<br>• 学员学习作业指导书</td><td rowspan="3">学员完成理论知识考试</td></tr>
<tr><td>相关知识与技能学习</td><td>在线课程学习</td></tr>
<tr><td>案例分析及研讨</td><td>学员集中对案例进行学习分享</td></tr>
</table>

## 业务流程

**步骤 1：接受任务**

**工作要求：**根据工作计划，接受任务安排，并打印工作任务单。

**步骤 2：办理工作票签发**

**工作要求：**依据工作任务填写工作票；办理工作票签发手续。

**步骤 3：领取材料、检查工器具**

**工作要求：**凭装拆工作单领取所需电能表，并核对所领取的材料是否符合装拆工作单要求；选用合格的安全工器具，检查工器具应完好、齐备。

**步骤 4：办理工作票许可、开工会**

**工作要求：**办理工作票许可手续；交代工作内容、人员分工、带电部位和现场安全措施，进行危险点告知，进行技术交底，并履行确认手续。

**步骤 5：新装采集终端——接取临时电源**

**工作要求：**

（1）从工作许可人指定的电源箱接取，检查电源电压幅值、容量是否符合要求，且在工作现场电源引入处应配置有明显断开点的隔离开关和漏电保护器，根据施工设备容量核定移动电源盘的容量。

（2）接取电源时安排专人监护。

（3）接线时隔离开关或空气断路器应在断开位置，从电源箱内出线隔离开关或空气断路器下桩头接出，接出前应验电。

（4）根据设备容量选择相应的导线截面。

**步骤 6：终端固定**

**工作要求：**

（1）终端宜安装在计量柜负控小室或其他可靠、防腐蚀、防雨具备专用加封、加锁位置的地方。

（2）终端安装时面板应正对计量柜负控室窗口，以方便终端数据的查询和终端按键的使用。

（3）终端安装应垂直平稳，至少三点固定，终端外壳金属部分必须可靠接地。

**步骤7：终端电源回路布线**

**工作要求：**

（1）选择终端电源点应稳定可靠，确保被控断路器跳闸后终端能正常运行。

（2）多电源进线的客户宜采用控制电源自动切换回路供电。

（3）布线要求横平竖直、整齐美观，连接可靠、接触良好。导线应连接牢固，螺栓拧紧，导线金属裸露部分应全部插入接线端钮内，不得有外露、压皮现象。

**步骤8：终端控制回路、遥信回路布线**

**工作要求：**

（1）安装终端控制、遥信回路辅助端子排，用于被控断路器动合或动断触点接入，以便于在不停电的情况下进行终端维护工作。正常进行分励脱扣、失电压脱扣操作。

（2）遥信回路接在被控断路器空辅助触点。控制回路、遥信回路两端应使用电缆标牌或标志套进行对应编号标识。

（3）布线要求横平竖直连接可靠、接触良好。导线连接牢固，螺栓拧紧，导线金属裸露部分应全部插入接线端钮内。

**步骤9：脉冲及RS485数据线连接**

**工作要求：**

（1）电能表与终端进行脉冲及RS485数据线连接。数据线宜使用分色双绞屏蔽电缆。数据线两端应使用电缆标牌或标志套进行对应编号标识，屏蔽层采用终端侧单端接地。

（2）布线要求横平竖直、整齐美观，连接可靠、接触良好。导线应连接牢固，螺栓拧紧，导线金属裸露部分应全部插入接线端钮内，不得有外露、压皮现象。

**步骤10：天线、馈线安装**

**工作要求：**

（1）天线的安装施工应符合无线通信相关标准；天线安装位置应在指

向主中心站的方向无近距离阻挡，避开高低压进出线和人行通道；天线位置应方便于高频馈线布线和支架固定。

（2）天线应装设防雷保护装置，馈线应装设避雷器；馈线两端的电缆接头应用锡焊固，馈线全长中不准有接头；馈线敷设应选择合理路径，进入房屋前应做好防水弯；接头应作防水处理。

**步骤 11：拆除采集终端——终端拆除**

**工作要求：**

（1）断开终端供电电源，用万用表或验电笔测量无电后，拆除电源线。

（2）测量控制回路无电后，拆除控制回路。

（3）将电能表停电或采用强弱电隔离措施后，拆除电能表和终端脉冲及 RS485 数据线。

（4）馈线拆除，天线拆除，终端拆除。

**步骤 12：现场调试——终端通电**

**工作要求：**终端设备通电前检查现场接线是否正确；打开终端设备电源开关，检查终端设备运行是否正常。

**步骤 13：上报资料**

**工作要求：**抄录并向用电信息采集主站上报客户资料、计量基本参数及终端资料。

**步骤 14：终端设置**

**工作要求：**根据用电信息采集主站要求设置终端通信地址、频道、波特率。

**步骤 15：远程通信调试**

**工作要求：**检查电台通信质量，如通信信号弱应调整天线方向。

**步骤 16：本地通信调试**

**工作要求：**正确设置终端与电能表通信参数；抄录、核对终端抄读的数据是否与电能表显示数据一致。

**步骤 17：装置加封**

**工作要求：**检查并清理柜（箱）内杂物，施加封印，并做好记录。

**步骤 18：清理现场、收工**

**工作要求：**

（1）拆除临时电源。

（2）检查、整理、清点作业工器具。

（3）清扫整理作业现场。

**步骤 19：办理工作票终结**

**工作要求：**工作人员撤离作业现场；与工作许可人办理工作终结。

**特别提醒：**在执行该任务前，必须详细学习和了解该岗位的《安全操作规程》。具体的操作步骤请严格按照工作现场的规章制度和安全操作要求执行。

### 相关知识和技能

| 类别 | 内容 | 学习清单 |
| --- | --- | --- |
| 知识类 | 装拆工作单 | 国网文库《高压电能计量装置装拆标准化作业指导书》<br>网大标课《2017 评优—装表接电中的接线工艺》<br>网大微课《相量图及应用》<br>网大微课《一块智能表的自我介绍》<br>网大微课《装表接电四步操作法之装表接电基本知识》 |
| | 工作票执行规定 | |
| | 《采集终端装拆标准化作业指导书》 | |
| | 《电力安全工作规程》 | |
| | DL/T 448—2016《电能计量装置技术管理规程》 | |
| 技能类 | 填写工作票 | 网大标课《电能表周期轮换和计量非周期更换流程》<br>网大标课《营销业务应用系统中的装表接电业务》<br>国网文库《装表接电》、电力营销业务应用系统工作单查询 |
| | 工器具检查及使用 | |
| | 视频终端应用 | |
| | 风险管控 App | |
| | 装拆工艺 | |
| | 终端调试 | |

注　在线课程提供的内容仅供参考，请以实际工作要求为准。

## （六）典型任务演练及考核——装拆电能表

**演练说明：** 本次演练和考核的核心内容是从“装拆电能表”的业务流程中选取的4个关键步骤，学员在演练及考核前需了解任务的整体流程及详细步骤，并做好安全及其他各项准备。

**学习目标：** 了解电能表新装的关键要点，学会按照标准作业流程新装电能表。

**学习方式：** 负责人组织学员到现场进行现场勘察观摩、现场指导、演练。

**考核方式：** 学员按照工作要求新装电能表并做好检查和封印，负责人基于学员新装情况并参考附录22《装表接电　装拆电能表考核表》进行评分。

### 操作要领及考核要点：

#### 断开电源

**操作要领：**

（1）使用验电笔（器）对计量柜（箱）金属裸露部分进行验电。

（2）确认电源进、出线方向，断开进、出线断路器，且能观察到明显断开点。

（3）使用验电笔（器）再次进行验电，确认互感器一次进出线等部位均无电压后，装设接地线。

**考核要点：**

（1）准确使用验电笔。

（2）严格执行三步验电法，确保完全断开电源。

#### 安装电能表

**操作要领：**

（1）检查确认计量柜（箱）完好，符合规范要求。

（2）根据计量柜（箱）接线图核对检查，确保接线正确、布线规

范。联合接线盒的安装、导线的敷设及捆扎应符合规程要求。

（3）安装电能表时，应把电能表牢固地固定在计量柜（箱）内，电能表显示屏应与观察窗对准。

（4）将联合接线盒内的电流短路连接片接至正常位置，电压、中性线连接片接至连接位置。

（5）所有布线要求横平竖直、整齐美观，连接可靠、接触良好。导线应连接牢固，螺栓拧紧，导线金属裸露部分应全部插入接线端钮内，不得有外露、压皮现象。

**考核要点：**

（1）安装前的检查确保流程完整，不遗漏检查项，做好详细记录。

（2）准确安装电能表，并固定，连接片接至准确位置，电能表接线连接可靠，接触良好。

## 操作要领及考核要点：

### 安装检查

**操作要领：**

（1）对电能表安装质量和接线进行检查，确保接线正确，工艺符合规范要求。

（2）检查联合接线盒内连接片位置，确保正确。

（3）使用相位伏安表等方式核对电能表接线方式，防止发生错接线。

**考核要点：**能准确指出具体的检查细项，并能说明检查要求，确保每个检查细项不漏检，做好详细记录。

### 实施封印

**操作要领：**确认安装无误后，正确记录新装电能表各项读数，对电能表、计量柜（箱）、联合接线盒等进行加封；记录封印编号，并拍照留证。

**考核要点：**对每一项加印处进行加印不遗漏，拍照留证。

## （七）典型任务演练及考核——装拆采集终端

**演练说明：**本次演练和考核的核心内容是从“装拆采集终端”的业务流程中选取的 5 个关键步骤，学员在演练及考核前需了解任务的整体流程及详细步骤，并做好安全及其他各项准备。

**学习目标：**了解新装采集终端的关键流程和要点，了解安装终端电源回路等的布线方式和流程。

**学习方式：**负责人组织学员到现场进行现场勘察观摩、现场指导、演练。

**考核方式：**学员按照工作要求新装采集终端，负责人基于学员新装情况并参考附录 23《装表接电　装拆采集终端考核表》进行评分。

### 操作要领及考核要点：

#### 接取临时电源

**操作要领：**

（1）根据施工设备容量核定移动电源盘的容量，移动电源盘必须有漏电保护器。

（2）根据设备容量选择相应的导线截面。

**考核要点：**能正确为移动电源盘加装漏电保护器，正确选取导线截面。

#### 终端电源回路布线

**操作要领：**

（1）终端电源线宜采用 $2\times2.5mm^2$ 铠装电缆、控制线、信号线均宜采用 $2\times1.5mm^2$ 双绞屏蔽电缆。

（2）选择终端电源点应稳定可靠，确保被控断路器跳闸后终端能正常运行。

（3）布线要求横平竖直、整齐美观，连接可靠、接触良好。

**考核要点：**能正确选取导线规格 。

### 终端控制回路、遥信回路布线

**操作要领：**

（1）安装终端控制、遥信回路辅助端子排，用于被控断路器动合或动断触点接入，以便于用户在不停电的情况下进行终端维护工作。

（2）分励脱扣：控制线一端应并接在被控断路器的跳闸回路上，另一端应接终端动合触点上。

（3）失电压脱扣：控制线一端应串接在被控断路器的跳闸回路上，另一端应接终端动断触点上。

（4）遥信回路接在被控断路器辅助触点，控制回路、遥信回路两端应使用电缆标牌或标志套进行对应编号标识。

**考核要点：**能准确安装终端控制回路以及遥信回路布线。

## 操作要领及考核要点：

### 脉冲及 RS485 数据线连接

**操作要领：**

（1）电能表与终端进行脉冲及 RS485 数据线连接；数据线宜使用分色双绞屏蔽电缆。

（2）数据线两端应使用电缆标牌或标志套进行对应编号标识，屏蔽层采用终端侧单端接地。

**考核要点：**能正确连接数据线。

### 天线、馈线安装

**操作要领：**

（1）天线安装位置应在指向主中心站的方向无近距离阻挡，避开高低压进出线和人行通道。

（2）天线位置应方便于高频馈线布线和支架固定；天线应装设防雷保护装置，馈线应装设避雷器。

（3）馈线两端电缆接头应用锡焊固，馈线全长中不准有接头；馈线敷设应选择合理路径，进入房屋前应做好防水弯；天线馈线两端的高频电缆头应严格按照工艺要求的制作，接头应做防水处理。

**考核要点：**确保天线和馈线安装准确。

# 第九章　自动化运维岗位轮岗实习导引

## 一、自动化运维岗位实习安排

## 二、自动化运维岗位实习内容

（一）岗位基本概况

（二）岗位安全要求及注意事项介绍

（三）设备、工器具及专业术语

（四）典型任务学习——厂站接入调度数据网调试

（五）典型任务学习——厂站接入 EMS 系统调试

（六）典型任务演练及考核——厂站接入调度数据网调试

（七）典型任务演练及考核——厂站接入 EMS 系统调试

# 一、自动化运维岗位实习安排

## 岗位学习整体目标

•形成对自动化运维岗位的基本认知，建立岗位工作的安全意识，掌握岗位的基本常识和专业术语。

•系统地学习岗位典型任务的知识和技能，熟悉岗位的基本工作流程，掌握典型任务的操作要领。

## 轮岗实习安排

<table>
<tr><th>时间安排</th><th>轮岗实习内容</th><th>学习方式</th><th>考核方式</th></tr>
<tr><td rowspan="5">第一天</td><td>1. 岗位介绍概况（岗位简介、职责任务）</td><td rowspan="2">讲解</td><td rowspan="7">理论考试<br>综合评价</td></tr>
<tr><td>2. 岗位安全要求及注意事项</td></tr>
<tr><td>3. 常见自动化运维设备、工器具及专业术语</td><td>现场观摩</td></tr>
<tr><td>4. 典型任务学习——厂站接入调度数据网调试</td><td>—</td></tr>
<tr><td>业务流程学习<br>相关知识技能学习<br>案例分析及研讨</td><td>讲解<br>自学（网课）<br>研讨</td></tr>
<tr><td rowspan="3">第二天</td><td>5. 典型任务学习——厂站接入能量管理系统（EMS）调试</td><td>—</td></tr>
<tr><td>业务流程学习<br>相关知识技能学习<br>案例分析及研讨</td><td>讲解<br>自学（网课）<br>研讨</td></tr>
<tr><td>6. 任务演练及考核——厂站接入调度数据网调试<br>示范及指导演练（负责人）<br>现场操作（学员）</td><td rowspan="2">演练<br>实操</td><td rowspan="2">实操考核<br>综合评价</td></tr>
<tr><td rowspan="2">第三天</td><td>7. 任务演练及考核——厂站接入能量管理系统（EMS）调试<br>示范及指导演练（负责人）<br>现场操作（学员）</td></tr>
<tr><td>8. 知识考核<br>9. 通关档案填写</td><td>—</td><td>—</td></tr>
</table>

# 二、自动化运维岗位实习内容

## （一）岗位基本概况

**学习目标：** 了解自动化运维岗位的岗位简介、职责任务、主要业务等。

**学习方式：** 负责人讲解。

**考核方式：** 负责人结合附录 1《日常行为规范评分表》，对学员的整体学习及表现情况进行综合打分。

**学习内容要点：**

### 自动化运维岗位简介

负责对能量管理系统（EMS）、电能量采集系统、调控云平台、综合数据平台、网络安全管理平台、调度数据网、管理信息网等十余套主站系统日常运行维护及系统软、硬件故障处理及消缺，负责对机房 UPS 及附属设备的日常巡视及故障处理，负责对所辖变电站、地方电厂、新能源、用户站等厂站接入调试，负责电力监控系统网络安全防护工作。

### 岗位职责任务

自动化运维岗主要包括 5 项工作职责、23 项重点工作任务。

**自动化运维岗位**

**职责 A：网络安全维护**

A1—主机安全加固

A2—网络设备安全加固

**职责 B：自动化系统日常巡视**

B1—综合数据平台巡视

B2—数据网网管系统软硬件巡视

B3—网络安全管理平台软硬件巡视

B4—电能量采集系统软硬件巡视

B5—调空云平台巡视

B6—机房 UPS 及附属设备巡视

B7—EMS 系统软硬件巡视

**职责 D：主站系统管理**

D1—调度数字证书管理

D2—管理网业务调整及开通

D3—能量管理系统（EMS）功能模块管理

**职责 C：厂站设备接入调试**

C1—厂站接入调度数据网调试

C2—厂站接入 EMS 系统调试

C3—厂站接入电能量采集系统调试

C4—网络安全管理平台接入调试

C5—调控云平台图模维护

**职责 E：故障及缺陷处理**

E1—综合数据平台故障及缺陷处理

E2—数据网设备故障及缺陷处理

E3—网络安全管理平台故障及缺陷处理

E4—电能量采集系统故障及缺陷处理

E5—机房 UPS 及附属设备故障及缺陷处理

E6—能量管理系统（EMS）故障及缺陷处理

## （二）岗位安全要求及注意事项介绍

**学习目标：**了解自动化运维岗位的安全要求及注意事项。

**学习方式：**负责人讲解。

**考核方式：**学员完成理论考试。

**学习内容要点：**

### 自动化运维岗位安全要求及注意事项

（1）工作中应使用专用的调试计算机及移动存储介质，调试计算机严禁接入外网。

（2）工作中注意防止误动、误碰。

（3）更换热拔插部件、内部板卡时，应做好防静电措施。

（4）设备配置与变更前注意备份配置参数。

（5）在端口配置时，要先查看此端口是否已经被其他站占用。

（6）能量管理系统维护应使用本人账号登录，不得将本人账号密码告知他人，禁止采用他人账号维护。

（7）禁止在工作站中插入 U 盘等可移动设备。

（8）能量管理系统维护应在主调系统中进行，不得在备调系统维护。

（9）四遥点表调试时，应主、备调系统同时进行。

（10）能量管理系统维护应填写系统维护记录，维护过程有迹可查。

（11）电力系统维护时应确保能量管理系统稳定可靠运行，不得发生误操作导致影响实时业务数据。

（12）遥控点表录入时采用双人模式，一人录入、一人监护，确保录入信息准确。

（13）点表联调应采用纸质版调试单。

**备注：**可结合该岗位对应的《安规》，对学员做详细的讲解。

## （三）设备、工器具及专业术语

**学习目标：** 了解自动化运维岗位常见的相关设备及工器具，学员能够做初步的辨识。

**学习方式：** 负责人讲解，并带领学员现场观摩学习。

**考核方式：** 负责人结合附录1《日常行为规范评分表》，对学员的整体学习及表现情况进行综合打分。

**学习内容要点：**

### 常见设备及工器具

- 纵向认证加密装置。
- 横向单向物理隔离装置。
- 防火墙。
- 入侵检测装置。
- 网络安全检测装置。
- 电能量采集终端。

### 专业术语

- **电力监控系统：** 用于监视和控制电网及电厂生产运行过程的、基于计算机及网络技术的业务处理及智能设备系统，包括电力数据采集与监控系统、能量管理系统、变电站自动化系统、换流站计算机监控系统、发电厂计算机监控系统、配电自动化系统、微机继电保护和安全自动装置、广域相量测量系统、负荷控制系统、水调自动化系统和水电梯级调度自动化系统、电能量计量系统、实时电力市场的辅助控制系统等。

- **EMS：** 能量管理系统，是现代电网调度自动化系统（含硬、软件）的总称，主要包括数据采集与监控（SCADA）、自动电压控制（AVC）、自动发电控制与经济调度控制（AGC/EDC）、调度员培训仿真（DTS）、状态估计和静态安全分析等高级应用等。

- **主站：** 主站就如同电网的大脑，把收集到的信息需要汇集起来，进行数据对比、潮流计算、AGC、AVC，判断电网稳定性，判断调度计划是否合理，是否有潜在不稳定电压和频率，可以保证整个电网电压和频率保持在稳定的范围之内。

- **厂站：**厂站就可以理解为电力监控系统金字塔的最底端，数量多、分布广、内容繁多。变电站或者电厂负责采集遥测、遥信、遥控、遥调、遥视等数据，并实时转发给主站。同时需要接受主站下发的控制命令，操作一次设备的分合闸或者调整电量的生产。

- **遥测：**远程测量，被动获得远程信号，测量其数值采集并传送运行参数，包括各种电气量（线路上的电压、电流、功率等量值）和负荷潮流等。RTU 将采集到的厂站运行参数按规约传送给调度主站系统，如厂站端的功率、电压、电流等。

- **遥信：**远程信号，远距离对开关量信号进行测量，如测量断路器或隔离开关是闭合或者是断开等。通过遥信端子板将继电器触点的闭合或断开转换成为低电平或高电平信号送入 RTU（远动终端）的遥信模块，RTU 将采集到的厂站设备运行状态按规约传送给调度主站系统。

- **遥控：**远程控制（远方控制操作），是从调度或监控中心发出命令以实现远方操作和切换。主动发出信号，控制远端操作，接受并执行遥控命令，主要是分合闸，对远程的一些开关控制设备进行远程控制。

- **遥调：**远程调节，接受并执行遥调命令，遥调常用于有载调压变压器抽头的升，降调节和其他可采用一组继电器控制具有分级升降功能的场合。

- **电力调度数据网：**调度数据网是为电力调度生产服务的专用网络，是实现各级调度中心之间及调度中心与厂站之间实时、非实时生产数据传输和交换的基础设施。它在物理层面上实现了与电力企业其他数据网及外部公共信息网络的安全隔离，并以技术手段划分为多个相互逻辑隔离的子网，以保障上下级各安全区之间的纵向互联仅在相同的安全区进行，避免安全区纵向交叉。主要分为地调接入网、省调接入网、骨干网一平面、骨干网二平面等。

- **安全加固：**安全加固主要涉及病毒查杀、防勒索防篡改、防后门、

漏洞修复、合规基线处置、实时入侵检测、口令密码强化、策略细化等，提升设备安全运行防线。

• **管理信息网：**属于安全Ⅲ区网络，为生产管理区提供网络服务。

• **安全分区：**根据业务系统或其功能模块的重要性和对一次系统的影响程度进行分区，所有系统或其功能模块都必须布置于相应的安全区内。具体可分为生产控制大区和管理信息大区。生产控制大区是电力生产业务系统的集合，又可分为安全Ⅰ区和安全Ⅱ区。安全Ⅰ区是控制区，能直接实现对一次系统运行的实时监视与控制，数据实时性为毫秒级或秒级，是安全防护的重点与核心。安全Ⅱ区是非控制区，在线运行但不具备控制功能，数据频度为分钟级或小时级，如故障录波系统、继保系统。管理信息大区是生产控制大区以外的管理业务的集合，可分为安全Ⅲ区和安全Ⅳ区。安全Ⅲ区又叫生产管理区，是为电力生产管理服务的非实时系统，与生产控制大区有数据交换，如停电管理系统。安全Ⅳ区又叫管理信息区，为企业办公网络，如OA系统。

• **网络专用：**生产控制大区采用专用调度数据网进行业务交互。

• **横向隔离：**采用不同强度的安全隔离装置如横向单向物理隔离装置，使各安全区中的业务系统得到有效保护，隔离强度应接近或达到物理隔离。

• **纵向认证：**在上下各级之间采用认证、加密、访问控制等技术措施实现数据的远方安全传输以及纵向边界的安全防护，是电力二次安全防护体系的纵向防线。

## （四）典型任务学习——厂站接入调度数据网调试

**学习目标：**

• 了解厂站接入调度数据网调试操作的相关知识和流程。

• 了解调度数据网的相关知识。

| 学习要项 | 学习方式 | 考核方式 |
| --- | --- | --- |
| 业务流程学习 | • 负责人讲解业务流程<br>• 学员学习作业指导书 | 学员完成理论知识考试 |
| 相关知识与技能学习 | 在线课程学习 | |
| 案例分析及研讨 | 学员集中对案例进行学习分享 | |

### 业务流程

**步骤 1：生成接入审批单**

**工作要求**：检查地址分配表，根据地址分配表分配数据网设备相关配置参数，生成审批单。

**步骤 2：配置核心路由器**

**工作要求**：根据数据网业务审批单在核心路由器上做好相关配置，测试核心路由器和厂站路由器通信正常。

**步骤 3：配置主站端纵向加密装置**

**工作要求**：根据厂站端的证书请求分配厂站设备证书；主站端加密导入设备证书，并能正常管控厂站端设备；登录核心纵向加密装置上配置相关隧道及策略。

**步骤 4：检查设备配置**

**工作要求**：测试通道正常，根据数据网接入规范检查主站和厂站端设备配置是否符合要求。如不符合，立即更改；如符合，调试结束。

**步骤 5：平台增加相关设备资产并能正常管控**

**工作要求**：在内网安全监控平台新增厂站纵向加密装置并能正常管控。在网管系统，检查新增路由器并能正常管控。

**特别提醒**：在执行该任务前，必须详细学习和了解该岗位的《安全操作规程》。具体的操作步骤请严格按照工作现场的规章制度和安全操作要求执行。

### 相关知识和技能

| 类别 | 内容 | 学习清单 |
| --- | --- | --- |
| 知识类 | 了解调度数据网及管理规范 | 网大标课《国网调度数据网规范》<br>网大标课《电力调度数据网》<br>网大标课《调度数据网—上》<br>网大标课《调度数据网—中》<br>网大标课《调度数据网—下》 |
| | 对调度数据网有全面的认识 | |
| 技能类 | 了解电力调度数字证书的签发流程 | 网大标课《2017 评优—如何签发电力调度数字证书》<br>网大标课《2017 评优—数据网的调试步骤》 |
| | 了解数据网的调试步骤 | |

注　在线课程提供的内容仅供参考，请以实际工作要求为准。

### 案例分析与研讨

| 案例：违规外联事件 | |
| --- | --- |
| 事件经过 | 2018 年 6 月份，×× 供电公司新建 110kV×× 变电站。在该站调度数据网设备的调试过程中，工作人员张 ×、王 × 的调试计算机连接外网，并随意使用移动存储介质，被到站的管理人员樊 × 及时发现并制止 |
| 违反条款 | 违反《国家电网公司电力安全工作规程（电力监控部分）》第 5.3 条“工作中应使用专用的调试计算机及移动存储介质，调试计算机严禁接入外网。” |
| 可能造成的伤害 | 调试计算机连接外网，并随意使用移动存储介质，会造成病毒传播，影响网络安全 |
| 违章原因分析 | 工作人员网络安全防护意识淡薄，工作前未进行危险点分析，对危险点不清楚 |
| 应采取的防范措施 | 加强现场运维安全风险管控，完善现场标准化作业指导书及现场工作细则，强化工作人员现场作业的安全教育，配备专用调试电脑并规范其使用，工作中应使用专用的调试计算机及移动存储介质，调试计算机严禁接入外网 |

## （五）典型任务学习——厂站接入 EMS 系统调试

**学习目标：**

- 了解 EMS 图形、模型维护方法。
- 了解 EMS 一次设备参数维护方法。

| 学习要项 | 学习方式 | 考核方式 |
| --- | --- | --- |
| 业务流程学习 | • 负责人讲解业务流程<br>• 学员学习作业指导书 | 学员完成理论知识考试 |
| 相关知识与技能学习 | 在线课程学习 | |
| 案例分析及研讨 | 学员集中对案例进行学习分享 | |

## 业务流程

**步骤 1：在 EMS 中绘制厂站接线图**

**工作要求：**在系统中新建厂站名称；在系统中按照厂站设备建立设备模型；在系统中按照接线图绘制 EMS 厂站图形；在接线图中将设备模型与图形进行关联；将厂站设备划分责任区。

**步骤 2：在 EMS 中建立与厂站通信的网络通道**

**工作要求：**厂站每一套调度数据网对应一个网络通道，每个网络通道配置中只能添加一个 IP 地址，主、备调网络通道需要同时与厂站进行通信。

**步骤 3：EMS 点表录入**

**工作要求：**完成遥信点表信息录入、遥测点表信息录入、遥控点表录入及遥调点表录入。

**步骤 4：厂站遥信、遥测信息与 EMS 主、备联调**

**工作要求：**对 EMS 主、备调当前网络值班通道下的四遥信息联调，确保四遥信息调试准确。

**步骤 5：维护 EMS 高级应用模块**

**工作要求：**录入主变压器参数、线路参数、容抗器参数、发电机参数，并转换设备参数，在模型更新页面下转换成标幺值并进行模型验证，验证通过后，进行模型复制。

**步骤 6：维护 EMS 线路、主变压器、10kV 负荷电流限值以及母线电压限值**

**步骤 7：维护 EMS 自动化电压控制（AVC）模块**

**工作要求：**执行网络模型更新，控制建模和控制建模更新。添加新接

厂站的变压器和容抗器记录，变压器关联变压器绕组表中相应设备的高压侧，容抗器关联断路器表中该容抗器相应的断路器。

**步骤 8：将本次调试结果、存在问题等事项记录在自动化系统维护记录中**

**特别提醒：**在执行该任务前，必须详细学习和了解该岗位的《安全操作规程》。具体的操作步骤请严格按照工作现场的规章制度和安全操作要求执行。

## 相关知识和技能

| 类别 | 内容 | 学习清单 |
| --- | --- | --- |
| 知识类 | 了解 EMS 的相关知识及最新发展 | 网大标课《EMS 相关技术的最新发展》<br>网大标课《EMS 人机界面的正常状态介绍和错误状态介绍 》<br>网大标课《2017 评优—EMS 硬件设备指示灯介绍》<br>网大标课《2017 评优—EMS 数据处理流程介绍》 |
|  | 了解 EMS 数据处理的流程 |  |
| 技能类 | 了解 EMS 的相关应用 | 网大微课《2017 评优—SCADA、AVC 系统应用》<br>网大标课《2018 评优—自动化系统应用宝典之监视 EMS 节点状态的操作方法》 |
|  | 了解 EMS 节点状态的操作方法 |  |

注　在线课程提供的内容仅供参考，请以实际工作要求为准。

## 案例分析与研讨

| 案例：×× 站遥控失败 | |
| --- | --- |
| 事件经过 | 11 月 19 日，×× 站接入 EMS 调试，原 A 线 110 间隔变更为 B 线 110 间隔、待用一 111 间隔变更为 A 线 111 间隔。自动化运维人员在 EMS 系统中完成接线图更新，并开展点表录入，由于运维人员维护不当，导致 110 断路器与 111 断路器遥控点号互换，未能及时发现错误。11 月 22 日 9 时 3 分，监控人员控分 A 线 111 断路器，系统提示遥控返校超时，B 线 110 断路器误分 |
| 违反条款 | 违反《电力调度自动化运行管理规程》第 8.2.1：各级调度机构应保证量测数据的有效性、遥测和遥信的实时性、设备参数的准确性和完整性，直采直送数据实施直接管理和核对 |

续表

| 案例：××站遥控失败 | |
|---|---|
| 可能造成的伤害 | 误拉开关造成在运线路分闸，导致所带线路停电，影响居民正常用电。<br>若现场间隔有人工作，误合断路器可能造成现场停电间隔突然带电，对现场工作人员人身安全造成威胁 |
| 违章原因分析 | 1. 在遥控点表录入环节，未实行一人操作、一人监护的双人工作模式。<br>2. 遥控点表维护完成后，未与现场人员进行遥控试验 |
| 应采取的防范措施 | 1. 遥控点表录入时，实行一人操作、一人监护的双人工作模式。<br>2. 涉及遥控点表变化时，均需要与现场人员进行遥控试验，确保点表录入正确 |

## （六）典型任务演练及考核——厂站接入调度数据网调试

**演练说明：**本次演练和考核的核心内容是从“厂站接入调度数据网调试”的业务流程中选取的1个关键步骤，学员在演练及考核前需了解任务的整体流程及详细步骤，并做好安全及其他各项准备。

**学习目标：**了解审批单生成的流程。

**学习方式：**负责人组织学员到现场进行现场勘察观摩、现场指导、演练。

**考核方式：**学员按照工作要求复述生成审批单的流程，负责人基于学员复述情况并参考附录24《自动化运维　厂站接入调度数据网调试考核表》进行评分。

### 操作要领及考核要点：

#### 生成接入审批单

**操作要领：**

（1）根据地址分配表正确分配互联地址。

（2）根据地址分配表正确分配BGP协议相关参数。

（3）根据地址分配表正确分配OSPF协议相关参数。

（4）接到申请单后应在 5 个工作日分配好审批单填写操作指令票。

**考核要点：**

准确复述上述步骤。

## （七）典型任务演练及考核——厂站接入 EMS 调试

**演练说明：** 本次演练和考核的核心内容是从“厂站接入 EMS 调试”的业务流程中选取的 1 个关键步骤，学员在演练及考核前需了解任务的整体流程及详细步骤，并做好安全及其他各项准备。

**学习目标：** 了解在 EMS 中绘制厂站接线图的方法及检查方法。

**学习方式：** 负责人组织学员到现场进行现场勘察观摩、现场指导、演练。

**考核方式：** 学员按照工作要求复述在 EMS 中绘制厂站接线图后的检查内容，负责人基于学员回答并参考附录 25《自动化运维　厂站接入 EMS 调试考核表》进行评分。

### 操作要领及考核要点：

#### 在 EMS 中绘制厂站接线图

**操作要领：**

按照方式计划室下发的接线图及设备命名规范检查以下内容：

（1）EMS 厂站图应与接线图一致。

（2）变压器、断路器、隔离开关、站用变压器等设备图元应使用规范图元。

（3）EMS 设备命名应参照设备命名规范。

（4）电气元件之间拓扑链接关系应正确，不得存在虚接状态。

**考核要点：**

准确复述上述步骤。

# 第十章　电气试验、化验岗位轮岗实习导引

# 一、电气试验、化验岗位实习安排

## 岗位学习整体目标

•形成对电气试验、化验岗位的基本认知，建立岗位工作的安全意识，掌握岗位的基本常识和专业术语。

•系统地学习岗位典型任务的知识和技能，熟悉岗位的基本工作流程，掌握典型任务的操作要领。

## 轮岗实习安排

<table>
<tr><th>时间安排</th><th>轮岗实习内容</th><th>学习方式</th><th>考核方式</th></tr>
<tr><td rowspan="5">第一天</td><td>1. 岗位介绍概况（岗位简介、职责任务）</td><td rowspan="2">讲解</td><td rowspan="7">理论考试<br>综合评价</td></tr>
<tr><td>2. 岗位安全要求及注意事项</td></tr>
<tr><td>3. 常见电气试验、化验设备、工器具及专业术语</td><td>现场观摩</td></tr>
<tr><td>4. 典型任务学习——例行试验</td><td>—</td></tr>
<tr><td>业务流程学习<br>相关知识技能学习<br>案例分析及研讨</td><td>讲解<br>自学（网课）<br>研讨</td></tr>
<tr><td rowspan="3">第二天</td><td>5. 典型任务学习——带电检测</td><td>—</td></tr>
<tr><td>业务流程学习<br>相关知识技能学习<br>案例分析及研讨</td><td>讲解<br>自学（网课）<br>研讨</td></tr>
<tr><td>6. 任务演练及考核——例行试验（试验前准备）<br>示范及指导演练（负责人）<br>现场操作（学员）</td><td rowspan="2">演练<br>实操</td><td rowspan="2">实操考核<br>综合评价</td></tr>
<tr><td rowspan="2">第三天</td><td>7. 任务演练及考核——带电检测（红外热成像检测）<br>示范及指导演练（负责人）<br>现场操作（学员）</td></tr>
<tr><td>8. 知识考核<br>9. 通关档案填写</td><td>—</td><td>—</td></tr>
</table>

# 二、电气试验、化验岗位实习内容

## （一）岗位基本概况

**学习目标：**了解电气试验、化验岗位的岗位简介、职责任务、主要业务等。

**学习方式：**负责人讲解。

**考核方式：**负责人结合附录1《日常行为规范评分表》，对学员的整体学习及表现情况进行综合打分。

**学习内容要点：**

### 电气试验、化验岗位简介

负责完成变电站电气设备的交接试验、例行试验、故障分析试验和绝缘材料的试验及对充油、充气设备进行绝缘监督，确保变电设备的正常运行。

### 岗位职责任务

电气试验、化验岗主要包含5项工作职责、12项重点工作任务。

**电气试验、化验岗位**

**职责A：安全管理**

A1—安全培训、考核

**职责B：油气试验**

B1—绝缘油试验

B2—$SF_6$气体试验

**职责C：电气试验**

C1—交接验收

C2—例行试验

C3—故障分析试验

C4—带电检测

C5—交接试验

**职责D：仪器管理**

D1—日常维护

D2—仪器送检

**职责E：专项职责**

E1—旁站监督

E2—出厂监造

## （二）岗位安全要求及注意事项介绍

**学习目标：**了解电气试验、化验岗位的安全要求及注意事项。

**学习方式：**负责人讲解。

**考核方式：**学员完成理论考试。

**学习内容要点：**

### 电气试验、化验岗位安全要求及注意事项

（1）严格执行《国家电网公司电力安全工作规程》和现场安全管理规定的各项措施。

（2）试验前，应通知所有人员离开被试设备，并取得试验负责人许可，方可加压。加压过程中应有人监护并呼唱。

（3）现场作业要做到任务清楚、危险点清楚、作业程序清楚、预防措施清楚。

（4）用绝缘电阻表测量绝缘电阻时，必须有两个人分工承担，其中一人戴绝缘手套、持绝缘杆负责在被测对象上搭接与分离“L”端测试线，另一人掌握绝缘电阻表并记取测量结果。绝缘电阻表的操作与“L”端测试线的操作应遵循“先摇后接，先拆后停”的原则。

（5）高压试验作业人员在全部加压过程中，应精力集中，随时警惕异常现象发生。

（6）应在良好的天气下进行，如遇雷、雨、雪、雾不得进行该项工作，风力大于5m/s时，不宜进行带电检测工作。

（7）检测时应与设备带电部位保持相应的安全距离。

（8）进行检测时，要防止误碰误动设备。

（9）行走中注意脚下，防止踩踏设备管道。

**备注：**可结合该岗位对应的安规，对学员做详细的讲解。

## （三）设备、工器具及专业术语

**学习目标：** 了解电气试验、化验岗位常见的相关设备及工器具，学员能够做初步的辨识。

**学习方式：** 负责人讲解，并带领学员现场观摩学习。

**考核方式：** 负责人结合附录 1《日常行为规范评分表》，对学员的整体学习及表现情况进行综合打分。

**学习内容要点：** 该部分由负责人对电气试验、化验的设备进行讲解后，带领学员到现场开展现场学习。

### 常见设备及工器具

- 绝缘电阻表。
- 红外热成像仪。
- 气相色谱仪。

### 专业术语

- **绝缘电阻：** 电气设备绝缘层在直流电压作用下呈现的电阻，是电气设备和电气线路最基本的绝缘指标。
- **红外热成像：** 通过热红外敏感 CCD（电荷耦合元件）对物体进行成像，反映出物体表面的温度场。
- **绝缘油油中溶解气体组分分析：** 指按物质在固定相与流动相间分配系数的差别而进行分离、分析的方法。电力系统中主要针对绝缘油油中溶解的 7 种特征气体组分进行分析、比较，从而确认设备是否存在潜伏性故障。
- **吸收比：** 同一次试验中，用绝缘电阻表测得的 60s 时的绝缘电阻值与 15s 时的绝缘电阻值的比值。
- **介质损耗测试：** 反映电气设备绝缘是否受潮劣化或存在设备隐患的测试。测试方式包括正接线盒和反接线。
- **耐压试验：** 考核电气设备是否具备规定的裕度的试验，分为工频耐压试验和感应耐压试验。

• **局部放电：** 因工艺、材质或其他原因致使设备在制造时存在缺陷，从而导致电场不均而引起的局部放电。

• **例行试验：** 为了发现运行中设备的隐患，预防发生事故或设备损坏，对设备进行的检查、试验或监测，也包括电气设备取油样或气样进行试验。

• **伏安特性：** 加在电气设备或者元件两端的电压和通过的电流的关系。

## （四）典型任务学习——例行试验

**学习目标：**

• 了解被试设备的结构。

• 简单掌握变压器绝缘电阻测量试验方法及规程要求。

• 简单掌握测试设备的各项功能、参数设置、操作步骤，作业流程符合规程要求。

| 学习要项 | 学习方式 | 考核方式 |
|---|---|---|
| 业务流程学习 | • 负责人讲解业务流程<br>• 学员学习作业指导书 | 学员完成理论知识考试 |
| 相关知识与技能学习 | 在线课程学习 | |
| 案例分析及研讨 | 学员集中对案例进行学习分享 | |

### 业务流程

**步骤 1：试验前准备工作**

**工作要求：** 统一着装，观察现场，在风险分析上签名，向工作负责人请示试验开始；设置安全设施；进行设备接地、放电，检查设备外观，摆放温湿度计，抄铭牌，同时记录环境温度、湿度、油温、设备双重名称，检查试验仪器及工具。

**步骤 2：试验过程**

**工作要求：** 仪器摆放、接地；检查仪器；进行设备短接；进行低压侧绝缘电阻测量；更换接线，进行高压侧绝缘电阻测量；拆线；试验过程中注意要有呼唱。

**步骤 3：试验结束**

**工作要求**：整理试验报告：查询 PMS 台账，记录绝缘电阻值，准确记录试验时间、地点、温度、湿度及试验结果，注明所用仪器的名称、型号、编号。与历史数据比较，进行判断并结论。

**特别提醒**：在执行该任务前，必须详细学习和了解该岗位的《安全操作规程》。具体的操作步骤请严格按照工作现场的规章制度和安全操作要求执行。

## 相关知识和技能

| 类别 | 内容 | 学习清单 |
| --- | --- | --- |
| 知识类 | 了解变压器例行巡视工作流程 | 网大标课《变压器绝缘电阻检测》<br>网大标课《变压器铁心的绝缘电阻试验》<br>网大标课《变压器例行试验》<br>网大标课《电气试验概述》 |
| | 了解变压器绝缘电阻检测相关知识 | |
| 技能类 | 了解绝缘电阻表的使用方法 | 网大标课《2017 评优—电气试验工培训系列课程之电子式绝缘电阻表的使用》<br>网大标课《2017 评优—绝缘电阻测试的注意事项》<br>网大标课《屏蔽在绝缘电阻测试中的应用》 |
| | 了解绝缘电阻测试的注意事项 | |

注 在线课程提供的内容仅供参考，请以实际工作要求为准。

## 案例分析与研讨

| 案例：110kV 变压器绝缘电阻检测过程中发生人身触电未遂 | |
| --- | --- |
| 事件经过 | ×× 年 ×× 月 ×× 日，国网 ×× 公司电气试验班在进行 110kV×× 变电站变压器例行试验工作时，发现 2 号变压器铁心、夹件之间绝缘电阻值为 0.03MΩ，绝缘电阻测试仪处赵 ×× 未经变压器上部李 ×× 同意，擅自升压绝缘电阻测试仪高压线至 2500V，被工作负责人发现后及时制止试验人员赵 ×× 的违章行为 |

续表

| 案例：110kV 变压器绝缘电阻检测过程中发生人身触电未遂 | |
|---|---|
| 违反条款 | 1. 违反《国家电网公司电力安全工作规程（变电部分）》第 5.4.2 条：在高压设备上工作，应至少由两人进行，并完成保证安全的组织措施和技术措施。<br>2. 违反《国家电网公司电力安全工作规程（变电部分）》第 14.1.6 条：加压前应认真检查试验接线，使用规范的短路线，表计倍率、量程、调压器零位及仪表的开始状态均正确无误，经确认后通知所有人员离开被试设备，并取得试验负责人许可，方可加压。加压过程中应有人监护并呼唱。高压试验作业人员在全部加压过程中，应精力集中，随时警戒异常现象发生，操作人应站在绝缘垫上。<br>3. 违反《生产作业现场“十不干”》中第 10 条、工作负责人（专责监护人）不在现场的不干 |
| 可能造成的伤害 | 绝缘电阻测试仪处赵 ×× 未经变压器上部李 ×× 同意，擅自升压绝缘电阻测试仪高压线至 2500V，未在工作负责人监护下进行工作，易引发李 ×× 触电事故 |
| 违章原因分析 | 试验人员技能水平不高，绝缘电阻测试仪使用不规范，安全意识淡薄，对习惯性违章熟视无睹，对高压试验工作中的危险点不清楚 |
| 应采取的防范措施 | 1. 强化对试验人员的技术培训。<br>2. 加强《国家电网公司电力安全工作规程（变电部分）》学习。<br>3. 危险点风险辨识要结合现场实际将试验过程中的危险点分析到位，切实可行 |

## （五）典型任务学习——带电检测

### 学习目标：

- 了解红外诊断技术的基本原理。
- 了解热像仪的操作程序和使用方法。

| 学习要项 | 学习方式 | 考核方式 |
|---|---|---|
| 业务流程学习 | • 负责人讲解业务流程<br>• 学员学习作业指导书 | 学员完成理论知识考试 |
| 相关知识与技能学习 | 在线课程学习 | |
| 案例分析及研讨 | 学员集中对案例进行学习分享 | |

## 业务流程

**步骤 1：检测准备**

**工作要求：**了解相关设备数量、型号、制造厂家、安装日期等信息以及运行情况，查阅上次检测的记录、配备标准化作业卡，检查环境、人员、仪器、设备满足检测条件，了解现场设备运行方式，按相关安全生产管理规定办理工作许可手续。

**步骤 2：一般检测**

**工作要求：**仪器开机，进行内部温度校准，待图像稳定后对仪器的参数进行设置。远距离对所有被测设备进行全面扫描，发现有异常后，再有针对性地近距离对异常部位和重点被测设备进行精确检测，并记录待测设备的负荷电流。在检测过程中，应随时保存有缺陷的红外热像检测原始数据。

**步骤 3：检测验收**

**工作要求：**检查检测数据是否准确、完整；发现检测数据异常及时上报相关运维管理单位。

**步骤 4：检测数据分析与处理**

**工作要求：**对不同类型的设备采用相应的判断方法和判断依据，并由热像特点进一步分析设备的缺陷特征，判断出设备的缺陷类型。

**步骤 5：检测原始数据和报告**

**工作要求：**检修工作结束后，应在 15 个工作日内将试验报告整理完毕并录入系统，对于存在缺陷设备应提供检测异常报告。

**特别提醒：**在执行该任务前，必须详细学习和了解该岗位的《安全操作规程》。具体的操作步骤请严格按照工作现场的规章制度和安全操作要求执行。

## 相关知识和技能

| 类别 | 内容 | 学习清单 |
| --- | --- | --- |
| 知识类 | 了解红外测温及图谱分析的相关知识 | 网大标课《“电力法师的红外测温红魔法”——综述》<br>网大标课《红外测温及图谱分析》<br>网大标课《2017 评优—带电设备红外诊断技术及应用规范》<br>网大标课《红外热像检测》 |
| | 了解红外诊断技术的应用规范 | |
| 技能类 | 了解红外测温标准作业流程 | 网大微课《2017 评优—变电一次设备红外精准测温标准化作业》 |
| | 了解使用特定仪器进行红外测温的方法 | 网大标课《如何使用 FLIR T640 红外热像仪进行电流互感器的精确测温》 |

注　在线课程提供的内容仅供参考，请以实际工作要求为准。

## 案例分析与研讨

<table>
<tr><th colspan="2">案例：110kV 避雷器红外检测过程中发生人身触电未遂</th></tr>
<tr><td>事件经过</td><td>××年××月××日，国网××公司电气试验班在进行 110kV××变电站避雷器红外检测工作时，发现 1 号变压器 110kV 侧避雷器 B 相有明显过热特征，三相温差最大为 4.4K，在多角度检测过程中，检测人员赵某某未经工作负责人同意，擅自近距离靠近被测避雷器约 0.5m，被工作负责人发现后及时制止试验人员赵××的违章行为</td></tr>
<tr><td>违反条款</td><td>1. 违反《国家电网公司电力安全工作规程（变电部分）》第 9.2.1 条，进行地电位带电作业时，人身与带电体间的安全距离不得小于下表的规定。35kV 及以下的带电设备，不能满足下表规定的最小安全距离时，应采取可靠的绝缘隔离措施。<br>
带电作业时人身与带电体间的安全距离
<table>
<tr><td>电压等级 /kV</td><td>10</td><td>35</td><td>66</td><td>110</td><td>220</td><td>330</td><td>500</td><td>750</td><td>1000</td><td>±400</td><td>±500</td><td>±660</td><td>±800</td></tr>
<tr><td>距离 / m</td><td>0.4</td><td>0.6</td><td>0.7</td><td>1.0</td><td>1.8 (1.6)</td><td>2.6</td><td>3.4 (3.2)</td><td>5.2 (5.6)</td><td>6.8 (6.0)</td><td>3.8</td><td>3.4</td><td>4.5</td><td>6.8</td></tr>
</table>
2. 违反《国家电网公司电力安全工作规程（变电部分）》第 6.3.10.2 条，工作负责人（监护人）应是具有相关工作经验，熟悉设备情况和本规程，经工区（车间，下同）书面批准的人员。工作负责人还应熟悉工作班成员的工作能力</td></tr>
<tr><td>可能造成的伤害</td><td>检测人员赵××未经工作负责人同意，擅自近距离靠近被测避雷器约 0.5m，易引发赵××触电事故</td></tr>
<tr><td>违章原因分析</td><td>工作负责人监护不到位，试验人员安全意识淡薄，对带电检测工作中的危险点不清楚</td></tr>
</table>

续表

| 案例：110kV 避雷器红外检测过程中发生人身触电未遂 | |
|---|---|
| 应采取的防范措施 | 1．加强工作负责人《国家电网公司电力安全工作规程（变电部分）》学习。<br>2．强化对试验人员的安全培训。<br>3．危险点风险辨识要结合现场实际将带电检测过程中的危险点分析到位，切实可行 |

## （六）典型任务演练及考核——例行试验

**演练说明：** 本次演练和考核的核心内容是从“例行试验”的业务流程中选取的 1 个关键步骤，学员在演练及考核前需了解任务的整体流程及详细步骤，并做好安全及其他各项准备。

**学习目标：** 了解例行试验前的准备工作。

**学习方式：** 负责人组织学员到现场进行现场勘察观摩、现场指导、演练。

**考核方式：** 学员按照工作要求复述例行试验的试验前准备工作，负责人基于学员回答并参考附录 26《电气试验、化验　例行试验考核表》进行评分。

### 操作要领及考核要点：

**试验前准备**

**操作要领：**

（1）着装要求。统一整齐，符合工作规定。安全帽，绝缘靴应有合格标签。

（2）进入试验现场。观察现场，在风险分析上签名，向工作负责人请示试验开始。

（3）设置安全设施。用安全遮栏封闭试验现场，向外悬挂“止步，高压危险！”标示牌。

（4）设备接地、放电。检查断路器是否可靠接地；放电棒检查，各端子放电先用放电电阻放电，后直接放电多次，放电完毕后将放电棒挂在待试处。

（5）检查设备外观：①油位是否正常；②设备有无渗油现象；③套管是否有裂缝；④设备外表面是否干燥洁净；⑤检查分接开关位置；⑥是否安装油温计。

（6）摆放温湿度计。将温湿度计摆放于通风阴凉且明显处，不能置于器身上。

（7）抄铭牌。同时记录环境温度、湿度、器温、设备双重名称。

（8）检查试验仪器及工具。

**考核要点：**

准确复述上述步骤。

## （七）典型任务演练及考核——带电检测

**演练说明：** 本次演练和考核的核心内容是从“带电检测”的业务流程中选取的 1 个关键步骤，学员在演练及考核前需了解任务的整体流程及详细步骤，并做好安全及其他各项准备。

**学习目标：** 了解红外热成像检测的流程。

**学习方式：** 负责人组织学员到现场进行现场勘察观摩、现场指导、演练。

**考核方式：** 学员按照工作要求复述红外热成像检测的流程，负责人基于学员复述情况并参考附录 27《电气试验、化验　带电检测考核表》进行评分。

### 操作要领及考核要点：

**红外热成像检测**

**操作要领：**

（1）仪器参数设置（温度、湿度、反射率测试框、测试点等

设置）。

（2）测温，调节图像使其清晰，并结合数值测温手段，如热点跟踪等手段进行检测。远距离对所有被测设备进行全面扫描。

（3）发现有异常后，再有针对性地近距离对异常部位和重点被测设备进行精确检测，并记录待测设备的负荷电流。

**考核要点：**

准确复述上述步骤。

# 第十一章　配电电缆运检岗位轮岗实习导引

## 一、配电电缆运检岗位实习安排

## 二、配电电缆运检岗位实习内容

（一）岗位基本概况

（二）岗位安全要求及注意事项介绍

（三）设备、工器具及专业术语

（四）典型任务学习——防外力破坏

（五）典型任务学习——电缆路径检测

（六）典型任务演练及考核——防外力破坏

（七）典型任务演练及考核——电缆路径检测

# 一、配电电缆运检岗位实习安排

## 岗位学习整体目标

• 形成对配电电缆运检岗位的基本认知，建立岗位工作的安全意识，掌握岗位的基本常识和专业术语。

• 系统地学习岗位典型任务的知识和技能，熟悉岗位的基本工作流程，掌握典型任务的操作要领。

## 轮岗实习安排

| 时间安排 | 轮岗实习内容 | 学习方式 | 考核方式 |
|---|---|---|---|
| 第一天 | 1. 岗位介绍概况（岗位简介、职责任务） | 讲解 | 理论考试<br>综合评价 |
| | 2. 岗位安全要求及注意事项 | | |
| | 3. 常见岗位相关设备、工器具及专业术语 | 现场观摩 | |
| 第二天 | 4. 典型任务学习——防外力破坏 | — | |
| | 业务流程学习 | 讲解 | |
| | 相关知识技能学习 | 自学（网课） | |
| | 案例分析及研讨 | 研讨 | |
| | 5. 典型任务学习——电缆路径检测 | — | |
| | 业务流程学习 | 讲解 | |
| | 相关知识技能学习 | 自学（网课） | |
| | 案例分析及研讨 | 研讨 | |
| 第三天 | 6. 任务演练及考核——防外力破坏<br>示范及指导演练（负责人）<br>现场操作（学员） | 演练<br>实操 | 实操考核<br>综合评价 |
| | 7. 任务演练及考核——电缆路径检测<br>示范及指导演练（负责人）<br>现场操作（学员） | | |
| | 8. 知识考核<br>9. 通关档案填写 | — | — |

# 二、配电电缆运检岗位实习内容

## （一）岗位基本概况

**学习目标：** 了解配电电缆运检岗位的岗位简介、职责任务、主要业务。

**学习方式：** 负责人讲解及指导模拟操作。

**考核方式：** 负责人结合附录1《日常行为规范评分表》，对学员的整体学习及表现情况进行综合打分。

**学习内容要点：**

### 配电电缆运检岗位简介

配电电缆是指配电网中的10kV电力电缆，用于连接变电站、环网柜、分接箱及配电变压器，实现配电网的电能传输，并具有节约用地和美化城区环境的作用。做好配电电缆的运维工作，保障配电电缆线路长期安全、稳定运行，对整个配电网和用户具有十分重要的意义。

### 岗位职责任务

配电电缆运检岗主要包括3项工作职责、20项重点工作任务。

**配电电缆运检岗位**

| 职责 A：配电电缆运维 | 职责 B：生产准备及验收 | 职责 C：配电电缆维修 |
|---|---|---|
| A1—防外力破坏 | B1—电缆方案评审 | C1—耐压试验 |
| A2—电缆路径检测 | B2—电缆工程验收 | C2—终端头安装 |
| A3—红外测温 | | C3—中间头安装 |
| A4—通道巡视 | | C4—隐患及缺陷处理 |
| A5—本体巡视 | | C5—电缆故障查找 |
| A6—局放检测 | | C6—外护套修复 |
| A7—台账维护 | | C7—超低频介损 |
| A8—隐患管理 | | C8—震荡波试验 |
| | | C9—绝缘电阻测试 |
| | | C10—接地电阻测试 |

## （二）岗位安全要求及注意事项介绍

**学习目标：**了解配电电缆运检岗位的安全要求及注意事项。

**学习方式：**负责人讲解。

**考核方式：**学员完成理论考试。

**学习内容要点：**

### 配电电缆运检岗位安全要求及注意事项

（1）工作人员应穿工作服和绝缘鞋，并佩戴安全帽。现场使用的工器具、仪器等应符合有关要求。

（2）电缆路径探测工作应由有经验的人员担任，应至少两人一组。工作人员应掌握所辖电缆及通道路径及埋深。

（3）应按照分工进行电缆路径探测工作。防止发生外力破坏造成电缆损坏事件。

（4）避免在施工机械下方行走、逗留，注意远离深基坑等高空坠落地点。

（5）在发现危及人身、电网和设备安全的紧急情况时，有权停止作业或在采取可能的紧急措施后撤离作业现场，并立即报告。

（6）做好防止蛇、蜂等动物攻击的措施，配备必要的药品。

（7）与 10kV 及以下带电设备分别保持不小于 0.7m 的安全距离。

（8）在探测过程发射机设放位置必须置安排专人看守。

（9）进入隧道（综合管沟）作业前先通风至少 15min，如需进入隧道深处，应随时使用氧浓度检测仪检查隧道内部的含氧量，必要时，佩戴防毒面具。

**备注：**可结合该岗位对应的安规，对学员做详细的讲解。

## （三）设备、工器具及专业术语

**学习目标：**了解配电电缆运检岗位常见的相关设备及工器具，学员能够做

初步的辨识。

**学习方式：** 负责人讲解，并带领学员现场观摩学习。

**考核方式：** 负责人结合附录1《日常行为规范评分表》，对学员的整体学习及表现情况进行综合打分。

**学习内容要点：** 该部分由负责人对工作环境中设备进行讲解后，带领学员到现场开展学习。

### 常见设备及工器具

- 电缆剥切刀。
- 液压钳。
- 电缆故障测距仪。
- 电缆故障定点仪。
- 红外测温仪。
- 电缆加热设备。
- 电缆校直机。
- 电缆路径仪。

### 专业术语

- **电缆本体：** 除去电缆接头和终端等附件以外的电缆线段部分。
- **电缆附件：** 电缆终端、电缆接头等电缆线路组成部件的统称。
- **附属设备：** 避雷器、接地装置、供油装置、在线监测装置等电缆线路附属装置的统称。
- **附属设施：** 电缆支架、标志标牌、防火设施、防水设施、电缆终端站等电缆线路附属部件的统称。
- **电缆通道：** 电缆隧道、电缆沟、排管、直埋、电缆桥、电缆竖井等电缆线路的土建设施。
- **电缆终端：** 安装在电缆末端，以使电缆与其他电气设备或架空输配电线路相连接，并维持绝缘直至连接点的装置。
- **电缆接头：** 连接电缆与电缆的导体、绝缘、屏蔽层和保护层，以使电缆线路成为连续线路的装置。

• **接地装置：**与电缆金属屏蔽（金属套）层相连接，将接地电流进行分流的装置。

• **非开挖定向钻技术：**安装于地表的钻孔设备以相对于地面较小的入射角钻入地层形成先导孔，然后再把先导孔径度扩大到所需要的大小来铺设管道或排线的一种技术。

• **综合管廊：**在城市地下建造的市政公用隧道空间，将电力、通信、供水等市政公用管线，根据规划的要求集中敷设在一个构筑物内，实施统一规划、设计、施工和管理。

## （四）典型任务学习——防外力破坏

**学习目标：**

- 了解电缆及通道保护区范围。
- 了解电缆及通道附近施工作业可能造成的严重后果。
- 了解外力破坏防护交底内容。
- 了解如何设置警示标志。
- 了解如何与施工作业人员进行沟通。

| 学习要项 | 学习方式 | 考核方式 |
| --- | --- | --- |
| 业务流程学习 | • 负责人讲解业务流程<br>• 学员学习作业指导书 | 学员完成理论知识考试 |
| 相关知识与技能学习 | 在线课程学习 | |
| 案例分析及研讨 | 学员集中对案例进行学习分享 | |

### 业务流程

**步骤 1：外破巡视**

**工作要求：**根据巡视计划和市政施工计划，对易发生外力破坏的区域进行巡视。

**步骤 2：安全交底**

**工作要求：**与施工单位负责人建立联系机制，对允许在电缆及通道保护范围内施工的，应严格审查施工方案，向施工单位负责人及施工现场人

员交底，并与施工单位签订保护协议书，明确双方职责。对临近电缆及通道的施工，运维人员应对施工方进行交底，签订安全协议，提出相应的保护措施。对于顶管施工，要求施工单位邀请具备资质的探测单位做好管线探测工作，且召开专题会议讨论确定实施方案。

**步骤 3：盯防施工现场**

**工作要求：**因施工应挖掘而暴露的电缆或者其他可能造成严重后果的施工，应由工作人员在场监护施工，并告知施工人员有关施工注意事项和保护措施。

**步骤 4：劝阻和制止危险作业**

**工作要求：**对于不按要求施工的施工单位，现场工作人员应及时制止施工，若不听劝阻，应通过报警等方式强制其停止施工。

> **特别提醒：**在执行该任务前，必须详细学习和了解该岗位的《安全操作规程》。具体的操作步骤请严格按照工作现场的规章制度和安全操作要求执行。

### 相关知识和技能

| 类别 | 内容 | 学习清单 |
| --- | --- | --- |
| 知识类 | 了解电缆通道运维管理要求 | 网大标课《电缆通道运维管理及要求》<br>网大标课《电缆线路的巡查周期和内容》<br>网大标课《配网运行规程系列之电缆线路的巡视与防护》 |
| | 了解电缆线路巡查要点 | |
| 技能类 | 了解外力破坏产生的原因 | 网大标课《保护“森林”“熊熊”有责—电力电缆外力破坏防护》<br>网大标课《城区配电—护线宣传及防止外力破坏》<br>网大标课《守护电缆“安全感”——电缆设备外损防护》<br>网大标课《2018 评优—运维管理小贴士—10kV 电缆线路的独白》 |
| | 熟悉外力破坏防护的宣传办法 | |
| | 了解电缆线路运维方法 | |

注　在线课程提供的内容仅供参考，请以实际工作要求为准。

### 案例分析与研讨

| 案例：电缆路径未交代清楚 | |
|---|---|
| 事件经过 | 2020年6月10日，某公司供电中心运行人员赵×，孙××，在巡视时发现某路口有大型机械施工，两人前去向施工人员询问施工概况，发现施工地段附近有直埋电缆。运维人员应向施工方说明该处有电缆，开挖时注意即离开现场。第二天，该处电缆被挖断 |
| 违反条款 | 违反Q/GDW 1512—2014《电力电缆及通道运维规程》8.4.3　对临近电缆及通道的施工，运维人员应对施工方进行交底，包括路径走向、埋设深度、保护设施等。并按不同电压等级要求，提出相应的保护措施 |
| 可能造成的伤害 | 电缆挖断造成线路停电，严重者造成人身伤害 |
| 违章原因分析 | 工作人员工作态度不端正，责任心不强，未详细交代路径走向、埋设深度、保护设施 |
| 应采取的防范措施 | 对因工作疏忽造成外力破坏的应列入绩效考核，同时加强工作人员外力破坏防护培训，开展外力破坏运行分析，制定详细的外力破坏防护措施 |

## （五）典型任务学习——电缆路径检测

**学习目标：**

- 了解音频感应法原理及音频信号输入电缆的三种方法。
- 掌握卡钳法接线方式。
- 掌握路径仪发射机和接收机的参数设置方法。

| 学习要项 | 学习方式 | 考核方式 |
|---|---|---|
| 业务流程学习 | • 负责人讲解业务流程<br>• 学员学习作业指导书 | 学员完成理论知识考试 |
| 相关知识与技能学习 | 在线课程学习 | |
| 案例分析及研讨 | 学员集中对案例进行学习分享 | |

### 业务流程

**步骤1：仪器准备**

**工作要求：**出发前应对仪器进行检查，确保仪器电量充足、开机正常、配件齐全无损伤。

**步骤2：现场准备**

**工作要求：**应提前掌握被测区域内的电缆线路名称，并选择可直接接触及目标电缆段的位置作为信号发射位置。

**步骤3：连接卡钳**

**工作要求：**在发射机开机前，先将耦合卡钳连接线插入发射机对应接口。

**步骤4：安装卡钳**

**工作要求：**将耦合卡钳卡在被测电缆上，并确保耦合卡钳完全闭合。

**步骤5：设置发射机**

**工作要求：**打开发射机，选择合适的信号发射频率。

**步骤6：设置接收机**

**工作要求：**打开接收机，选择与发射机相同的频率，并选择波峰或波谷法，将接收机放置在目标电缆已知路径的正上方，发射机上的标志箭头与被测电缆方向一致。

**步骤7：路径探测**

**工作要求：**标志箭头方向前进，并左右移动接收机，接收机显示信号最强（波峰法）或最弱（波谷法）的位置即为目标电缆正上方，读取接收机所显示电缆深度。

**步骤8：工作完毕**

**工作要求：**关闭发射机及接收机电源，拆除耦合卡钳，并恢复现场。

**特别提醒：**在执行该任务前，必须详细学习和了解该岗位的《安全操作规程》。具体的操作步骤请严格按照工作现场的规章制度和安全操作要求执行。

## 相关知识和技能

| 类别 | 内容 | 学习清单 |
| --- | --- | --- |
| 知识类 | 了解电缆路径检测的基本知识 | 网大标课《七分钟教你看懂电缆》。<br>网大标课《电力电缆基本知识》。<br>网大标课《电力电缆运行维护》 |
| | 了解电力电缆运行维护方法 | |
| 技能类 | 了解电缆路径检测的手段 | 网大标课《2018 评优—10kV 电缆路径寻踪》。<br>网大标课《线探测仪器的基本原理和使用方法》。<br>网大标课《运用 GPS 定位仪对电缆路径及电缆接头的定位》。<br>网大标课《电缆线路的识别》。<br>网大标课《“秒测”电力电缆长度》 |
| | 了解电缆路径检测的操作办法 | |
| | 了解相关设备的操作步骤 | |

**注** 在线课程提供的内容仅供参考，请以实际工作要求为准。

## 案例分析与研讨

| 案例：井盖开启后未采取防坠落措施 | |
| --- | --- |
| 事件经过 | 2020 年 5 月 17 日，某公司供电中心电缆运检人员王 ×、刘 ××，接到班长李 ×× 命令，前往 ×× 地点探测 10kV×× 线电缆路径，因为电缆带电，王 × 选择采用耦合法进行路径探测，并打开位于人行道的 97 号电缆井盖，将耦合卡钳卡在隧道内的 10kV×× 线电缆上。两人设置好发射机后，便一同前往目标地点进行路径探测，现场无人看守。10min 后，行人张 ×× 行经该处，因未注意到打开的电缆井，不慎坠落到井下，导致小腿骨折 |
| 违反条款 | 工作人员开启井盖后，未设置遮栏（围栏），并派专人看守，违反配电《安规》12.2.6 开启电缆井井盖、电缆沟盖板及电缆隧道人孔盖时应注意站立位置，以免坠落，开启电缆井井盖应使用专用工具。开启后应设置遮栏（围栏），并派专人看守。作业人员撤离后，应立即恢复 |
| 可能造成的伤害 | 人员或异物可能坠落井下 |
| 违章原因分析 | 作业人员安全意识差，未意识到人行道上开启井盖可能带来的坠物或坠人风险 |
| 应采取的防范措施 | 井盖开启后应设置遮栏（围栏），并派专人看守。作业人员撤离后，应立即恢复 |

## （六）典型任务演练及考核——防外力破坏

**演练说明：** 本次演练和考核的核心内容是从“防外破”的业务流程中选取的 2 个关键步骤，学员在演练及考核前需了解任务的整体流程及详细步骤，并做好安全及其他各项准备。

**学习目标：** 了解安全交底的工作流程；了解盯防施工现场的注意事项。

**学习方式：** 负责人组织学员到现场进行现场勘察观摩、现场指导、演练。

**考核方式：** 学员按照工作要求复述安全交底、盯防施工现场的流程及要点，负责人基于学员回答并参考附录 28《配电电缆运检　防外力破坏考核表》进行评分。

### 操作要领及考核要点：

#### 安全交底

**操作要领：**

（1）与施工单位负责人建立联系机制，对允许在电缆及通道保护范围内施工的，应严格审查施工方案，向施工单位负责人及施工现场人员交底，并与施工单位签订保护协议书，明确双方职责。

（2）对临近电缆及通道的施工，运维人员应对施工方进行交底，签订安全协议，提出相应的保护措施。

（3）对于顶管施工，要求施工单位邀请具备资质的探测单位做好管线探测工作，且召开专题会议讨论确定实施方案。

**考核要点：**

（1）施工单位的施工方案应备案。

（2）交底内容应明确包括路径走向、埋设深度、保护设施等。

（3）保护协议书或安全协议中应明确在电缆及通道保护范围内施工不得使用大型机械机型开挖。

（4）施工方案应明确施工单位、施工时间、施工范围、施工方式。

**盯防施工现场**

**操作要领：**

因施工应挖掘而暴露的电缆或者其他可能造成严重后的施工，应由工作人员在场监护施工，并告知施工人员有关施工注意事项和保护措施。

**考核要点：**

（1）对于被挖掘而露出的电缆应加装保护罩。

（2）需要悬吊时，悬吊间距应不大于1.5m。

（3）工程结束后，电缆及相关设施应完好，安放位置牢固正确。

（4）施工结束后现场应恢复原状，有完善的警示带和路径标志。

## （七）典型任务演练及考核——电缆路径检测

**演练说明：**本次演练和考核的核心内容是从“电缆路径检测”的业务流程中选取的2个关键步骤，学员在演练及考核前需了解任务的整体流程及详细步骤，并做好安全及其他各项准备。

**学习目标：**了解设置接收机的流程；了解路径探测注意事项。

**学习方式：**负责人组织学员到现场进行现场勘察观摩、现场指导、演练。

**考核方式：**学员按照工作要求复述设置接收机、路径探测的流程及要点，负责人基于学员回答并参考附录29《配电电缆运检 电缆路径检测考核表》进行评分。

**操作要领及考核要点：**

**设置接收机**

**操作要领：**

打开接收机，选择与发射机相同的频率，并选择波峰或波谷法，

将接收机放置在目标电缆已知路径的正上方，发射机上的标志箭头与被测电缆方向一致。

**考核要点：**

（1）接收机的频率与发射机信号发射频率应保持一致。

（2）在前往目标区域探测电缆路径前，应在目标电缆已知路径的正上方确认设置是否正确。

**路径探测**

**操作要领：**

标志箭头方向前进，并左右移动接收机，接收机显示信号最强（波峰法）或最弱（波谷法）的位置即为目标电缆正上方，读取接收机所显示电缆深度。

**考核要点：**

（1）应沿接收机箭头指示方向前进。

（2）应及时调整接收机信号增益，避免信号饱和。

# 第十二章 95598 服务岗位轮岗实习导引

## 一、95598 服务岗位实习安排

## 二、95598 服务岗位实习内容

（一）岗位基本概况

（二）岗位安全要求及注意事项介绍

（三）设备、工器具及专业术语

（四）典型任务学习——工单处理

（五）典型任务学习——停送电信息报送

（六）典型任务演练及考核——工单处理

（七）典型任务演练及考核——停送电信息报送

# 一、95598 服务岗位实习安排

## 岗位学习整体目标

• 形成对 95598 服务岗位的基本认知，建立岗位工作的安全意识，掌握岗位的基本常识和专业术语。

• 系统地学习岗位典型任务的知识和技能，熟悉岗位的基本工作流程，掌握典型任务的操作要领。

## 轮岗实习安排

<table>
<tr><th>时间安排</th><th>轮岗实习内容</th><th>学习方式</th><th>考核方式</th></tr>
<tr><td rowspan="3">第一天</td><td>1. 岗位介绍概况（岗位简介、职责任务）</td><td rowspan="2">讲解</td><td rowspan="11">理论考试<br>综合评价</td></tr>
<tr><td>2. 岗位安全要求及注意事项</td></tr>
<tr><td>3. 常见岗位相关设备、工器具及专业术语</td><td>现场观摩</td></tr>
<tr><td rowspan="8">第二天</td><td>4. 典型任务学习——工单处理</td><td>—</td></tr>
<tr><td>业务流程学习</td><td>讲解</td></tr>
<tr><td>相关知识技能学习</td><td>自学（网课）</td></tr>
<tr><td>案例分析及研讨</td><td>研讨</td></tr>
<tr><td>5. 典型任务学习——停送电信息报送</td><td>—</td></tr>
<tr><td>业务流程学习</td><td>讲解</td></tr>
<tr><td>相关知识技能学习</td><td>自学（网课）</td></tr>
<tr><td>案例分析及研讨</td><td>研讨</td></tr>
<tr><td rowspan="3">第三天</td><td>6. 任务演练及考核——工单处理<br>示范及指导演练（负责人）<br>现场操作（学员）</td><td rowspan="2">演练<br>实操</td><td rowspan="2">实操考核<br>综合评价</td></tr>
<tr><td>7. 任务演练及考核——停送电信息报送<br>示范及指导演练（负责人）<br>现场操作（学员）</td></tr>
<tr><td>8. 知识考核<br>9. 通关档案填写</td><td>—</td><td>—</td></tr>
</table>

# 二、95598 服务岗位实习内容

## （一）岗位基本概况

**学习目标：**了解 95598 服务岗位的岗位简介、职责任务、主要业务。

**学习方式：**负责人讲解及指导模拟操作。

**考核方式：**负责人结合附录 1《日常行为规范评分表》，对学员的整体学习及表现情况进行综合打分。

**学习内容要点：**

### 95598 服务岗位简介

95598 服务业务是指国网客服中心通过 95598 电话、95598 网站、“网上国网”等多种渠道受理的各类客户诉求业务，95598 服务岗位负责 95598 客户诉求处理和相关业务支撑，它的优质高效处置对客户满意度有较大影响，因此，做好 95598 服务业务对提高客户服务公司整体形象和客户感知有着深远意义。

### 岗位职责任务

95598 服务岗主要包含 3 项工作职责、12 项重点工作任务。

**95598 服务岗位**

| 职责 A：95598 服务 | 职责 B：营业厅监控 | 职责 C：业务培训 |
|---|---|---|
| A1—工单处理 | B1—营业厅监控报备 | C1—培训计划及准备 |
| A2—重要事项报备 | B2—实施监控 | C2—授课 |
| A3—工单申诉 | | C3—考评反馈 |
| A4—投诉责任认定 | | |
| A5—数据分析 | | |
| A6—知识库维护 | | |
| A7—停送电信息报送 | | |

## （二）岗位安全要求及注意事项介绍

**学习目标：**了解 95598 服务岗位的安全要求及注意事项。

**学习方式：**负责人讲解。

**考核方式：**学员完成理论考试。

**学习内容要点：**

### 95598 服务岗位安全要求及注意事项

（1）工作人员应着统一工装或着正装。

（2）语音清晰，普通话标准。

（3）熟知 95598 各类业务工单处理流程及时限要求，按照有关规章制度规范处理工单。

（4）不对外泄漏客户的个人信息及商业秘密。

（5）与工单责任单位、抢修人员及客户沟通注意方式方法，耐心细致。

**备注：**可结合该岗位对应的安规，对学员做详细的讲解。

## （三）设备、工器具及专业术语

**学习目标：**了解 95598 服务岗位常见的相关设备及工器具，学员能够做初步的辨识。

**学习方式：**负责人讲解，并带领学员现场观摩学习。

**考核方式：**负责人结合附录 1《日常行为规范评分表》，对学员的整体学习及表现情况进行综合打分。

**学习内容要点：**

### 专业术语

- **客户：**可能或已经与供电企业建立供用电关系的组织或个人。
- **供电服务：**服务提供者遵循一定的标准和规范，以特定方式和手

段，提供合格的电能产品和满意的服务，来实现客户现实的或者潜在的用电需求的活动的过程。供电服务包括供电产品提供和供电客户服务。

- **供电客户服务：**电力供应过程中，企业为满足客户获得和使用电力产品的各种相关需求的一系列活动的总称。
- **供电客户服务渠道：**供电企业与客户进行交互、提供服务的具体途径。以下简称“服务渠道”。
- **供电客户服务项目：**供电企业针对明确的服务对象，由服务提供者通过具体的服务渠道，在一定周期内按照规范的服务流程和内容提供的一系列服务活动。
- **电子渠道：**供电企业通过网络与客户进行交互、提供服务的途径，包括 95598 智能互动网站、App（移动客户端）、供电服务微信公众号、数字电视媒体等。
- **95598 客户服务业务：**国网客服中心通过 95598 电话、95598 网站、“网上国网”等多种渠道受理的各类客户诉求业务。
- **生产类停送电信息：**包括计划停电、临时停电、电网故障停限电、超电网供电能力停限电和其他停电等。
- **营销类停送电信息：**包括客户窃电、违约用电、欠费、有序用电等。
- **特殊客户：**因存在骚扰来电、疑似套取信息、恶意诉求、不合理诉求、窃电或违约用电、拖欠电费等行为记录而被列入差异服务范畴的客户。
- **95598 业务：**包括信息查询、业务咨询、故障报修、投诉、举报（行风问题线索移交）、意见、建议、表扬、服务申请等，除表扬业务外，各项业务流程实行闭环管理。
- **供电服务投诉：**供电公司经营区域内（含控股、代管营业区）的电力客户，在供电服务、营业业务、停送电、供电质量、电网建设等方面，对由于供电企业责任导致其权益受损表达不满，在法定诉讼时效期限内，要求维护其权益而提出的诉求业务。

- **故障报修：**国网客服中心通过95598电话、95598网站、“网上国网”等受理的故障停电、电能质量、充电设施故障或存在安全隐患须紧急处理的电力设施故障诉求业务。
- **一般诉求：**国网客服中心通过95598电话、95598网站、“网上国网”等多种渠道受理的客户业务咨询、举报、建议、意见、表扬、服务申请等诉求业务。
- **申诉：**包括基层单位发起的数据修正诉求业务和国网营销部、国网客服中心发起的抽检修正工作。
- **95598停送电信息：**因各类原因致使客户正常用电中断，需及时向国网客服中心报送的信息。
- **95598知识：**为支撑95598供电服务、充电服务及电e宝服务，规范、高效解决客户诉求，从有关法律法规、政策文件、业务标准、技术规范中归纳、提炼形成的服务信息集成，以及为提升95598供电服务人员的业务和技能水平所需的支撑材料。
- **重要服务事项：**在供用电过程中，因不可抗力、配合政府工作、系统改造升级、新业务推广等原因，可能给客户用电带来影响的事项，或因客户不合理诉求可能给供电服务工作造成影响的事项。

## （四）典型任务学习——工单处理

**学习目标：**

- 了解95598客户服务业务分类。
- 了解95598各类工单规定的流程及时限要求。
- 了解营销业务应用系统、配网调控智能决策管理平台、供电服务指挥系统相关应用。
- 了解工单审核要求，在各类工单规定的流程时限内完成工单回复。
- 了解如何与工单处理人员及客户进行沟通。

| 学习要项 | 学习方式 | 考核方式 |
|---|---|---|
| 业务流程学习 | ● 负责人讲解业务流程<br>● 学员学习作业指导书 | 学员完成理论知识考试 |
| 相关知识与技能学习 | 在线课程学习 | |
| 案例分析及研讨 | 学员集中对案例进行学习分享 | |

## 业务流程

**步骤 1：工单接单、转派**

**工作要求：**接收国网、省客户服务中心派发工单后，按照《国家电网公司 95598 客户服务业务管理办法》规定的流程和时限要求传递派发。

**步骤 2：工单催办**

**工作要求：**在工单到达预警时限后对业务处理部门进行催办回单。

**步骤 3：工单审核、回复**

**工作要求：**受理客户诉求后，按照《国家电网公司 95598 客户服务业务管理办法》规定的流程和时限要求，以及《95598 工单回单模版》《95598 回单必填要点》进行工单审核及回复。

**特别提醒：**在执行该任务前，必须详细学习和了解该岗位的《安全操作规程》，具体的操作步骤请严格按照工作现场的规章制度和安全操作要求执行。

## 相关知识和技能

| 类别 | 内容 | 学习清单 |
|---|---|---|
| 知识类 | 了解 95598 服务运维管理规定<br>了解 95598 服务管理的相关要求<br>了解 95598 服务的流程<br>了解 95598 服务的工作方法 | 网大标课《2017 评优—95598 服务申请业务受理》<br>网大标课《2017 评优—95598 服务体系架构和业务管理内容及要求》<br>网大标课《2017 评优—95598 故障报修业务受理》<br>网大标课《2017 评优—95598 投诉举报业务受理》<br>网大标课《2017 评优—95598 意见、建议、表扬业务受理》<br>网大标课《95598 业务管理办法》<br>网大标课《2017 评优—95598 业务工单处理规范》<br>网大标课《2017 评优—95598 投诉工单办理规范及要求》 |

续表

| 类别 | 内容 | 学习清单 |
|---|---|---|
| 技能类 | 了解 SG186 系统的操作和作用 | 网大标课《SG186 系统的使用方法》 |

注　在线课程提供的内容仅供参考，请以实际工作要求为准。

### 案例分析与研讨

| 案例：服务工单处理不及时 | |
|---|---|
| 事件经过 | 2020 年 5 月 9 日（周六）11:05，某公司供电中心受理国网客服中心下派的电器损坏类服务申请工单 1 件，该中心工作人员以当天为非工作日为由，直到 11 日上午才到客户家中现场核实情况，供服中心人员误认为非工作日不计入工单时限，未及时跟踪督办处理情况 |
| 违反条款 | 违反《国家电网有限公司 95598 客户服务业务管理办法》第三十七条（七）服务申请 2. 电器损坏业务 24 小时内到达故障现场核查，业务处理完毕后 1 个工作日内回复工单 |
| 可能造成的伤害 | 敏感类诉求工单处理不及时容易引发服务风险，影响客户感知，严重的可能导致服务投诉 |
| 违章原因分析 | 工作人员工作态度不端正，责任心不强，未及时对工单处理情况进行跟踪督办 |
| 应采取的防范措施 | 对因工作疏忽造成服务投诉的应列入绩效考核，同时加强工作人员业务规范培训，开展工单处理情况分析，制定详细的防止工单处理超时措施 |

## （五）典型任务学习——停送电信息报送

**学习目标：**

- 掌握停送电信息报送时限要求。
- 了解停送电信息报送的流程。
- 了解停送电信息报送及审核注意事项。

| 学习要项 | 学习方式 | 考核方式 |
|---|---|---|
| 业务流程学习 | • 负责人讲解业务流程<br>• 学员学习作业指导书 | 学员完成理论知识考试 |
| 相关知识与技能学习 | 在线课程学习 | |
| 案例分析及研讨 | 学员集中对案例进行学习分享 | |

## 业务流程

**步骤 1：停电信息报送**

**工作要求：**供电服务指挥中心监测指挥班或相关单位通过营销业务应用系统（SG186）、供电服务指挥系统或电力管理系统（PMS）中“停送电信息管理”功能模块报送停电信息。

**步骤 2：停电信息催报**

**工作要求：**停电未及时报送信息的，督促相关单位及时提报停电信息。

**步骤 3：停电信息审核发布**

**工作要求：**供电服务指挥中心监测指挥班审核停电信息内容是否符合要求。

**步骤 4：计划停电信息撤销**

**工作要求：**对报送的计划停电执行前取消的，需在系统中将报送的停电信息撤销。

**步骤 5：停电信息变更**

**工作要求：**停电信息提前送电的、延时送电的需变更停电信息。

**步骤 6：停电信息报送电**

**工作要求：**停电原因消除，现场送电后，需将停电信息提报送电。

**特别提醒：**在执行该任务前，必须详细学习和了解该岗位的《安全操作规程》。具体的操作步骤请严格按照工作现场的规章制度和安全操作要求执行。

## 相关知识和技能

| 类别 | 内容 | 学习清单 |
|---|---|---|
| 知识类 | 了解停送电信息报送的相关要求 | 网大标课《生产类停送电信息报送流程》<br>网大标课《2017 评优—95598 停送电信息报送》<br>网大标课《2017 评优—停送电信息报送标准化作业》 |
| | 了解停送电信息报送的作业流程 | |

注　在线课程提供的内容仅供参考，请以实际工作要求为准。

### 案例分析与研讨

| 案例：停送电信息报送不及时 | |
|---|---|
| 事件经过 | 2020 年 7 月 27 日 16:00，某公司一 10kV 线路故障停电，供服中心监测指挥人员张 ××，在接收到配调传递的跳闸信息后，错把报送时间记成故障后 30min，期间去休息室打了 10min 私人电话，且并未对停送电信息报送工作交接给其他同事，于 16:25 在供服系统中完成停送电信息发布 |
| 违反条款 | 违反《国家电网有限公司 95598 客户服务业务管理办法》第四十七条　供电设备跳闸停电后，配网抢修指挥相关班组应在 15min 内向国网客服中心报送停电信息 |
| 可能造成的伤害 | 停送电信息报送不及时，不能有效支撑国网客服中心一次办结，客户无法及时得知停电信息，造成抢修工单、投诉工单重复下派，增加处理人员工作量 |
| 违章原因分析 | 工作人员工作态度不端正，责任心不强，时限要求掌握不熟练 |
| 应采取的防范措施 | 对因责任心不强造成停送电信息报送不规范的应列入绩效考核，同时加强工作人员外停送电信息报送规则培训，制定详细的停送电信息报送办法 |

## （六）典型任务演练及考核——工单处理

**演练说明：**本次演练和考核的核心内容是从“工单处理”的业务流程中选取的两个关键步骤，学员在演练及考核前需了解任务的整体流程及详细步骤，并做好安全及其他各项准备。

**学习目标：**了解工单处理的工作流程；了解工单处理的注意事项。

**学习方式：**负责人组织学员到现场进行现场勘察观摩、现场指导、演练。

**考核方式：**学员按照工作要求复述工单催办、审核、回复的流程及要点，负责人基于学员回答并参考附录 30《95598 工单处理考核表》进行评分。

**操作要领及考核要点：**

**工单催办**

**操作要领：**

按照规定流程完成工单催办。

**考核要点：**

（1）抢修类工单：应在未按时限到达现场前催办抢修单位。供电抢修人员到达现场的平均时间一般为：城区范围 45min，农村地区 90min，特殊边远地区 2h。

（2）非抢修类工单：应在工单办结前 2 个工作日催办业务处理部门尽快回单。

**工单审核、回复**

**操作要领：**

受理客户诉求后，按照《国家电网公司 95598 客户服务业务管理办法》规定的流程和时限要求，以及《95598 工单回单模版》《95598 回单必填要点》进行工单审核及回复。

**考核要点：**

（1）故障报修类：抢修完毕后供电服务指挥中心 30min 内完成工单审核、回复工作。

（2）投诉、业务咨询类：受理客户诉求后 4 个工作日内处理、答复客户并审核、反馈处理意见。

（3）举报、意见、建议类：受理客户诉求后 9 个工作日内处理、答复客户并审核、反馈处理意见。

（4）已结清欠费的复电登记业务送电后 1 个工作日内回复工单。

（5）电器损坏业务处理完毕后 1 个工作日内回复工单。

（6）服务平台系统异常业务 3 个工作日内核实并回复工单。

（7）电能表异常业务、电能表数据异常业务 4 个工作日内处理（核实）并回复工单。

（8）其他服务申请类业务 5 个工作日内处理完毕并回复工单。

（9）工单回单内容应按照回单模板及必填要点进行审核，确保工单回复内容规范、全面、真实。

## （七）典型任务演练及考核——停送电信息报送

**演练说明：**本次演练和考核的核心内容是从“停送电信息报送”的业务流程中选取的 2 个关键步骤，学员在演练及考核前需了解任务的整体流程及详细步骤，并做好安全及其他各项准备。

**学习目标：**了解停送电信息报送的流程；了解停送电信息报送及审核注意事项。

**学习方式：**负责人组织学员到现场进行现场勘察观摩、现场指导、演练。

**考核方式：**学员按照工作要求复述停电信息审核发布、停电信息变更的流程及要点，负责人基于学员回答并参考附录 31《95598 停送电信息报送考核表》进行评分。

### 操作要领及考核要点：

**停电信息审核发布**

**操作要领：**

供电服务指挥中心监测指挥班审核停电信息内容是否符合要求。

**考核要点：**

按照停电信息的分类正确选择停电类型：

（1）报送时间：计划停电信息应提前 7 天报送，临时停电应提前 24h 报送，故障停电应在故障后 15min 内报送停电信息。

（2）停电区域：停电涉及的供电设施情况，即停电的供电设施名称、供电设施编号、变压器属性（公变 / 专变）等信息。

（3）停电范围：停电的地理位置、专变客户、医院、学校、乡镇（街道）、村（社区）、住宅小区等信息。同一停电信息涉及分段送电情况，应报送分段未恢复停电范围等信息。

（4）停电计划时间：计划停电、临时停电的开始时间和预计结束时间，故障停电包括故障开始时间和预计故障修复时间。

（5）停电原因：引发停电或可能引发停电的原因。

（6）现场送电类型：全部送电、部分送电、未送电。

（7）停送电变更时间：变更后的停电计划开始时间及计划送电时间。

（8）现场送电时间：现场实际恢复送电时间。

（9）发布渠道：停送电信息发布的公共媒体。

### 审核停电信息变更

**操作要领：**

停电信息提前送电的、延时送电的需变更停电信息。

**考核要点：**

（1）停送电信息内容发生变化后10min内，应变更相关信息，并简述原因。

（2）停电信息较原送电时间提前超过1h送电的应报送提前送电原因及变更后的预计送电时间。

（3）延时送电的，应至少提前30min报送延迟送电原因及变更后的预计送电时间。

# 第十三章　电费核算与账务岗位轮岗实习导引

## 一、电费核算与账务岗位实习安排

## 二、电费核算与账务岗位实习内容

（一）岗位基本概况

（二）岗位安全要求及注意事项介绍

（三）设备、工器具及专业术语

（四）典型任务学习——高压用户电费核算发行

（五）典型任务学习——到账确认

（六）典型任务演练及考核——高压用户电费核算发行

（七）典型任务演练及考核——到账确认

# 一、电费核算与账务岗位实习安排

## 岗位学习整体目标

•形成对电费核算与账务岗位的基本认知，建立岗位工作的安全意识，掌握岗位的基本常识和专业术语。

•系统地学习岗位典型任务的知识和技能，熟悉岗位的基本工作流程，掌握典型任务的操作要领。

## 轮岗实习安排

<table>
<tr><th>时间安排</th><th>轮岗实习内容</th><th>学习方式</th><th>考核方式</th></tr>
<tr><td rowspan="6">第一天</td><td>1. 岗位介绍概况（岗位简介、职责任务）</td><td rowspan="2">讲解</td><td rowspan="7">理论考试<br>综合评价</td></tr>
<tr><td>2. 岗位安全要求及注意事项</td></tr>
<tr><td>3. 常见电费核算与账务设备、工器具及专业术语</td><td>现场观摩</td></tr>
<tr><td>4. 典型任务学习——高压用户电费核算发行</td><td>—</td></tr>
<tr><td>业务流程学习<br>相关知识技能学习<br>案例分析及研讨</td><td>讲解<br>自学（网课）<br>研讨</td></tr>
<tr><td rowspan="3">第二天</td><td>5. 典型任务学习——到账确认</td><td>—</td></tr>
<tr><td>业务流程学习<br>相关知识技能学习<br>案例分析及研讨</td><td>讲解<br>自学（网课）<br>研讨</td></tr>
<tr><td>6. 任务演练及考核——高压用户电费核算发行<br>示范及指导演练（负责人）<br>现场操作（学员）</td><td rowspan="2">演练<br>实操</td><td rowspan="2">实操考核<br>综合评价</td></tr>
<tr><td rowspan="2">第三天</td><td>7. 任务演练及考核——到账确认<br>示范及指导演练（负责人）<br>现场操作（学员）</td></tr>
<tr><td>8. 知识考核<br>9. 通关档案填写</td><td>—</td><td>—</td></tr>
</table>

# 二、电费核算与账务岗位实习内容

## （一）岗位基本概况

**学习目标：** 了解电费核算与账务岗位的岗位简介、职责任务、主要业务等。

**学习方式：** 负责人讲解。

**考核方式：** 负责人结合附录 1《日常行为规范评分表》，对学员的整体学习及表现情况进行综合打分。

**学习内容要点：**

### 电费核算与账务岗位简介

负责市县供电公司所辖全部客户电费核算及发行、电量电费异常审核，审核、确认电量电费退补，确保用户电费准确无误；负责审核客户计量计费信息、计费参数、用电信息，保证电力客户计费参数等档案资料正确；负责电费核算中的异常处理与报办、跟踪，及时总结电费核算过程中出现的各种问题，建立电费核算差错知识库，详细分析追溯营销各环节在工作不规范情况下对电费核算正确性的影响。电费账务工作是电费“抄核收”工作的最后一道关卡，确保每笔电费账款能够及时、准确地到达公司账户，是电费账务人员的最终目标。通过对电费账务的严密监控，确保供电公司的电费账务安全，保证电费回收及时、准确完成，为供电公司电费颗粒归仓打下坚实的基础。

### 岗位职责任务

电费核算与账务岗主要包含 5 项工作职责、23 项重点工作任务。

电费核算与账务岗位

**职责 A：电费核算及发行**

A1—高压用户电费核算发行

A2—低压用户电费核算发行

A3—市场化用户电费核算发行

A4—现货交易每日核算发行

A5—电厂电费计算审核

A6—变更算费工单审核

A7—电量电费退补

**职责 B：用户业扩业务审批**

B1—新装、增容业务审批

B2—改类业务审批

B3—减容、减容恢复业务审批

B4—暂停、暂停恢复业务审批

B5—销户业务审批

**职责 C：应收电费管理**

C1—应收电费关联

C2—应收电费凭证制作

C3—应收报表的统计及上报

**职责 D：对账管理**

D1—退费管理

D2—凭证审核

D3—营财银对账

D4—报表生成

**职责 E：电费实收管理**

E1—进账单管理

E2—到账确认

E3—凭证制作

E4—电费回收

## （二）岗位安全要求及注意事项介绍

**学习目标：**了解电费核算与账务岗位的安全要求及注意事项。

**学习方式：**负责人讲解。

**考核方式：**学员完成理论考试。

**学习内容要点：**

### 电费核算与账务岗位安全要求及注意事项

（1）确保网络与信息安全，严禁泄露客户信息，确保业务数据真实可靠。

（2）不允许外部人员使用内网账号、系统及移动作业终端。

（3）不空走流程、调整数据。

（4）不发生因工作差错需要修改系统数据。

（5）不发生影响公司形象的品牌危机事件或负面舆情事件。

（6）不发生违反供电服务“十项承诺”事件。

（7）不发生国网公司或省公司督办敏感事件。

（8）不因班组责任引发客户投诉。

（9）不发生客户信息泄露。

（10）不允许外部人员使用内网账号、系统、移动作业终端。

（11）不发生因工作差错需要修改系统数据。

（12）注意服务态度，不发生服务问题、影响公司形象的品牌危机事件或负面舆情事件。

**备注：**可结合该岗位对应的安规，对学员做详细的讲解。

## （三）设备、工器具及专业术语

**学习目标：**了解电费核算与账务岗位常见的相关设备及工器具，学员能够做初步的辨识。

**学习方式：**负责人讲解，并带领学员现场观摩学习。

**考核方式：**负责人结合附录1《日常行为规范评分表》，对学员的整体学习及表现情况进行综合打分。

**学习内容要点：**

### 专业术语

- **电费发行：**在通过电量电费审核和异常处理完成后，对正确数据进行电费发行形成应收。

- **基本电费：**根据用电客户变压器的容量或最大需量和国家批准的基本电价计收的电费。

- **线损电量计算：**根据线损计算标准和线路参数等计算出线路损耗电量以及损耗电量的分摊。

- **功率因数调整电费：**根据用户实际功率因数及该用户所执行的功率因数标准，对用户承担的电费进行增收或减收的部分电费。

- **变损电量计算：**根据变损计算标准和变压器参数计算出变压器损耗电量以及损耗电量的分摊。变压器损耗按日计算，日用电不足24小时的，按一天计算。

- **电量核算流程：** 为达到核算作业目标，由班组成员按照岗位职责和系统平台的操作规定，根据严格的先后顺序限定，对核算业务的内容、方式、责任等进行明确的安排，确定共同完成的一系列电费核算相关的活动。
- **代征电费：** 按照国家有关法律、行政法规规定或经国务院以及国务院授权部门批准，计算随结算电量征收的基金及附加费用。
- **定比定量计算：** 根据定比定量的计算规则和方法，即根据预先协定的比例和定值，计算出相应电价类别下的用电量。计算出来的定比定量用电量视同分表的抄见电量。
- **目录电度电费：** 根据用电客户的结算电量及该部分电量所对应的目录电度电价执行标准计算的电费，其中不含代征电费。
- **抄见电量计算：** 根据本次示数、上次示数、综合倍率计算抄见电量。
- **电度电费：** 包括目录电费、基本电费、力调电费、代征电费。
- **用电电费：** 按照物价部门核定的价格，应付的费用。一般在规定时间内按月支付，也可委托转账代收。
- **在途资金：** 未及时进行到账确认的电费。
- **库存现金：** 未及时进行解款的电费现金。
- **进账单缴费：** 原指客户通过账款转入电费账户的凭证交予柜台收费人员进行收费，现泛指客户直接转账至电费账户进行缴费。
- **电费解款：** 收费结束后，填写收费现金交款单或银行进账单，将现金、支票及填写的票据送交指定银行的过程，泛指各类缴费方式收费结束后，在营销业务应用系统进行分类汇总数据的过程。

## （四）典型任务学习——高压用户电费核算发行

**学习目标：**

- 了解电费审核要求、电费组成及电价选择。

- 了解电费审核流程。
- 了解普通高压用户算费工作。

| 学习要项 | 学习方式 | 考核方式 |
| --- | --- | --- |
| 业务流程学习 | • 负责人讲解业务流程<br>• 学员学习作业指导书 | 学员完成理论知识考试 |
| 相关知识与技能学习 | 在线课程学习 | |
| 案例分析及研讨 | 学员集中对案例进行学习分享 | |

## 业务流程

**步骤 1：电量电费计算**

**工作要求：** 主要对临时抄表计划手工需要进行手工计算，双击点开该工单，点击“计算”按钮，工单自动进入下一环节。

**步骤 2：电量电费审核**

**工作要求：** 重点审核存在异常规则、本月存在用电业务的用户，点击用户算费信息，对电量电费进行审核，核对电量及电费各个组成部分。

**步骤 3：电费发行**

**工作要求：** 对系统自动审核发送至发行岗的工单进行审核，按时对审核无误的算费工单，点击发行按钮进行发行，完成整个抄表流程。

**特别提醒：** *在执行该任务前，必须详细学习和了解该岗位的《安全操作规程》。具体的操作步骤请严格按照工作现场的规章制度和安全操作要求执行。*

## 相关知识和技能

| 类别 | 内容 | 学习清单 |
| --- | --- | --- |
| 知识类 | 了解电费核算的管理办法 | 网大标课《两部制电价用户基本电费核算管理办法》<br>网大标课《电费核算的内容》<br>网大标课《2017 评优—两部制电价客户电费核算》<br>网大标课《2017 评优—电费核算标准化作业》 |
| | 了解电费核算的内容及工作流程 | |

续表

| 类别 | 内容 | 学习清单 |
| --- | --- | --- |
| 技能类 | 了解电费核算的审计流程 | 网大标课《2017 评优—“跃然纸上”的电量电费核算审计》 |
| | 了解电价电费的计算方法 | 网大标课《2018 评优—电能计量与电费核算系列课程 5- 电价电费计算》 |

**注** 在线课程提供的内容仅供参考，请以实际工作要求为准。

### 案例分析与研讨

| 案例：未按要求对变更客户进行逐户审核 | |
| --- | --- |
| 事件经过 | 某大工业用户为降低企业运营成本，申请将基本电费计收方式由按容量收取更改为按实际最大需量收取，由于流程传递人员失误，未给该户添加需量示数。造成流程归档后首次高压抄表算费时由于该户无需量示数，基本电费计算为 0，核算人员在电量电费审核时未仔细核对用户基本电费，造成漏收基本电费 |
| 违反条款 | 国网（营销 /3）273—2019《国家电网有限公司电费抄核收管理办法》第三十三条：严格电量电费核算管理，确保电量电费核算的各类数据及参数的完整性、准确性，特别是针对电价调整、电力客户计量装置更换、业务变更等可能影响核算质量的环节，要不断完善营销系统及市场化系统软件的智能提示功能，提高人工对异常判断的准确性 |
| 可能造成的伤害 | 每月漏收基本电费，后续追补难度增大，造成电费流失 |
| 违章原因分析 | 流程传递人员、核算人员工作责任心不强，其中核算人员对电量异常、电费计算异常、电价执行错误等缺少有较强的判断和分析能力 |
| 应采取的防范措施 | 对新装电力客户、变更电力客户、电能计量装置参数变化的电力客户，其业务流程处理完毕后的首次电量电费计算（或试算），高压应逐户审核、低压应抽查典型电力客户。对电量明显异常及各类特殊供电方式（如多电源、转供电等）的电力客户应每月重点审核 |

## （五）典型任务学习——到账确认

**学习目标：**

- 了解各类收费方式及银行汇款情况。
- 了解查询收费明细与银行流水的方法，并进行核对和到账确认。

| 学习要项 | 学习方式 | 考核方式 |
| --- | --- | --- |
| 业务流程学习 | • 负责人讲解业务流程<br>• 学员学习作业指导书 | 学员完成理论知识考试 |
| 相关知识与技能学习 | 在线课程学习 | |
| 案例分析及研讨 | 学员集中对案例进行学习分享 | |

## 业务流程

**步骤1：银行流水监控**

**工作要求：**在营销系统内获取收费明细和银行到账流水，对收费明细和银行到账流水进行核对，监控到账完成情况。

**步骤2：进账单到账确认**

**工作要求：**监控未自动到账的进账单，核查客户编号与打款的银行账号是否建立对应关系，反馈给电费收费人员通知客户汇款时备注客户编号，确保下次缴费实现自动收费，未自动到账的进账单需要人工处理。

**步骤3：现金、支票到账确认**

**工作要求：**监控现金、支票收费方式的电子化对账信息，核对解款编号、解款金额、解款银行等是否正确；对电子化对账异常协调银行及时修正。

**步骤4：代收代扣电费到账确认**

**工作要求：**按照各类收费方式的解款编号、解款金额等，对各类银行代收代扣，进行到账确认；监控代收代扣电费未自动对账明细，核查对应银行流水异常，及时处理单边账。

**特别提醒：**在执行该任务前，必须详细学习和了解该岗位的《安全操作规程》，具体的操作步骤请严格按照工作现场的规章制度和安全操作要求执行。

### 相关知识和技能

| 类别 | 内容 | 学习清单 |
|---|---|---|
| 知识类 | 了解电费管理流程 | 网大标课《走进公司的核心业务——电费和电费管理那些事》<br>网大标课《营财一体化模式下的电费账务工作规范处理之一》 |
| | 了解营财一体化模式下的电费账务工作规范 | 网大标课《营财一体化模式下的电费账务工作规范处理之二》<br>网大标课《营财一体化模式下的电费账务工作规范处理之三》 |
| 技能类 | 了解电费账务处理的要求 | 网大微课《电费账务处理工作及要求》 |
| | 了解电费账务审核标准作业流程 | 网大标课《电费账务审核标准化作业》 |

注　在线课程提供的内容仅供参考，请以实际工作要求为准。

### 案例分析与研讨

| 案例：手工对账 | |
|---|---|
| 事件经过 | 电费账务人员A在×月×日进行到账确认流程时，发现一笔现金缴费没有电子对账，账务人员查询了对应的解款记录与银行流水进行了查询，发现银行流水有一笔相同金额的未对账信息，账务人员没有查明未电子对账原因并修正异常，直接手动勾选这笔流水进行了手工对账 |
| 违反条款 | 《国网山东省电力公司班组对标指标体系》电子化对账率（电子到账金额/当月总到账金额×100%）应达到100%的要求 |
| 可能造成的伤害 | 当日如果有相同金额的现金，手工对账会导致账务差错 |
| 违章原因分析 | 未掌握《国网山东省电力公司班组对标指标体系》对现金电子化对账的要求 |
| 应采取的防范措施 | 加强《国网山东省电力公司班组对标指标体系》班组对标指标宣贯，尤其是对现金电子化对账的要求 |

## （六）典型任务演练及考核——高压用户电费核算发行

**演练说明：** 本次演练和考核的核心内容是从“高压用户电费核算发行”的业务流程中选取的1个关键步骤，学员在演练及考核前需了解任务的整体流程及详细步骤，并做好安全及其他各项准备。

**学习目标：** 了解审批单生成的流程。

**学习方式：**负责人组织学员到现场进行现场勘察观摩、现场指导、演练。

**考核方式：**学员按照工作要求进行电费核算及异常处理，负责人基于学员实操情况并参考附录32《电费核算与账务　高压用户电费核算发行考核表》进行评分。

**操作要领及考核要点：**

**电费核算**

**操作要领：**

（1）存在审核异常规则、存在用电业务的用户着重审核。

（2）重点审核电量突变、基本电费有变化的用户。

（3）对在电费发行环节的用户也需要进行审核。

**考核要点：**审核时无分析错误。

**异常处理**

**操作要领：**

（1）存在异常规则提示的用户确保无异常才可发送。

（2）存在异常情况的用户需要将异常处理完成才可做无异常处理。

**考核要点：**

（1）无异常未处理的情况。

（2）审核规则SH65时不可点击“无异常”。

## （七）典型任务演练及考核——到账确认

**演练说明：**本次演练和考核的核心内容是从“到账确认”的业务流程中选取的1个关键步骤；学员在演练及考核前需了解任务的整体流程及详细步骤，并做好安全及其他各项准备。

**学习目标：**了解进账单到账确认的工作流程。

**学习方式：**负责人组织学员到现场进行现场勘察观摩、现场指导、演练。

**考核方式：**学员按照工作要求复述进账单到账确认的流程及要点，负责人基于学员回答并参考附录33《电费核算与账务 到账确认考核表》进行评分。

**操作要领及考核要点：**

**进账单到账确认**

**操作要领：**

（1）监控未自动到账的进账单，核查客户编号与打款的银行账号是否建立对应关系，反馈给电费收费人员通知客户汇款时备注客户编号，确保下次缴费实现自动收费。

（2）未自动到账的进账单需要人工处理，监控未及时到账的进账单，反馈给电费收费人员核实客户汇款信息，进行到账确认。

（3）对无法确定缴费客户的款项进行不明账款处理。

**考核要点：**准确复述上述步骤。

# 第十四章　稽查业务与监控分析岗位轮岗实习导引

## 一、稽查业务与监控分析岗位实习安排

## 二、稽查业务与监控分析岗位实习内容

（一）岗位基本概况

（二）用电信息采集系统、专业术语及安全须知学习

（三）典型任务学习——台区线损

（四）典型任务学习——反季节用电（农排）

（五）典型任务演练及考核——台区线损

# 一、稽查业务与监控分析岗位实习安排

## 岗位学习整体目标

• 形成对稽查业务与监控分析岗位的基本认知，建立岗位工作的安全意识，掌握岗位的基本常识和专业术语。

• 系统地学习岗位典型任务的知识和技能，熟悉岗位的基本工作流程，掌握典型任务的操作要领。

## 轮岗实习安排

| 时间安排 | 轮岗实习内容 | 学习方式 | 考核方式 |
|---|---|---|---|
| 第一天 | 1. 岗位介绍概况（岗位简介、职责任务） | 讲解 | 理论考试<br>综合评价 |
| | 2. 用电信息采集系统、专业术语及安全须知学习 | | |
| | 3. 典型任务学习——台区线损 | — | |
| | 业务流程学习 | 讲解 | |
| | 相关知识技能学习 | 自学（网课） | |
| | 案例分析及研讨 | 研讨 | |
| | 4. 典型任务学习——反季节用电（农排） | — | |
| | 业务流程学习 | 讲解 | |
| | 相关知识技能学习 | 自学（网课） | |
| | 案例分析及研讨 | 研讨 | |
| 第二天 | 5. 任务演练及考核——台区线损<br>示范及指导演练（负责人）<br>现场操作（学员） | 演练<br>实操 | 实操考核<br>综合评价 |
| | 6. 知识考核<br>7. 通关档案填写 | — | — |

# 二、稽查业务与监控分析岗位实习内容

## （一）岗位基本概况

**学习目标：**了解稽查业务与监控分析岗位的岗位简介、职责任务、主要业务等。

**学习方式：**负责人讲解。

**考核方式：**负责人结合附录 1《日常行为规范评分表》，对学员的整体学习及表现情况进行综合打分。

**学习内容要点：**

### 稽查业务与监控分析岗位简介

稽查业务与监控分析岗位是审核国网、省公司转派稽查工单回复质量和稽查问题整改情况，确保转派工单回复及时、整改到位彻底。

### 岗位职责任务

稽查业务与监控分析岗主要包含 5 项工作职责、18 项重点工作任务。

**稽查业务与监控分析岗位**

**职责 A：营销质量监控**
- A1—电费电价稽查
- A2—计量采集稽查
- A3—业扩报装稽查

**职责 B：现场稽查**
- B1—台区线损
- B2—规避大工业用电

**职责 C：专项稽查**
- C1—反季节用电（农排）
- C2—反季节用电（学校）
- C3—煤改电

**职责 D：在线稽查**
- D1—业扩时限
- D2—客户档案不规范
- D3—电费收取差错
- D4—采集运维异常
- D5—营销信息安全
- D6—计量装置装拆不规范

**职责 E：反窃查违**
- E1—私自增容
- E2—违约转供电
- E3—偷窃电
- E4—低接高用

## （二）用电信息采集系统、专业术语及安全须知学习

**学习目标：** 了解用电信息采集系统、专业术语及安全须知。

**学习方式：** 负责人讲解。

**考核方式：** 负责人结合附录1《日常行为规范评分表》，对学员的整体学习及表现情况进行综合打分。

**学习内容要点：**

### 用电信息采集系统

- 系统简介说明。
- 系统页面介绍。
- 系统操作指引。
- 系统使用注意事项。

### 专业术语

- **在线稽查：** 依托营销稽查监控平台，将营销业务管理和执行中的风险点形成主题规则，筛查出疑似异常数据，常态开展的稽查。
- **专项稽查：** 针对典型集中的营销业务质量问题、阶段性管理需要、重点跟踪督办任务，全方位、多维度挖掘突出问题，组织开展的线上线下一体化稽查。
- **现场稽查：** 稽查人员组织至现场进行业务检查和风险判断分析，通过核实非现场稽查中发现的问题和疑点，达到全面深入了解，判断业务经营和风险情况的一种稽查方式。
- **白名单：** 符合疑似异常记录筛选模型，经过分析核查后判定为正常或无须整改，并在一定周期内不列入稽查范围的对象清单。

### 安全须知

- 安全工器具检查（绝缘手套、安全帽、验电笔、梯子、全棉长袖工作服等）。
- 明确工作监护人及作业人员分工，工作监护人做好监护工作。
- 根据检查计划，明确现场带电位置及作业范围。

## （三）典型任务学习——台区线损

### 学习目标：

- 了解台区线损率的计算。
- 了解用电信息采集系统的操作步骤。
- 了解现场排查线损的工作步骤。

| 学习要项 | 学习方式 | 考核方式 |
| --- | --- | --- |
| 业务流程学习 | • 负责人讲解业务流程<br>• 学员学习作业指导书 | 学员完成理论知识考试 |
| 相关知识与技能学习 | 在线课程学习 | |
| 案例分析及研讨 | 学员集中对案例进行学习分享 | |

#### 业务流程

**步骤 1：台区线损率出线异常情况（高损或负损）**

**工作要求：**通过用电信息采集系统查询异常台区是高损或者负损。

**步骤 2：利用用电信息采集系统查看供售电量是否同步**

**工作要求：**登录用电信息系统—统计查询—采集数据分类查询—输入台区编号，查询出供电量和售电量的数据记录时间，若时间同步则进行下一步操作，若不同步则需进行具体分析。

**步骤 3：通过用电信息采集系统打印台区用户明细**

**工作要求：**打印明细时需将用户名称、资产号、表码、序号等打印，且按资产号进行排序，方便现场查找。

**步骤 4：进行现场检查**

**工作要求：**

（1）安全准备工作：对安全工器具进行检查（绝缘手套、安全帽、验电笔、梯子、全棉长袖工作服等）。明确工作监护人及作业人员分工，工作监护人做好监护工作，不得进行操作。根据检查计划，明确现场带电位置及作业范围。

（2）检查台区总表：检查台区总表计量箱三封一锁是否完全，先对台区总表和互感器进行效验，随后检查其接线是否正确。

（3）进行低压用户抄表核查：沿变压器出线进行逐一抄表效验；检查时首先查看计量箱三封一锁是否完全，95598 标志是否合规；使用钳形电流表测量其计量箱进线电流和各分表进线电流，对出入大的重点排查其接线；逐一抄表判断互变关系是否一致，判断台区下有无黑户、套表等。

（4）有针对性检查：可进行有针对性的检查。例如电量突增的用户，或者电量一直为 0 的用户：电量突增的用户考虑该用户电能表是否飞走，该情况会造成台区出现负损；电量一直为 0 的用户，可能是进出线接反等，该情况会造成台区出线高损。

**特别提醒**：在执行该任务前，必须详细学习和了解该岗位的《安全操作规程》，具体的操作步骤请严格按照工作现场的规章制度和安全操作要求执行。

## 相关知识和技能

| 类别 | 内容 | 学习清单 |
|---|---|---|
| 知识类 | 《电力法》<br>《供电营业规则》<br>最新电价政策<br>客户电价分类 | 网大微课《电价管理原则及电价的分类》<br>网大移动课程《执行单一制电价客户电费计算》<br>案例《规范销售电价管理，提升依法治企管理水平》<br>国网文库《铅封的技术管理规程》<br>网大标课《线损基本概念》<br>网大标课《低压台区同期线损治理》 |
| 技能类 | 抄核收、装表接电及用电检查相关技能<br>营销业务应用系统<br>营销稽查微应用系统<br>用电信息采集系统 | 网大微课《营销业务应用系统基本概念》<br>网大移动课程《营销稽查监控管理知识讲解及管控能力提升》<br>网大移动课程《“内稽外查”促管理基础提升—抄核收质量》<br>网大移动课程《“内稽外查”促管理基础提升—电费及业务费》<br>网大微课《规范用电检查现场工作流程》<br>网大标课《用电信息采集系统讲解》 |

注　在线课程提供的内容仅供参考，请以实际工作要求为准。

### 案例分析与研讨

| 案例：台区线损 | |
|---|---|
| 案例类型 | 成功案例 |
| S（背景） | 在2020年4月份，发生在德州市宁津县的一个案例，用电信息采集系统发现杜集供电所A台区线损率一直稳定，但在4月份，A台区线损率突然升高，且日线损一直居高不下 |
| T（任务） | 对A台区高损进行治理 |
| A（行动） | 首先通过用电信息采集系统查看近10天的日线损供售电量，对比发现供电量没有多大差异，反而售电量减少了，得出结论是售电量减少导致的台区线损升高，随后我们对售电量进行比对，得出疑似窃电用户，去有针对性地排查疑似窃电用户，使用钳形电流表测量时发现一用户甲，相线电流几乎为0，而中性线电流很大，判定该用户有问题，仔细排查发现，该用户将表前线割破后缠绕后私自连入家中，确定其窃电 |
| R（结果） | 勒令该用户拆除，随后对其进行处罚，台区线损率恢复正常 |

## （四）典型任务学习——反季节用电（农排）

**学习目标：**

- 学习如何筛查规则、筛查异常数据。
- 学习稽查工单的回复及问题的整改。
- 稽查工单的抽检。
- 稽查监控报告的编写。

| 学习要项 | 学习方式 | 考核方式 |
|---|---|---|
| 业务流程学习 | • 负责人讲解业务流程<br>• 学员学习作业指导书 | 学员完成理论知识考试 |
| 相关知识与技能学习 | 在线课程学习 | |
| 案例分析及研讨 | 学员集中对案例进行学习分享 | |

### 业务流程

**步骤1：制定筛查规则**

**工作要求：**明确筛查用户的用电类别：农业排灌；核查要点：连续15个月，每个月用电量超3000kWh。

**步骤 2：异常数据提取**

**工作要求：**根据筛查规则，在营销业务应用系统中进行全数据筛查（或由系统支撑部门导出异常数据），将连续 15 个月用电量超 3000kWh 的用户全部筛查出来。

**步骤 3：派发稽查工单**

**工作要求：**将筛查出的异常数据，通过稽查微应用系统以稽查工单的形式派发到各管理单位，明确异常整改的时限。

**步骤 4：现场核实**

**工作要求：**接收到稽查工单后，安排台区经理进行现场核实，核实用户用电类别、执行电价是否准备。

**步骤 5：稽查工单回复**

**工作要求：**根据现场核实情况按照工单回复模板要求进行回复，对存在问题的用户制定整改计划，对存在违约用电的按要求进行追补。

**步骤 6：稽查工单审核**

**工作要求：**按照稽查工单回复模板对各单位回复的稽查工单进行审核，重点检查问题描述准确，整改措施到位、可行，对违约用电是否进行追补。

**步骤 7：稽查工单抽查**

**工作要求：**对回复的稽查工单进行抽查，核实问题描述是否准确，是否完成整改，杜绝造假。

**步骤 8：稽查监控报告编写**

**工作要求：**根据稽查过程中发现的问题编写稽查监控报告，制定相应的管控措施和整改意见，发挥稽查以点带面的作用。

**特别提醒：**在执行该任务前，必须详细学习和了解该岗位的《安全操作规程》。具体的操作步骤请严格按照工作现场的规章制度和安全操作要求执行。

## 相关知识和技能

<table>
<tr><th>类别</th><th>内容</th><th>学习清单</th></tr>
<tr><td rowspan="4">知识类</td><td>《电力法》</td><td rowspan="4">微课《电价管理原则及电价的分类》<br>微课《电价管理与种类》<br>移动课程《执行单一制电价客户电费计算》<br>案例《规范销售电价管理，提升依法治企管理水平》<br>国网文库《铅封的技术管理规程》</td></tr>
<tr><td>《供电营业规则》</td></tr>
<tr><td>最新电价政策</td></tr>
<tr><td>客户电价分类</td></tr>
<tr><td rowspan="4">技能类</td><td>抄核收、装表接电及用电检查相关技能</td><td rowspan="4">微课《2017 评优—营销业务应用系统—查询功能的应用》<br>移动课程《营销稽查监控管理知识讲解及管控能力提升》<br>移动课程《“内稽外查”促管理基础提升—抄核收质量》<br>微课《2017 评优系列课程—窃电与反窃电》<br>微课《2017 评优—现场用电检查的基本方法》<br>微课《规范用电检查现场工作流程》<br>标课《用电信息采集系统讲解》</td></tr>
<tr><td>营销业务应用系统</td></tr>
<tr><td>营销稽查微应用系统</td></tr>
<tr><td>用电信息采集系统</td></tr>
</table>

注　在线课程提供的内容仅供参考，请以实际工作要求为准。

## 案例分析与研讨

<table>
<tr><th colspan="2">案例：反季节用电（农排）</th></tr>
<tr><td>案例类型</td><td>成功案例</td></tr>
<tr><td>S（背景）</td><td>2020 年 6 月，某公司稽查人员筛查农排异常用电时发现，存在一定数量的用电类别为农业排灌，但是 15 个月月用电量超 3000 度的用户，此类用户存在明显的反季节性用电异常，因此组织开展专项稽查，对其进行核查</td></tr>
<tr><td>T（任务）</td><td>目标：核实实际用电情况，对存在违约转供电、用电类别与现场不符的用户进行整改，并按规定追补电费。<br>难度：追补电费难度较大，客户存在严重抵触，存在投诉风险</td></tr>
<tr><td>A（行动）</td><td>1. 第一步行动：根据下发异常用户明细，优先在系统内查询客户用电情况，核实其是否与农排浇地用电存在严重差异的用户。<br>2. 第二步行动：进行现场核实，携带执法记录仪及照相机，进行现场核实取证，对执行电价错误的在告知客户的同时，要在营销业务应用系统内发起改类和电费追补流程（根据《电力法》及《供电营业规则》规定）。<br>3. 第三步行动：完成整改，电费追补到位。<br>4. 第四步行动：编写稽查监控报告，对此类问题产生的原因，防控措施提出提升意见，降低类似异常的发生</td></tr>
<tr><td>R（结果）</td><td>通过此次专项稽查的开展，规范业扩报装及抄表相关业务流程，确保客户电价执行正确、公司利益不受损失</td></tr>
</table>

## （五）典型任务演练及考核——台区线损

**演练说明：** 本次演练和考核的核心内容是“台区线损”的所有工作步骤，学员在演练及考核前需了解任务的整体流程及详细步骤，并做好安全及其他各项准备。

**学习目标：** 学习使用用电信息采集系统的操作步骤，能够进行异常数据分析；了解现场排查线损的工作要领。

**学习方式：** 负责人组织学员操作用电信息采集系统，做异常数据分析，并现场指导排查线损。

**考核方式：** 学员结合负责人提供的数据信息，进行异常查询和分析；在负责人的陪同下，到现场进行线损的排查；负责人参考附录 34《稽查业务与监控分析　台区线损考核表》进行评分。

### 操作要领及考核要点：

#### 用电信息采集系统的使用

**操作要领：**

（1）通过用电信息采集系统查询异常台区是高损或者负损。

（2）利用用电信息采集系统查看供售电量是否同步：登录用电信息系统—统计查询—采集数据分类查询—输入台区编号，查询出供电量和售电量的数据记录时间，若时间同步则进行下一步操作，若不同步则需进行具体分析。

（3）通过用电信息采集系统打印台区用户明细：打印明细时需将用户名称、资产号、表码、序号等打印，且按资产号进行排序，方便现场查找。

**考核要点：** 正确使用用电信息采集系统，准确判断台区异常情况以及查询供售电量时间。正确打印所需明细。

**现场检查**

**操作要领：**

（1）安全准备工作：

- 安全工器具检查（绝缘手套、安全帽、验电笔、梯子、全棉长袖工作服等）。
- 明确工作监护人及作业人员分工，工作监护人做好监护工作，不得进行操作。根据检查计划，明确现场带电位置及作业范围。

（2）检查台区总表：

- 检查台区总表计量箱三封一锁是否完全。
- 先对台区总表和互感器进行效验。
- 随后检查其接线是否正确。

（3）进行低压用户抄表核查：沿变压器出线进行逐一抄表效验。检查时首先查看计量箱三封一锁是否完全，95598 标志是否合规；使用钳形电流表测量其计量箱进线电流和各分表进线电流，对出入大的重点排查其接线；逐一抄表判断互变关系是否一致，判断台区下有无黑户、套表等。

（4）有针对性检查：可进行有针对性检查；例如电量突增用户，或者电量一直为 0 用户；电量突增的用户考虑该用户电能表是否飞走，该情况会造成台区出现负损；电量一直为 0 用户，可能是进出线接反等，该情况会造成台区出线高损。

**考核要点：**能标准复述现场检查流程，能够明确指出每个检查项及检查要求，确保不漏检；针对异常用户，能准确判断出异常的原因。

# 第十五章 计量检验检测岗位轮岗实习导引

## 一、计量检验检测岗位实习安排

## 二、计量检验检测岗位实习内容

（一）岗位基本概况

（二）岗位安全要求及注意事项介绍

（三）计量设备及工器具、专业术语

（四）典型任务学习——电能表现场检验

（五）典型任务学习——电压互感器现场检验

（六）典型任务演练及考核——电能表现场检验

# 一、计量检验检测岗位实习安排

## 岗位学习整体目标

• 形成对计量检验检测岗位的基本认知，建立岗位工作的安全意识，掌握岗位的基本常识和专业术语。

• 系统地学习岗位典型任务的知识和技能，熟悉岗位的基本工作流程，掌握典型任务的操作要领。

## 轮岗实习安排

<table>
<tr><th>时间安排</th><th>轮岗实习内容</th><th>学习方式</th><th>考核方式</th></tr>
<tr><td rowspan="10">第一天</td><td>1. 岗位介绍概况（岗位简介、职责任务）</td><td rowspan="2">讲解</td><td rowspan="10">理论考试<br>综合评价</td></tr>
<tr><td>2. 岗位安全要求及注意事项</td></tr>
<tr><td>3. 常见计量设备及工器具、专业术语</td><td>现场观摩</td></tr>
<tr><td>4. 典型任务学习——电能表现场检验</td><td>—</td></tr>
<tr><td>业务流程学习<br>相关知识技能学习<br>案例分析及研讨</td><td>讲解<br>自学（网课）<br>研讨</td></tr>
<tr><td>5. 典型任务学习——电压互感器现场检验</td><td>—</td></tr>
<tr><td>业务流程学习</td><td>讲解</td></tr>
<tr><td>相关知识技能学习</td><td>自学（网课）</td></tr>
<tr><td>案例分析及研讨</td><td>研讨</td></tr>
<tr><td></td><td></td></tr>
<tr><td rowspan="2">第二天</td><td>6. 任务演练及考核——电能表现场检验<br>示范及指导演练（负责人）<br>现场操作（学员）</td><td>演练<br>实操</td><td>实操考核<br>综合评价</td></tr>
<tr><td>7. 知识考核<br>8. 通关档案填写</td><td>—</td><td>—</td></tr>
</table>

# 二、计量检验检测岗位实习内容

## （一）岗位基本概况

**学习目标：** 了解计量检验检测岗位的岗位简介、职责任务、主要业务等。

**学习方式：** 负责人讲解。

**考核方式：** 负责人结合附录1《日常行为规范评分表》，对学员的整体学习及表现情况进行综合打分。

**学习内容要点：**

### 计量检验检测岗位简介

负责电能表及互感器室内检定，负责运行计量装置的现场校验及抽检，负责计量检定器具的维护，负责检定标准的送检。电能计量装置的室内检定及运行计量装置的现场检验，包括电能表、互感器实验室检定，电能表、互感器现场检验，互感器二次回路负荷测试，电压互感器二次压降测试，标准计量器具检定。

### 岗位职责任务

计量检验检测岗主要包含2项工作职责、7项重点工作任务。

**计量检验检测岗位**

**职责A：现场检测**

A1—电压互感器现场检测

A2—电流互感器现场检测

A3—电能表现场检测

A4—电能计量装置二次回路检测

**职责B：室内检定**

B1—电能表室内检定

B2—电流互感器室内检定

B3—电压互感器室内检定

## （二）岗位安全要求及注意事项介绍

**学习目标：**了解计量检验检测岗位的安全要求及注意事项。

**学习方式：**负责人讲解。

**考核方式：**学员完成理论考试。

**学习内容要点：**

### 计量检验检测岗位安全要求及注意事项

（1）检查工作票所列安全措施是应正确完备，应符合现场实际条件。防止因安全措施不到位引起人身伤害和设备损坏。

（2）防止电压二次回路短路，防止电流二次回路开路。

（3）直接接入式检验时应保证电流导线牢固可靠地接入联合接线盒端子后再打开电流连接片，防止电压二次回路短路，防止电流二次回路开路。

（4）检查工作票所列安全措施是应正确完备，应符合现场实际条件。防止因安全措施不到位引起人身伤害和设备损坏。

（5）防止被检电压互感器未从系统中有效隔离发生人身触电。

（6）防止未规范进行被检电压互感器验电、放电、接地线操作导致人身触电伤害。

（7）加强监护，避免误入带电间隔。登高查看铭牌时要佩戴双控背带式安全带，防止高空坠落。

（8）接线前应检查装置电源在断开位置。

（9）接线时保持和相邻带电部位的安全距离。登高防止坠落。

（10）电压等级在 110kV 及以上时，禁用硬导线作一次试验线。

（11）一次升压试验导线和周边设备必须大于安全距离，并采取必要的固定措施。

（12）试验接线必须逐根复核无误。

（13）检查调压器粗调、微调旋钮是否回零。

（14）接线完成后，应对接线进行复核。

**备注：**可结合该岗位对应的安规，对学员做详细的讲解。

## （三）计量设备及工器具、专业术语

**学习目标：**了解计量检验检测岗位所涉及的常见相关设备及工器具，学员能够做初步的辨识。

**学习方式：**负责人讲解，并带领学员现场观摩学习。

**考核方式：**负责人结合附录1《日常行为规范评分表》，对学员的整体学习及表现情况进行综合打分。

**学习内容要点：**

### 常见设备及工器具

- 电能表室内检定装置。
- 互感器室内检定装置。
- 电能表现场校验仪。
- 电流互感器现场校验仪。
- 电压互感器现场校验仪。

### 专业术语

- **电能计量装置：**由各种类型的电能表或与计量用电压、电流互感器（或专用二次回路）及其二次回路连接组成的用于计量电能的装置，包括成套的电能计量柜（箱、屏）。

- **电能计量装置现场检验：**在安装现场，为检验电能计量装置性能而进行的试验。包括：在运行工况下实施的电能表工作误差、互感器二次实际负荷、电压互感器二次回路压降试验；在非运行工况下实施的电流互感器、电压互感器试验；设备外观、封印完整性、接线正确性等项目的检查。

- **电压互感器二次回路压降：**电压互感器二次回路电缆的电阻、隔离开关和接电电阻等造成的相对于电压互感器二次端子与接入电能表对应端子之间的电压差，是一个交流相量。

- **电压互感器二次实际负荷：**电压互感器在实际运行中，二次所接设备及二次电缆间及其地线间电容组成的总导纳。

• **电流互感器二次实际负荷：** 电流互感器再实际运行中，二次所接设备的阻抗、二次电缆和接点电阻的总有效阻抗。

• **工作误差：** 电能表在现场运行条件下的误差。

## （四）典型任务学习——电能表现场检验

**学习目标：**

• 了解电能表现场校验项目及流程。

• 了解各种准确度等级电能表的误差限值。

• 了解误差数据化整及修约规则，学会出具校验结果。

| 学习要项 | 学习方式 | 考核方式 |
|---|---|---|
| 业务流程学习 | • 负责人讲解业务流程<br>• 学员学习作业指导书 | 学员完成理论知识考试 |
| 相关知识与技能学习 | 在线课程学习 | |
| 案例分析及研讨 | 学员集中对案例进行学习分享 | |

### 业务流程

**步骤 1：接受任务**

**工作要求：** 根据工作计划或根据营销业务流程，接受派工。

**步骤 2：工作前准备**

**工作要求：**

（1）打印工作任务单，同时核对计量设备技术参数与相关资料。

（2）了解客户或厂站管理方的地址及用电情况，请客户或厂站管理方配合。

（3）依据工作任务填写工作票，办理工作票签发手续。

（4）凭工作单领取相应材料及封印等，并核对所领取的材料是否符合工作单要求。

（5）检查检验设备是否符合检定要求，选用合格的安全工器具，检查工器具应完好、齐备。

**步骤 3：现场开工**

**工作要求：**

（1）告知用户或有关人员，说明工作内容，办理工作票许可手续，会同工作许可人检查现场的安全措施是否到位，检查危险点预控措施是否落实。

（2）交代工作内容、人员分工、带电部位和现场安全措施，进行危险点告知和技术交底，并履行确认手续。

（3）在现场核对工作对象、工作范围、工作内容是否相符，并对用户、计量装置资料进行核对，包括被检验电能表资产号、型号和规格等是否与作业工单所列信息一致。

**步骤 4：计量装置检查**

**工作要求：**

（1）电能计量柜（箱）应有非许可操作的措施，封印完整，观察窗清洁完好，各计量器具安装、运行环境条件符合要求。

（2）用温湿度计监测现场试验环境温湿度并记录应无违约窃电行为、故障隐患和不合理计量方式等异常现象，如出现以上情况应及时报办处理。

（3）检查校验仪电压、电流试验导线通断是否良好，绝缘强度是否良好，如有问题及时更换。

**步骤 5：误差测试**

**工作要求：**

（1）检验接线接入方式，检查电能表异常记录及故障代码等信息。

（2）电能表时钟及时段检查。

（3）接入校验仪。

（4）测量工作电压电流及相位、检查电能表显示的电量值及辅助测量值。

（5）检查计量倍率、检查计量接线。

（6）测定电能表实负荷运行状态下的误差。

（7）拆除校验仪接线。

（8）加封。

**步骤 6：收工**

**工作要求：**

（1）检查现场是否有遗留物品，清点设备和工具，并清理现场，做到工完料净场地清。

（2）完善铅封，履行运行单位、客户签字认可手续；终结工作票（派工单）手续，请运行单位人员拆除现场安全措施。

**步骤 7：录入校验结果**

**工作要求：**

（1）将检测记录及时录入系统。

（2）工作结束后，工作单、检测记录等应由专人妥善存放，并及时归档。

**特别提醒：** 在执行该任务前，必须详细学习和了解该岗位的《安全操作规程》。具体的操作步骤请严格按照工作现场的规章制度和安全操作要求执行。

## 相关知识和技能

| 类别 | 内容 | 学习清单 |
| --- | --- | --- |
| 知识类 | 电能表现场校验单 | 国网文库《DL/T 448 电能计量装置技术管理规程》<br>网大课程《相亲相爱的计量一家人—计量装置》<br>国网文库《DL/T 825 电能计量装置安装接线规则》<br>国网文库《国家电网公司电力安全工作规程：变电部分、配电部分》<br>网大课程《计量器具检定管理》<br>网大课程《电能表检定基础认知》 |
| | 工作票执行规定 | |
| | 《经互感器接入式电能表校验标准化作业指导书》 | |
| | 《电力安全工作规程》 | |
| | DL/T 448—2016《电能计量装置技术管理规程》 | |

续表

| 类别 | 内容 | 学习清单 |
| --- | --- | --- |
| 技能类 | 填写工作票 | 国网文库《装表接电》<br>网大课程《电力营销业务应用系统工作单查询》 |
| | 工器具检查及使用 | |
| | 视频终端应用 | |
| | 风险管控 App | |
| | 检定接线操作 | |

注　在线课程提供的内容仅供参考，请以实际工作要求为准。

### 案例分析与研讨

| 案例：经互感器接入式电能表现场校验 | |
| --- | --- |
| 案例类型 | 失败案例 |
| S（背景） | 2019 年 7 月 15 日，×× 钢材厂配电室，×× 供电公司计量员工与客户计划于 2019 年 7 月 15 日开展电能表现场校验工作，未提前与客户沟通，工作开展当天到达现场后与客户联系才发现，当天客户停电检修，现场无负荷不具备现场校验条件，此项工作无法开展未提前与客户沟通，在不了解客户负荷情况的前提下计划开展工作，导致该项工作无法正常开展 |
| T（任务） | 根据校验周期，完成电能表现场校验工作，需要制定工作计划，并提前与客户沟通，确保工作能够正常开展 |
| A（行动） | 采取的主要行动步骤和行动细节，以及这样做的原因。<br>1．第一步制定校验计划。根据系统生成的校验计划二次调整，根据实际情况制定高效的校验计划。<br>2．第二步提前与客户沟通，确保客户负荷情况满足校验条件。<br>3．第三步制定异常情况处理措施，针对各种原因导致的无法开展现场工作调整工作计划 |
| R（结果） | 准备工作做好，由于客户停电检修未能完成现场工作的开展。导致后期工作计划重新梳理，浪费了人力物力 |

## （五）典型任务学习——电压互感器现场检验

**学习目标：**

- 了解电压互感器现场校验的项目及流程。
- 了解互感器的极性及检定接线。
- 了解现场校验仪的操作。

<table>
<tr><th>学习要项</th><th>学习方式</th><th>考核方式</th></tr>
<tr><td>业务流程学习</td><td>• 负责人讲解业务流程<br>• 学员学习作业指导书</td><td rowspan="3">学员完成理论知识考试</td></tr>
<tr><td>相关知识与技能学习</td><td>在线课程学习</td></tr>
<tr><td>案例分析及研讨</td><td>学员集中对案例进行学习分享</td></tr>
</table>

## 业务流程

**步骤 1：接受检定作业工单**

**工作要求：**根据检定作业工单，确定现场检验工作地点和工作内容。

**步骤 2：现场勘察**

**工作要求：**会同客户进行现场勘察，查看互感器是否安装到位、现场工况是否满足试验要求。

**步骤 3：工作前准备**

**工作要求：**

（1）工作预约。提前联系客户或厂站管理方，核对被试互感器型式和参数，了解互感器安装位置，约定现场检验时间。

（2）打印工作任务单，同时核对计量设备技术参数与相关资料。

（3）依据工作任务填写工作票，办理工作票签发手续。

（4）凭工作单领取相应材料及封印等，并核对所领取的材料是否符合工作单要求。

（5）检查试验设备是否符合检定要求，工作是否正常。

（6）选用合格的安全工器具，检查工器具应完好、齐备。

（7）用温湿度计监测现场试验环境并记录。

（8）检查确认被试电压互感器一次侧与其他高压设备应有明显断开点（一次引线已拆除并可靠绑定），安全距离应符合电力安全工作规程规定，试验前应对被试电压互感器放电。

**步骤 4：现场开工**

**工作要求：**

（1）办理工作票许可手续。

（2）召开班前会，交代工作内容、人员分工、现场安全措施，告知危险点和技术交底，履行确认手续。

（3）检查工作班成员安全防护措施，工作人员应穿绝缘鞋，戴安全帽、绝缘手套。

（4）在现场应先核对工作对象、工作范围、工作内容是否相符，并对互感器参数资料进行核对。

（5）检查确认安全技术措施，被检电压互感器应从系统中隔离，并经验电、放电，一次挂接地线。

（6）电压互感器二次有关保护回路应退出。

**步骤 5：外观及标志检查**

**工作要求：**

（1）铭牌上应有产品编号，出厂日期，接线图或接线方式说明，有额定电压比，准确度等级等明显标志。

（2）一次和二次接线端子上应有电压接线符号标志，接地端子上应有接地标志。

**步骤 6：绝缘试验**

**工作要求：**断开被检电压互感器二次熔丝或开关；使用 2.5kV 绝缘电阻表测量绝缘电阻。

**步骤 7：绕组极性检查及误差测量**

**工作要求：**

（1）按试验接线图接好试验装置接线（调压控制器、升压装置、互感器校验仪、电压负荷箱、标准电压互感器）线路。

（2）互感器校验仪开机预热，并检查工作状态是否正常。

（3）用校验仪的极性指示功能或误差测量功能，确定互感器的极性。

（4）确认被试电压互感器二次绕组正确无误。按规程要求升压，测量不同二次负荷下的误差和变差并记录。

（5）将试验调压控制器回至零位，并断开升压电源，必须有明显断开点，并使用放电棒对电压互感器进行放电。

**步骤 8：收工**

**工作要求：**

（1）依次拆除一次和二次试验导线；恢复被试互感器二次接线并经检查正确。整理、清点作业工具和检验设备。

（2）办理工作票终结手续。

**步骤 9：资料归档**

**工作要求：**将检验数据和信息及时录入系统，根据数据判别结果出具检定证书或报告等，将作业工单、检验原始记录等资料在 2 个工作日内存档。

**特别提醒：**在执行该任务前，必须详细学习和了解该岗位的《安全操作规程》。具体的操作步骤请严格按照工作现场的规章制度和安全操作要求执行。

## 相关知识和技能

<table>
<tr><th>类别</th><th>内容</th><th>学习清单</th></tr>
<tr><td rowspan="5">知识类</td><td>电能表现场校验单</td><td rowspan="5">国网文库《经互感器接入式电能表校验标准化作业指导书》<br>网大课程《计量器具检定管理》</td></tr>
<tr><td>工作票执行规定</td></tr>
<tr><td>《经互感器接入式电能表校验标准化作业指导书》</td></tr>
<tr><td>《电力安全工作规程》</td></tr>
<tr><td>DL/T 448—2016《电能计量装置技术管理规程》</td></tr>
<tr><td rowspan="5">技能类</td><td>填写工作票</td><td rowspan="5">网大课程《“电网云学”系列直播课堂—计量用电力互感器现场校验》<br>网大课程《2017 评优—电流互感器现场检验》<br>网大课程《电力营销业务应用系统工作单查询》<br>网大课程《电流互感器现场检验之五—极性检查及误差测量等试验》</td></tr>
<tr><td>工器具检查及使用</td></tr>
<tr><td>视频终端应用</td></tr>
<tr><td>风险管控 App</td></tr>
<tr><td>检定接线操作</td></tr>
</table>

注　在线课程提供的内容仅供参考，请以实际工作要求为准。

### 案例分析与研讨

| 案例：电压互感器现场校验 | |
|---|---|
| 案例类型 | 成功案例 |
| S（背景） | ××市供电公司新建220kV××变电站计划2019年12月25日验收送电，当前设备已安装完成，需要对电压互感器进行现场校验。××市供电公司计量室安排张某、李某、王某对××变电站新装电压互感器进行现场校验 |
| T（任务） | ××市供电公司计量检验检测人员计划2019年12月5日完成站内电压互感器的现场校验。张某是检验检测班班长、李某是检验检测班安全员、王某是参加工作两年的员工。张某和李某认为是常规的工作任务，王某则不熟练，希望老师傅能在工作中给予指导 |
| A（行动） | 1．2019年12月4日，张某作为工作负责人办理了工作票，工作班成员李某、王某，计划在12月5日开工。<br>2．2019年12月5日，张某、李某、王某携带工作票及仪器设备到变电站，先办理开工手续，在检查现场的安全措施是否到位。<br>3．张某作为工作负责人对李某和王某交代现场的安全措施和注意事项。<br>4．现场由王某完成试验接线，张某检查无误后，李某操作检定仪器，王某记录检定结果。<br>5．经对检定数据修改后对照误差限值，做出检定结论并签字。<br>6．拆除试验接线，互感器接线恢复原状，清理工作现场。<br>7．办理工作票终结手续 |
| R（结果） | 互感器检定结果合格，现场校验任务完成 |

## （六）典型任务演练及考核——电能表现场检验

**演练说明：**本次演练和考核的核心内容是从“电能表现场检验”的业务流程中选取的3个关键步骤；学员在演练及考核前需了解任务的整体流程及详细步骤，并做好安全及其他各项准备。

**学习目标：**了解电能表现场检验的关键流程和要点，学会开办工作票许可及电能表误差测试。

**学习方式：**负责人组织学员到现场进行现场勘察观摩、现场指导、演练。

**考核方式：**学员按照工作要求进行误差测量，负责人基于学员操作情况并参考附录35《计量检验检测　电能表现场检验考核表》进行评分。

## 操作要领及考核要点：

### 误差测试

**操作要领：**

（1）检验接线接入方式，检查电能表异常记录及故障代码等信息（应采取检验仪直接接入方式，校验仪与被检表电流回路串联、电压回路并联校验仪的电流回路；在直接接入式电能表时，应根据电能表额定电流选取合适的钳形电流互感器和电压试验线）。

（2）电能表时钟及时段检查（检查电能表时钟应准确，当时差小于5分钟时，应现场调整准确。当时差大于5分钟时视为故障，应查明原因后再行决定是否调整；检查电能表时段设置应符合当前电价策略）。

（3）接入校验仪。

（4）测量工作电压电流及相位、检查电能表显示的电量值及辅助测量值（测量工作电压、电流及相位应正常，基本平衡；电压、电流的幅值偏差一般不大于10%，相位偏差一般不大于5°）。

（5）检查计量倍率、检查计量接线（检查被检验计量装置接线是否恢复正常），应将电能表显示的功率与客户实际功率（如控制屏盘表、监视仪表中功率值）核对，确保一致。

（6）测定电能表实负荷运行状态下的误差（其测量的误差应满足“交流电能表现场校准技术规范”要求）。

（7）拆除校验仪接线（对于经互感器接入式电能表现场检验，应恢复防窃电联合接线盒内电流连片至检验前状态，观察电能表检验仪显示的电流值从实测值逐渐减少到零后，拆除校验仪电流接线，拆除校验仪电压接线，电能表校验仪显示的电压值从实测值全部变为零后，关闭校验仪电源，收纳整理试验导线；对于直接接入式电能表现场检验，应拆除检验仪钳形电流互感器，电能表检验仪显示的电流值

从实测值逐渐减少到零。拆除检验仪电压接线，电能表检验仪显示的电压值从实测值全部变为零。关闭检验仪电源，整理试验接线）。

（8）加封。

**考核要点：**能正确指出每个检查细项要点，确保不漏检（计量装置、实验仪器、测量导线、核查确定接入方式、电能表故障信息、电能表时钟、电能表时段、电流电压线接入顺序、电流线接入方式、电流电压等测量记录、倍率或倍率记录、测定圈数、仪器预热、测量次数、导线拆除顺序等）。

# 第十六章　智能用电运营岗位轮岗实习导引

## 一、智能用电运营岗位实习安排

## 二、智能用电运营岗位实习内容

（一）岗位基本概况

（二）岗位安全要求及注意事项介绍

（三）充电设施辨识及专业术语学习

（四）典型任务学习——客户充电现场服务

（五）任务演练及考核——客户充电现场服务

（六）典型任务学习——车联网平台开卡业务

（七）任务演练及考核——车联网平台开卡业务

# 一、智能用电运营岗位实习安排

## 岗位学习整体目标

• 形成对智能用电运营岗位的基本认知，建立岗位工作的安全意识，掌握岗位的基本常识和专业术语。

• 系统地学习岗位典型任务的知识和技能，熟悉岗位的基本工作流程，掌握典型任务的操作要领。

## 轮岗实习安排

| 时间安排 | 轮岗实习内容 | 学习方式 | 考核方式 |
| --- | --- | --- | --- |
| 第一天 | 1. 岗位介绍概况（岗位简介、职责任务） | 讲解 | 理论考试<br>综合评价 |
| | 2. 岗位安全要求及注意事项 | | |
| | 3. 充电设施辨识及专业术语 | 现场观摩 | |
| | 4. 典型任务学习——客户充电现场服务 | — | |
| | 业务流程学习<br>相关知识技能学习<br>案例分析及研讨 | 讲解<br>自学（网课）<br>研讨 | |
| 第二天 | 5. 任务演练及考核——客户充电现场服务<br>示范及指导演练（负责人）<br>现场操作（学员） | 演练<br>实操 | 实操考核<br>综合评价 |
| 第三天 | 6. 典型任务学习——车联网平台开卡业务 | — | 理论考试<br>综合评价 |
| | 业务流程学习 | 讲解 | |
| | 相关知识技能学习 | 自学（网课） | |
| | 7. 任务演练及考核——车联网平台开卡业务<br>示范及指导演练（负责人）<br>现场操作（学员） | 演练<br>实操 | 实操考核<br>综合评价 |
| | 8. 知识考核<br>9. 通关档案填写 | — | — |

# 二、智能用电运营岗位实习内容

## （一）岗位基本概况

**学习目标：**了解智能用电运营岗位的岗位简介、职责任务、主要业务等。

**学习方式：**负责人讲解。

**考核方式：**负责人结合附录 1《日常行为规范评分表》，对学员的整体学习及表现情况进行综合打分。

**学习内容要点：**

### 智能用电运营岗位简介

主要负责公司充电服务网络的建设和运营工作。

### 岗位职责任务

智能用电运营岗主要包含 4 项工作职责、18 项重点工作任务。

**智能用电运营岗位**

**职责 A：充电站建设**
A1—市场开拓
A2—充电站项目立项
A3—充电站项目实施
A4—施工建设管理
A5—验收投运

**职责 B：充电站运维**
B1—计划巡视
B2—特殊巡视
B3—充电设施故障处理
B4—充电设施年度检修
B5—充电设施季度检修

**职责 C：充电站运营**
C1—客户充电咨询服务
C2—客户充电现场服务
C3—充电设施监控
C4—电动汽车销售租赁

**职责 D：营业厅电动汽车业务**
D1—车联网平台开卡业务
D2—车联网平台充值业务
D3—车联网平台解款业务
D4—车联网平台杂项业务

## （二）岗位安全要求及注意事项介绍

**学习目标：**了解智能用电运营岗位的安全要求及注意事项。

**学习方式：**负责人讲解。

**考核方式：**学员完成理论考试。

**学习内容要点：**

### 智能用电运营岗位安全要求及注意事项

（1）巡视过程中如需开启设备柜门要使用试电笔检查充电桩外部是否带电，并佩戴好线手套。

（2）巡视人员应穿长袖工作服、绝缘鞋，戴安全帽等安全防护用品和劳动保护用具。

（3）驾车前应检查车辆状况，包括制动、轮胎等；严格遵守交通规则，注意驾驶路程中行车安全，注意作业现场车辆来往情况。

（4）应在优先保证自身安全前提下，开展充电设施巡视工作。充电设施巡视工作过程如遇恶劣天气应及时终止巡视工作。

（5）作业人员应严格执行现场充电作业指导书，确保作业安全。

（6）充电操作前，作业人员应熟知作业过程中存在的危险点、应急措施及相关触电急救知识。

（7）作业人员应时刻密切关注设备的运行状况，如有电池高温告警、充电模块高温告警等危及设备和人员安全的情况，应立刻按下急停按钮，严禁拔出正在充电的充电枪。

（8）充电完成后，应按照充电操作流程，完成结算并将充电枪归位，安全驶离充电区域。

（9）车联网开卡操作前，必须确认用户采购的电动汽车车型可以匹配国家电网已建充电设施，避免低速电动车（老年代步车）盲目办理充电卡后却无法使用，造成用户不满及退卡操作。

（10）企业用户办理开卡业务，必须注意一次性告知用户所需提供的全部资料，包括企业营业执照、企业法人身份信息、授权委托人身份信息。

**备注：**可结合该岗位对应的安规，对学员做详细的讲解。

## （三）充电设施辨识及专业术语学习

**学习目标：** 了解充电设施设备，学员能够做初步的辨识；了解智能用电运营相关专业术语。

**学习方式：** 负责人讲解。

**考核方式：** 负责人结合附录1《日常行为规范评分表》，对学员的整体学习及表现情况进行综合打分。

**学习内容要点：**

### 常见充电设施

- 充电站。
- 电池更换站。
- 供电系统。
- 充电系统。
- 电池更换系统。

### 专业术语

- **充电站：** 采用整车充电模式为电动汽车提供电能的场所，主要由三台及以上电动汽车充电设备，至少有一台非车载充电机，以及相关的供电设备、监控设备等组成。
- **电池更换站（换电站）：** 采用电池更换模式为电动汽车提供电能的场所。
- **供电系统：** 为充电站 / 电池更换站提供电源的电力设备和配电线路组成的系统。
- **充电系统：** 为充电站 / 电池更换站内的所有充电设备、电缆及相关辅助设备组成的系统。
- **电池更换系统：** 实现电动汽车动力蓄电池更换的机械设备和电气设备组成的系统。
- **纯电动汽车（BEV）：** 由电动机驱动的汽车，电动机的驱动电能来源于车载可充电蓄电池或其他能量储存装置。

• **混合动力（电动）汽车（HEV）**：能够至少从下述两类车载储蓄的能量中获得动力的汽车——可消耗的燃料、可再充点电能。

• **串联式混合动力（电动）汽车（SHEV）**：车辆的驱动力只来源于电动机的混合动力（电动）汽车。

• **并联式混合动力（电动）汽车（PHEV）**：车辆的驱动力由电动机及发动机同时或单独供给的混合动力（电动）汽车。

• **混联式混合动力（电动）汽车**：同时具有串联式、并联式驱动方式的混合动力（电动）汽车。

• **燃料电池电动汽车**：以燃料电池作为动力电源的汽车。

## （四）典型任务学习——客户充电现场服务

**学习目标：**

• 了解客户充电现场服务流程。

• 了解规范的充电操作。

| 学习要项 | 学习方式 | 考核方式 |
|---|---|---|
| 业务流程学习 | • 负责人讲解业务流程<br>• 学员学习作业指导书 | 学员完成理论知识考试 |
| 相关知识与技能学习 | 在线课程学习 | |
| 案例分析及研讨 | 学员集中对案例进行学习分享 | |

### 业务流程

**步骤 1：接收 95598 故障报修工单**

**工作要求：**

（1）现场处理人员应在国网客服中心下派工单后 3min 内，在巡检 App 上完成接单或退单。

（2）接单后应及时对故障报修工单进行故障抢修，对于工单派发错误及信息不全等影响故障研判及抢修派单的情况，要及时将工单回退至国网客服中心。

**步骤 2：与客户沟通确认故障信息**

**工作要求：**

（1）抢修人员在处理客户故障报修业务时，应及时联系客户，并做好现场与客户的沟通解释工作。

（2）如不需要到达现场即可解决的问题可以在与客户沟通好后完成工单办结。

**步骤 3：组织人员到达充电站现场**

**工作要求：**

抢修人员到达故障现场时限应符合以下要求。

（1）一般情况下，城区范围不超过 45min。

（2）农村，地区不超过 90min，特殊边远地区不超过 120min。

（3）抢修人员到达故障现场后 5min 内通过运维 App 进行反馈。

**步骤 4：现场排除故障**

**工作要求：**

（1）作业人员应严格执行现场充电作业指导书，确保作业安全。

（2）充电操作前，应检查充电设备是否运行正常，严禁在桩体损坏、正在检修等设备上进行充电操作。

（3）作业人员应严格执行充电操作流程，确保将充电枪完全插入充电口内，避免雨淋等现象造成的人身伤害。

（4）充电操作时，应将车辆处于关闭状态，充电过程中严禁车内有人员，严禁使用车载空调等车内电气设备。

（5）作业人员应时刻密切关注设备的运行状况，如有电池高温告警、充电模块高温告警等危及设备和人员安全的情况，应立刻按下急停按钮，严禁拔出正在充电的充电枪。

（6）故障处理应在 2h 之内，对 2h 内不能完成处理的应申请充电设施停运，并在 3 日内完成检修和复投。

**步骤5：办结工单，撤离现场**

**工作要求：**

（1）抢修完毕后5min内通过运维App反馈抢修结果，30min内完成填单、回单工作。

（2）对2h内不能完成处理的应申请充电设施停运，并在3日内完成检修和复投。

（3）申报停运的充电桩，应在桩体上张贴“设备检修，暂停使用”标志。

**特别提醒：**在执行该任务前，必须详细学习和了解该岗位的《安全操作规程》。具体的操作步骤请严格按照工作现场的规章制度和安全操作要求执行。

## 相关知识和技能

| 类别 | 内容 | 学习清单 |
|---|---|---|
| 知识类 | 营业厅服务规范 | 网大微课《2017评优—电网营业厅服务规范篇（1）》<br>网大微课课《2017评优—电网营业厅服务规范篇（2）》<br>国网文库《供电公司营销部（客户服务中心）营业厅见习员岗位工作标准》<br>国网文库《国家电网公司电动汽车智能充换电服务网络服务管理办法》<br>国网文库《供电服务投诉、盗窃电能及电力设施举报奖励管理办法》 |
| | 充换电设施维护及检修 | |
| | 供电服务投诉、盗窃电能及电力设施举报奖励管理办法 | |
| | 电动汽车充换电设施基本原理 | |
| 技能类 | 充换电设施维护及检修 | 网大课程《电动汽车充换电设施基本原理》<br>网大课程《充换电站工作人员安全制度知识与规范》<br>国网文库《勘测现场作业安全管理规定》<br>国网文库《电动汽车充电计费控制单元 第2部分：与充电桩通信协议》 |
| | 勘测现场作业安全管理规定 | |
| | 火灾事故现场处置方案 | |
| | 电动汽车充电计费控制单元 | |

注　在线课程提供的内容仅供参考，请以实际工作要求为准。

### 案例分析与研讨

| 案例：客户充电现场服务 | |
|---|---|
| 事件经过 | 7月8日，某县公司市场班接到市监控中心转派的95598电动汽车报修工单，客户反映多台充电桩无法充电，工作人员到达现场后发现客户为电动厢货汽车，在现场为客户进行充电操作后确实无法启动，故障代码为0020，经查询为输出电压欠压无法启动，换桩测试均出现同样故障，工作人员认为汽车故障，便要求客户联系厂家维修，客户立即表示不满，表示自己购置的新车，在其他充电站充电良好，无法充电将投诉工作人员，工作人员立即对客户进行安抚，并联系上级公司咨询此类故障原因，经对汽车说明书再次核对，发现客户充电电压为750V，充电桩充电电压为500V，导致无法充电，工作人员立刻告知客户支持750V充电的附近充电站，并将以上原因对客户解释，客户表示理解后离开 |
| 违反条款 | 1．工作人员现场处理经验不足，未及时发现故障原因点。<br>2．工作人员在未核对客户充电电压的情况下盲目告知客户车辆存在问题 |
| 可能造成的伤害 | 若未及时疏导客户不满情绪，会引发客户投诉，导致恶劣的社会影响 |
| 采取的措施 | 1．召开充电桩故障排查专项培训，对当前常见的充电桩故障及代码进行讲解，提高现场人员处理能力。<br>2．学习营业窗口服务规范，正确使用沟通聊天技巧处理日常工作，避免客户投诉 |
| 取得的效果 | 进一步增强工作人员现场处理水平，提高客户满意度 |

## （五）任务演练及考核——客户充电现场服务

**演练说明：**本次演练和考核的核心内容是从“客户充电现场服务”的业务流程中选取的4个关键步骤；学员在演练及考核前需了解任务的整体流程及详细步骤，并做好安全及其他各项准备。

**学习目标：**了解客户充电现场的服务流程和关键要点，学会现场故障的排查，学会填写运维App工单内容。

**学习方式：**负责人组织学员到现场进行现场勘察观摩、现场指导、演练。

**考核方式：**学员按照工作要求填写附录36《智能用电运营　运维App消缺单》，负责人基于学员填写情况并参考附录37《智能用电运营　客户充电现场服务考核表》进行评分。

## 操作要领及考核要点：

### 与客户沟通确认故障信息

**操作要领：**

（1）抢修人员在处理客户故障报修业务时，应及时联系客户，并做好现场与客户的沟通解释工作。

（2）如不需要到达现场即可解决的问题可以在与客户沟通好后完成工单办结。

**考核要点：**学员能够按照标准话术完成客户沟通模拟，确保信息沟通完整准确；学员基于信息能准确判断是否前往现场，如无须前往，则需告知客户标准的充电作业流程，如需前往，需收集客户反馈的详细信息。

### 组织人员到达充电站现场

**操作要领：**

（1）确定作业人员，根据国网客服中心下派工单地址，到达故障现场（一般情况下，城区范围不超过45min，农村，地区不超过90min，特殊边远地区不超过120min）。

（2）到达现场后5min内通过运维App进行反馈。

**考核要点：**能准确说明响应的时限要求。参考附录36《智能用电运营　运维App消缺单》进行对应信息补充，确保信息填写完整、准确。

### 现场排除故障

**操作要领：**

（1）作业人员应严格执行现场充电作业指导书，确保作业安全。

（2）充电操作前，检查充电设备是否运行正常，严禁在桩体损坏、正在检修等设备上进行充电操作。

（3）作业人员严格执行充电操作流程，确保将充电枪完全插入充

电口内，避免雨淋等现象造成的人身伤害。

（4）充电操作时，将车辆处于关闭状态，充电过程中严禁车内有人员，严禁使用车载空调等车内电气设备。

（5）作业人员时刻密切关注设备的运行状况，如有电池高温告警、充电模块高温告警等危及设备和人员安全的情况，应立刻按下急停按钮，严禁拔出正在充电的充电枪。

（6）故障处理在 2h 之内，对 2h 内不能完成处理的应申请充电设施停运，并在 3 日内完成检修和复投。

**考核要点：**能够辨识并准确指出现场充电设施的部件组成；能够准确描述现场排查的步骤和要求；结合导师提供的故障场景，能够准确描述排除故障的对应措施，并完成《智能用电运营 运维 App 消缺单》的填写。

## （六）典型任务学习——车联网平台开卡业务

**学习目标：**

- 学习掌握车联网平台开卡办理流程。
- 了解充电卡各类柜台业务事项。
- 了解充电卡使用方式及地点。

| 学习要项 | 学习方式 | 考核方式 |
| --- | --- | --- |
| 业务流程学习 | • 负责人讲解业务流程<br>• 学员学习作业指导书 | 学员完成理论知识考试 |
| 相关知识与技能学习 | 在线课程学习 | |

### 业务流程

**步骤 1：业务受理**

**工作要求：**正确受理用户需求，询问用户采购的电动汽车车型，判别该车型是否具备国家标准充电接口，并一次性告知用户所需提供的全部资料。

**步骤 2：新建用户信息**

**工作要求：**正确区分实名制认证用户和非实名制认证用户开卡，实名制认证用户需分别完成个人用户和企业用户两种类型账户的新建。非实名认证用户跳过此步骤进入开卡环节。

**步骤 3：开卡**

**工作要求：**正确通过四种查询条件查询已创建的用户信息，核对信息无误后，进行开卡操作。实名制卡须设置密码，最高可存 5000 元。非实名制卡不设置用户密码，最高可存 1000 元。两种类型开卡金额均不低于 100 元。

**步骤 4：打印凭证**

**工作要求：**核对确认开卡凭证显示用户、充值信息无误后，完成开卡凭证打印并交付用户。凭证补打操作。

**步骤 5：告知充电卡各类柜台业务事项**

**工作要求：**能够熟练向客户讲解充电卡挂失、补卡、换卡、解灰、联机解扣、销卡退费、充电交易查询、发票申请各类业务，告知客户充电卡各类柜台业务事项。

**步骤 6：讲解充电卡使用方式及地点**

**工作要求：**能够熟练向客户讲解如何使用充电卡在充电设施完成电动汽车充电操作，介绍本地区及高速公路充电站点分布区域、本地区充电服务电价，告知客户国家电网充电卡已全国联网，可在全国范围内的国家电网充电站点使用。

**特别提醒：**在执行该任务前，必须详细学习和了解该岗位的《安全操作规程》。具体的操作步骤请严格按照工作现场的规章制度和安全操作要求执行。

### 相关知识和技能

| 类别 | 内容 | 学习清单 |
|---|---|---|
| 知识类 | 营业厅服务规范 | 网大课程《2017 评优—电网营业厅服务规范篇（1）》<br>网大课程《2017 评优—电网营业厅服务规范篇（2）》<br>国网文库《供电公司营销部（客户服务中心）营业厅见习员岗位工作标准》<br>网大课程《电动汽车充换电价格政策》<br>网大课程《充电桩及电动汽车简介》 |
| | 营业厅工作标准 | |
| | 电动汽车充换电价格政策 | |
| | 充电桩及电动汽车简介 | |
| 技能类 | 电动汽车分类 | 网大课程《2017 评优—电动汽车分类》<br>网大课程《电动汽车充换电设施国家标准要点讲解》<br>网大课程《六步学会电动汽车充电》<br>网大课程《充电桩售卡营业厅业务指南（一）》<br>网大课程《充电桩售卡营业厅业务指南（二）》<br>网大课程《智慧车联网》 |
| | 电动汽车充换电设施国家标准要点讲解 | |
| | 电动汽车充电流程 | |
| | 营业厅充电卡售卡 | |
| | 车联网平台介绍 | |

注　在线课程提供的内容仅供参考，请以实际工作要求为准。

## （七）任务演练及考核——车联网平台开卡业务

**演练说明：**本次演练和考核的核心内容是从“车联网平台开卡业务”的业务流程中选取的 3 个关键步骤；学员在演练及考核前需了解任务的整体流程及详细步骤，并做好安全及其他各项准备。

**学习目标：**了解车联网平台开卡业务流程和关键要点，学会为用户办理新卡，并讲解充点卡的使用方式。

**学习方式：**负责人组织学员到现场进行现场勘察观摩、现场指导、演练。

**考核方式：**学员按照开卡要求为新用户开卡（参考附录 38《智能用电运营　新建用户实名认证后开卡》），并讲解充点卡业务，负责人参考附录 39《智能用电运营　车联网平台开卡业务考核表》进行评分。

## 操作要领及考核要点：

### 业务受理

**操作要领：**

（1）正确受理用户需求，询问用户采购的电动汽车车型，判别该车型是否具备国家标准充电接口。

（2）一次性告知用户所需提供的全部资料。

**考核要点：**准确判别车型与充电接口是否匹配。明确告知用户所需提供的资料，资料收集无遗漏，讲解清晰。

### 新建用户信息、开卡、打印凭证

**操作要领：**

（1）正确区分实名制认证用户和非实名制认证用户开卡。

（2）实名制认证用户需分别完成个人用户和企业用户两种类型账户的新建，非实名认证用户跳过此步骤进入开卡环节。

（3）正确通过四种查询条件查询已创建的用户信息，核对信息无误后，进行开卡操作。

（4）实名制卡必须设置密码，最高可存5000元。非实名制卡不设置用户密码，最高可存1000元。两种类型开卡金额均不低于100元。

（5）核对确认开卡凭证显示用户、充值信息无误后，完成开卡凭证打印并交付用户。

**考核要点：**准确快捷地区分开卡情况；能按照附录38《智能用电运营　新建用户实名认证后开卡》准确描述开卡各个步骤，整个开卡和凭证打印过程顺利。用户及充值信息内容准确无误。

### 告知充电卡各类柜台业务事项及讲解充电卡使用方式及地点

**操作要领：**

（1）能够熟练向客户讲解充电卡挂失、补卡、换卡、解灰、联机

解扣、销卡退费、充电交易查询、发票申请各类业务，告知客户充电卡各类柜台业务事项。

（2）能够熟练向客户讲解如何使用充电卡在充电设施完成电动汽车充电操作。

（3）介绍本地区及高速公路充电站点分布区域、本地区充电服务电价。

（4）告知客户国家电网充电卡已全国联网，可在全国范围内的国家电网充电站点使用。

**考核要点：**向客户准确告知各类柜台业务，确保熟练清晰地讲解充电操作、充电站点及电价、充电卡联网通用情况，每个业务细项不遗漏。

# 第十七章　抄表催费岗位轮岗实习导引

## 一、抄表催费岗位实习安排

## 二、抄表催费岗位实习内容

（一）岗位基本概况

（二）系统、专业术语、注意事项学习

（三）典型任务学习——用电客户抄表

（四）典型任务学习——人工催费

（五）典型任务演练及考核——人工催费

# 一、抄表催费岗位实习安排

## 岗位学习整体目标

• 形成对抄表催费岗位的基本认知，建立岗位工作的安全意识，掌握岗位的基本常识和专业术语。

• 系统地学习岗位典型任务的知识和技能，熟悉岗位的基本工作流程，掌握典型任务的操作要领。

## 轮岗实习安排

| 时间安排 | 轮岗实习内容 | 学习方式 | 考核方式 |
|---|---|---|---|
| 第一天 | 1. 岗位介绍概况（岗位简介、职责任务） | 讲解 | 理论考试综合评价 |
| | 2. 系统、专业术语、注意事项学习 | | |
| | 3. 典型任务学习——用电客户抄表 | — | |
| | 业务流程学习 | 讲解 | |
| | 相关知识技能学习 | 自学（网课） | |
| | 案例分析及研讨 | 研讨 | |
| 第二天 | 4. 典型任务学习——人工催费 | — | |
| | 业务流程学习 | 讲解 | |
| | 相关知识技能学习 | 自学（网课） | |
| | 案例分析及研讨 | 研讨 | |
| | 5. 典型任务演练及考核——人工催费<br>示范及指导演练（负责人）<br>现场操作（学员） | 演练<br>实操 | 实操考核<br>综合评价 |
| | 6. 知识考核<br>7. 通关档案填写 | — | — |

# 二、抄表催费岗位实习内容

## （一）岗位基本概况

**学习目标：**了解抄表催费岗位的岗位简介、职责任务、主要业务等。

**学习方式：**负责人讲解。

**考核方式：**负责人结合附录1《日常行为规范评分表》，对学员的整体学习及表现情况进行综合打分。

**学习内容要点：**

### 抄表催费岗位简介

负责本地区所有用户的抄表、周期性核抄工作，负责抄表的日常维护管理、电费催费等工作。

### 岗位职责任务

抄表催费岗主要包含5项工作职责、14项重点工作任务。

**抄表催费岗位**

**职责A：现货交易用户抄表**
A1—日清
A2—月结
A3—异常处理

**职责B：一般用户抄表**
B1—用电客户抄表
B2—发电客户抄表
B3—异常处理

**职责C：周期性核抄**
C1—高压用户核抄
C2—低压用户核抄

**职责D：抄表日常管理**
D1—新增用户管理
D2—变更用户管理
D3—用户工单管理

**职责E：催费日常管理**
E1—自动催费
E2—人工催费
E3—用户信息管理

## （二）系统、专业术语、注意事项学习

**学习目标：** 了解用电采集系统、营销业务应用系统的基本信息，了解抄表催费相关专业术语及注意事项。

**学习方式：** 负责人讲解。

**考核方式：** 负责人结合附录1《日常行为规范评分表》，对学员的整体学习及表现情况进行综合打分。

**学习内容要点：**

### 常用系统

**用电采集系统、营销业务应用系统**

- 系统简介说明。
- 系统页面介绍。
- 系统操作指引。
- 系统使用注意事项。

### 专业术语

- **抄表：** 按抄表例日和抄表周期抄录客户端的电能表示数，并计算出客户的实用电量，通知客户缴纳电费的过程。
- **抄表例日：** 指定抄表段在一个抄表周期内默认的抄表日，一般来说抄表日是固定的，如遇特殊情况会有调整。
- **抄表周期：** 两次正常抄表结算间隔的时间。客户的性质不同，抄表周期也不尽相同，一经确定，不得随意变更。
- **电能计量装置：** 由各种类型的电能表或与计量用电压、电流互感器及其二次回路连接组成的用于计量电能的装置。

### 注意事项

（1）严格按照各环节的时限进行操作，严禁超期。

（2）遇有特殊情况需要现场核实客户表码时，严格遵守现场安全管理规定。

（3）确保抄表段分配正确，无异常，可正常抄表。

（4）与客户沟通要始终保持耐心、细心，态度要热情，语言表达要简洁清晰，遇到客户咨询问题要及时明确解答，遇有无法及时解答的要记录并跟踪解决。

**备注：**可结合该岗位对应的安规，对学员做详细的讲解。

## （三）典型任务学习——用电客户抄表

**学习目标：**

- 了解营销业务应用系统的操作步骤。
- 了解抄表流程及各环节的时限。

| 学习要项 | 学习方式 | 考核方式 |
| --- | --- | --- |
| 业务流程学习 | • 负责人讲解业务流程<br>• 学员学习作业指导书 | 学员完成理论知识考试 |
| 相关知识与技能学习 | 在线课程学习 | |
| 案例分析及研讨 | 学员集中对案例进行学习分享 | |

### 业务流程

**步骤 1：检查并发起抄表计划**

**工作要求：**抄表例日当天检查是否自动发起抄表计划。未自动发起抄表计划的，手工发起抄表计划。

**步骤 2：抄表数据准备管理**

**工作要求：**抄表例日当天检查已发起的抄表计划是否完成抄表数据准备。未实现自动数据准备的，手工数据准备。自动以及手工数据准备失败的，查找并处理失败异常原因。

**步骤 3：自动化抄表**

**工作要求：**

（1）抄表例日起 3 日内检查抄表计划是否自动抄录表码。

（2）未自动抄录表码的检查营销系统中间库是否有表码数据。

（3）中间库无数据通知采集运维人员处理。

**步骤 4：抄表数据复核**

**工作要求：**再次核对抄表数据是否正确，根据智能抄表工单提示的异常信息进行登记。

**步骤 5：抄表数据异常处理**

**工作要求：**对抄表异常信息进行确认、分类及处理，常见异常有：客户档案信息差错、电能计量装置故障、违约用电、窃电、电量、电费差错等；严格按照抄表异常信息分类将异常信息分别反馈给相应处理班组进行异常处理，接收并确认异常信息处理完毕。

**步骤 6：发送至电费核算岗**

**工作要求：**确认异常已全部处理完毕，将智能抄表工单发送至电费核算。

**特别提醒：**在执行该任务前，必须详细学习和了解该岗位的《安全操作规程》。具体的操作步骤请严格按照工作现场的规章制度和安全操作要求执行。

## 相关知识和技能

| 类别 | 内容 | 学习清单 |
|---|---|---|
| 知识类 | 《国家电网有限公司电费抄表核收管理办法》 | 网大课程《抄表与催费—6 分钟玩转抄表核算》<br>网大课程《抄表管理》<br>网大教材《抄表催费专业技能岗位能力培训教材》 |
| | 《供电营业规则》 | |
| | 《Q/GDW 06 电费欠费管理标准》 | |
| | 《Q/GDW 06 欠费停复电管理标准》 | |
| | 《Q/GDW 06 抄表管理标准》 | |
| 技能类 | 营销业务应用系统应用 | 网大课程《2019 评优—现场人员优质服务技能提升动画微课—抄表催费服务规范》 |
| | 用电采集系统应用 | |

**注** 在线课程提供的内容仅供参考，请以实际工作要求为准。

### 案例分析与研讨

| 案例：用电客户抄表 | |
|---|---|
| 案例类型 | 成功案例 |
| S（背景） | 2020年8月1日—4日，××公司抄表班，抄表班长安排梁某、李某、张某、赵某对公司辖区内所有用户进行电能表抄表 |
| T（任务） | 根据抄表周期，每月完成抄表工作 |
| A（行动） | 采取的主要行动步骤和行动细节，以及这样做的原因。<br>1. 检查并发起抄表计划，确保所有客户的电能表均已发起抄表计划，无漏抄。<br>2. 抄表数据准备管理，确保抄表计划工单可以顺利发送到自动化抄表环节。<br>3. 完成所有客户电能表的自动化抄表，确保所有客户的电能表可以及时准确进行抄录。<br>4. 对抄表数据进行复核，确保所有客户的电能表抄录数据准确。<br>5. 抄表数据异常处理，及时按异常分类通知相应处理班组，接收并确认异常信息处理完毕，确保抄表数据的准确率。<br>6. 再次确认异常全部处理后，发送至电费核算环节，确保抄表计划工单可以继续下一环节 |
| R（结果） | 及时处理各类异常信息，抄表流程顺利发送到电费核算环节 |

## （四）典型任务学习——人工催费

**学习目标：**

- 了解常用催费的方式及流程。
- 了解催费流程中各环节的时限。

| 学习要项 | 学习方式 | 考核方式 |
|---|---|---|
| 业务流程学习 | • 负责人讲解业务流程<br>• 学员学习作业指导书 | 学员完成理论知识考试 |
| 相关知识与技能学习 | 在线课程学习 | |
| 案例分析及研讨 | 学员集中对案例进行学习分享 | |

### 业务流程

**步骤1：统计用户欠费信息**

**工作要求：**统计用户当月账单欠费信息；统计用户实时测算电量电费信息。

**步骤 2：短信催费**

**工作要求：**根据欠费用户信息，按抄表册制定短信催费计划，发送短信催费计划并记录催费结果，根据欠费情况短信催费可每月多次发送。

**步骤 3：电话催费**

**工作要求：**根据营销系统内客户联系信息，实现电话催费并记录催费结果；电话催费应留存音频资料；标准话术：您好，我是 ××× 公司 ×× 人员（表明身份），请问您是 ×××（核对户号、户名、用电地址），您本月用电量为 ××，电费 ××，截止到今天需要缴纳电费 ××（电量电费信息）。电费催费时应使用文明用语，核实清楚客户的户号、户名、用电地址等信息，简洁、明确地告知客户欠费金额、交费时限。

**步骤 4：电费通知单催费**

**工作要求：**打印电费通知单，内容包括客户信息、欠费信息，并记录催费结果；将电费通知单送达客户，并当面签收；无法当面签收的，应留存送达的影像资料。

**步骤 5：停电催费**

**工作要求：**

（1）逾期未交付电费超过 30 日的一般欠费用户允许停电催费。

（2）一般用户欠费停电："欠费停电通知书"在停电时间 7 天前送达客户，完善签收手续，客户拒绝签收的应采用"公证"等措施，确保法律手续完善。

（3）重要用户欠费停电："欠费停电通知书"停电时间 7 天前送达客户的同时将"欠费停电通知书"抄送电力行政管理部门、单位主管部门、当地政府和司法部门备案，在最后限定期限内用户仍不交付电费的，方可实施停电或限电措施。

（4）客户缴清电费后 24h 内恢复供电。

**特别提醒：**在执行该任务前，必须详细学习和了解该岗位的《安全操作规程》。具体的操作步骤请严格按照工作现场的规章制度和安全操作要求执行。

## 相关知识和技能

| 类别 | 内容 | 学习清单 |
|---|---|---|
| 知识类 | 《供电营业规则》 | 网大课程《抄表与催费—6分钟玩转抄表核算》<br>网大课程《重要客户和高危企业催缴电费、欠费停限电通知书内容和要求》<br>网大教材《抄表催费专业技能岗位能力培训教材》 |
| | 《Q/GDW06 电费欠费管理标准》 | |
| | 《Q/GDW06 欠费停复电管理标准》 | |
| 技能类 | 填写欠费停电通知书 | 网大课程《2019评优—现场人员优质服务技能提升动画微课—抄表催费服务规范》<br>网大课程《上门催费话术》<br>网大课程《2017评优—知道OR不知道的欠费防范及催收实例》<br>网大课程《催费停电的三步曲》 |
| | 营销业务应用系统应用 | |
| | 用电采集系统应用 | |

**注**　在线课程提供的内容仅供参考，请以实际工作要求为准。

## 案例分析与研讨

| 案例：人工催费 | |
|---|---|
| 案例类型 | 成功案例 |
| S（背景） | 2020年8月20日，××超市属于低压非居民用户，8月份应交电费260.5元。8月4日电费发行当天已成功发送电量电费短信，截至8月15日客户仍未缴纳8月份电费。8月底前需确保客户缴纳电费，以完成本月电费回收任务 |
| T（任务） | 1. 学会查询电费回收进度，掌握欠费用户信息。<br>2. 学会短信催费。<br>3. 了解电话催费话术及电话催费技巧 |
| A（行动） | 采取的主要行动步骤和行动细节，以及这样做的原因：<br>1. 完成营销系统登录，熟悉营销系统的基本操作。营销系统作为营销工作的主要工作载体，了解和熟悉营销系统的基本操作是做好营销工作的前提。<br>2. 通过营销系统查询欠费情况。在“电费收缴及营销账务”模块的“欠费管理”界面查询所负责用户的欠费明细，找到需要人工催缴的用户信息。<br>3. 采取短信方式催缴电费，并核对短信是否发送成功。例：××超市8月10日前可向客户发送2-3次催费短信，每次发送短信可间隔3天。<br>4. 采取电话方式催缴电费。例：8月15日查询欠费明细，××超市仍未缴纳电费，可拨打电话催费。话术如下：“××超市您好，我是××供电公司台区经理×××。您8月份电费账单已出，本月应缴纳260.5元电费，请及时缴纳。您可以通过网上国网、微信或支付宝等线上缴费渠道缴纳。感谢您的配合！”客户表示感谢提醒，并会及时缴费 |
| R（结果） | 客户按时缴费，完成该户电费回收工作 |

## （五）典型任务演练及考核——人工催费

**演练说明：**本次演练和考核的核心内容是从“人工催费”的业务流程中选取的 1 个关键步骤；学员在演练及考核前需了解任务的整体流程及详细步骤，并做好安全及其他各项准备。

**学习目标：**了解人工催费的关键流程和要点，学会进行电话催费。

**学习方式：**负责人组织学员进行电话催费的模拟演练。

**考核方式：**学员按照电话催费的标准话术，并结合负责人提供的客户背景信息进行模拟通话，负责人基于学员沟通情况参考附录 40《抄表催费　人工催费考核表》进行评分。

### 操作要领及考核要点：

**电话催费**

**操作要领：**

（1）根据营销系统内客户联系信息，实现电话催费并记录催费结果。

（2）电话催费应留存音频资料。

（3）标准话术：您好，我是 ××× 公司 ×× 人员（表明身份）请问您是 ×××（核对户号、户名、用电地址），您本月用电量为 ××，电费 ××，截止到今天需要缴纳电费 ××（电量电费信息）。电费催费时应使用文明用语，核实清楚客户的户号、户名、用电地址等信息，简洁、明确地告知客户欠费金额、交费时限。

**考核要点：**

（1）能够全面指出通话前需要了解的客户信息。

（2）采用标准话术与客户沟通，信息传递完整、及时有效，态度良好，简洁告知客户欠费金额和交费时限。

（3）通话过程需录音留存音频资料。

# 第十八章　用电检查岗位轮岗实习导引

## 一、用电检查岗位实习安排

## 二、用电检查岗位实习内容

（一）岗位基本概况

（二）岗位安全要求及注意事项介绍

（三）常见设备、工器具及专业术语

（四）典型任务学习——高压客户用电检查

（五）典型任务学习——查处绕越计量装置用电

（六）典型任务演练及考核——查处绕越计量装置用电

# 一、用电检查岗位实习安排

## 岗位学习整体目标

•形成对用电检查岗位的基本认知，建立岗位工作的安全意识，掌握岗位的基本常识和专业术语。

•系统地学习岗位典型任务的知识和技能，熟悉岗位的基本工作流程，掌握典型任务的操作要领。

## 轮岗实习安排

<table>
<tr><th>时间安排</th><th>轮岗实习内容</th><th>学习方式</th><th>考核方式</th></tr>
<tr><td rowspan="3">第一天</td><td>1. 岗位介绍概况（岗位简介、职责任务）</td><td rowspan="2">讲解</td><td rowspan="9">理论考试<br>综合评价</td></tr>
<tr><td>2. 岗位安全要求及注意事项</td></tr>
<tr><td>3. 常见设备、工器具及专业术语</td><td>现场观摩</td></tr>
<tr><td rowspan="6">第二天</td><td>4. 典型任务学习——高压客户用电检查</td><td>—</td></tr>
<tr><td>业务流程学习<br>相关知识技能学习<br>5. 典型任务学习——查处绕越计量装置用电</td><td>讲解<br>自学（网课）<br>—</td></tr>
<tr><td>业务流程学习</td><td>讲解</td></tr>
<tr><td>相关知识技能学习</td><td>自学（网课）</td></tr>
<tr><td>案例分析及研讨</td><td>研讨</td></tr>
<tr><td rowspan="2">第三天</td><td>6. 任务演练及考核——查处绕越计量装置用电<br>示范及指导演练（负责人）<br>现场操作（学员）</td><td>演练<br>实操</td><td>实操考核<br>综合评价</td></tr>
<tr><td>7. 知识考核<br>8. 通关档案填写</td><td>—</td><td>—</td></tr>
</table>

# 二、用电检查岗位实习内容

## （一）岗位基本概况

**学习目标：** 了解用电检查岗位的岗位简介、职责任务、主要业务等。

**学习方式：** 负责人讲解。

**考核方式：** 负责人结合附录1《日常行为规范评分表》，对学员的整体学习及表现情况进行综合打分。

**学习内容要点：**

### 用电检查岗位简介

用电检查工作贯穿于为电力客户服务的全过程，可以说从某一客户申请用电开始就有其职责，直到客户销户终止供电为止，既有对客户的服务工作，同时，也担负着维护供电企业合法权益的任务。售前服务包括参与供电方案的确定、设计审查、中间检查、竣工送电。售后服务包括客户用电设备检查、用电情况检查、事故处理、客户投诉处理等。

### 岗位职责任务

用电检查岗主要包含4项工作职责、19项重点工作任务。

**用电检查岗位**

**职责A：窃电及违约用电查处**

A1—查处擅自改变用电类别用户

A2—查处绕越计量装置用电

A3—查处私自启用暂停设备用户

A4—查处私自增容用电

A5—查处擅自迁移、更动、损坏计量装置用电

A6—查处私自对外转供电

A7—查处私自并网用户

**职责B：低压台区线损管理**

B1—台区基础档案管理

B2—台区日线损管理

B3—台区月度线损管理

B4—台区监测率分析

**职责C：高压客户用电检查**

C1—检查高压客户安全隐患

C2—检查高压客户电价执行情况

C3—督促高压客户治理隐患

**职责D：重要客户管理**

D1—定级管理

D2—隐患排查

D3—隐患备案

D4—重要时段电力保障

D5—故障分析

## （二）岗位安全要求及注意事项介绍

**学习目标：** 了解用电检查岗位的安全要求及注意事项。

**学习方式：** 负责人讲解。

**考核方式：** 学员完成理论考试。

**学习内容要点：**

### 用电检查岗位安全要求及注意事项

（1）作业人员进入作业现场必须正确佩戴安全帽、穿工作服和绝缘鞋。

（2）作业人员正确办理《客户现场工作安全控制卡》。

（3）开展此项工作必须保证两人以上，遵守客户规章制度。

（4）工作人员在不熟悉工作现场情况下，应预防出现孔、洞坍塌和潜在的人身伤害。

（5）工作人员应与带电设备保持足够的距离，防止触电。且不得代替客户操作电气设备。

（6）带电检查的安全注意事项：在带电的互感器二次回路上工作，要遵守相关的电业安全工作规程，认真填写第二种工作票，特别是电流互感器二次回路不允许开路，电压互感器二次回路不允许短路，防止发生人身和设备事故。

**备注：** 可结合该岗位对应的安规，对学员做详细的讲解。

## （三）常见设备、工器具及专业术语

**学习目标：** 了解用电检查岗位常见的设备、工器具及专业术语，学员能够做初步的辨识。

**学习方式：** 负责人讲解。

**考核方式：** 负责人结合附录1《日常行为规范评分表》，对学员的整体学习及表现情况进行综合打分。

**学习内容要点：**

### 常见设备及工器具

- 钳形电流表、相序表、伏安相位表。
- 用电检查仪、容量测试仪、台区识别仪。

### 专业术语

- **重要客户：** 该等级划分，依据电监安全〔2008〕43号《关于加强重要电力用户供电电源及自备应急电源配置监督管理的意见》，审核客户行业范围和负荷特性，并根据客户供电可靠性的要求及中断供电危害程度，分为特级、一级重要、二级重要、临时性重要电力用户。
- **线损：** 电力网的电能损耗，简称线损，是指电网经营企业在电能传输和营销过程中自发电厂出线起至客户电能表止所产生的电能消耗和损失。
- **线损率：** 线损电量占供电量的百分率，是衡量线损高低的指标，综合反映和体现了电力系统规划设计、生产运行和经营管理的水平，是电网经营企业的一项经济技术指标。
- **窃电：** 以非法占用电能、以不交或者少交电费为目的，采用非法手段不计量或者少计量用电的行为，包含擅自接线、绕越计量、损坏计量装置用电等行为。
- **违约用电：** 危害供用电安全、扰乱正常供用电秩序行为，属于违约用电行为，包含高价低接、私自增容、私自转供电等行为。

## （四）典型任务学习——高压客户用电检查

**学习目标：**

- 了解用电检查标准作业流程。
- 了解万用表、相序表、伏安相位表等正确使用方法。

| 学习要项 | 学习方式 | 考核方式 |
|---|---|---|
| 业务流程学习 | • 负责人讲解业务流程<br>• 学员学习作业指导书 | 学员完成理论知识考试 |
| 相关知识与技能学习 | 在线课程学习 | |

## 业务流程

**步骤 1：收集客户资料、办理安全控制卡**

**工作要求：**通过营销信息系统及客户档案收集客户基础信息、供用电合同、调度协议、自备应急电源、客户电气设备清单、客户高压受电设备试验报告、继电保护设备试验报告，保护整定值报告等相关资料。并办理客户现场工作安全控制卡，进行风险点分析、落实安全措施。

**步骤 2：联系客户并出示用电检查证**

**工作要求：**到现场后联系客户，出示《用电检查证》，要求客户派员协助检查。

**步骤 3：召开用电检查现场开工会**

**工作要求：**作业人员进入作业现场必须正确佩戴安全帽、穿工作服和绝缘鞋。召开现场开工会，工作负责人向工作人员交待工作地点、工作任务、安全措施和注意事项。重点针对“老虎口”关键风险点进行交代，履行签字确认手续。

**步骤 4：计量装置现场检查参数测量**

**工作要求：**用验电笔验明计量箱无电压后，使用万用表、相序表、伏安相位表或现场校验仪测量相关数据。

**步骤 5：计算、判断并出具现场检查结果**

**工作要求：**在用电检查工作单记录相关数据，绘制计量接线向量图，正确计算更正系数。出具结果通知书。

**步骤 6：受电设备现场检查**

**工作要求：**

（1）检查客户受电设备（变压器、配电柜、保护装置、线路，相关设备等）有无安全隐患。若发现隐患出具安全隐患整改通知书。

（2）检查客户电价执行情况。定比定量客户一年至少核对一次。

（3）检查客户有无窃电违约用电情况。若发现窃电或违约用电按相关规程处理。

**步骤7：整改复查**

**工作要求：**

（1）协助客户进行整改：在整改期内应向存在安全隐患的客户提供帮助，协助客户进行整改。

（2）复查：在用电检查结果通知书规定期限内对客户整改情况进行复查。

（3）中止供电：对存在重大安全隐患而客户拒不整改的，除向当地政府电力管理部门报告外，另向客户下达中止供电通知书，并抄送当地政府电力管理部门。在规定时间中止该户的供电，确保电网安全运行。

（4）恢复供电：整改完成且符合规程标准要求的及时恢复供电。

（5）信息录入：对于整改合格的将复查结果录入营销业务应用系统。

**特别提醒：**在执行该任务前，必须详细学习和了解该岗位的《安全操作规程》；具体的操作步骤请严格按照工作现场的规章制度和安全操作要求执行。

## 相关知识和技能学习

| 类别 | 内容 | 学习清单 |
|---|---|---|
| 知识类 | 《中华人民共和国电力法》 | 网大课程《窃电管理业务》<br>网大课程《窃电与反窃电》<br>网大标课《10kV专变客户用电检查》<br>网大课程《如何处理高压用户超容》 |
| | 《电力供应与使用条例》 | |
| | 《供电营业规则》 | |
| 技能类 | 填写工作票 | 网大移动课程《五分钟教你识别电压回路窃电》<br>网大微课《三步教你使用钳形电流表》<br>网大微课《用电检查业务培训之现场安全巡视》<br>网大标课《高压用户电试现场检查要点分析》 |
| | 填写用电检查工作单<br>视频终端应用 | |
| | 计量装置接线检查 | |
| | 客户受电设备检查 | |

**注**　在线课程提供的内容仅供参考，请以实际工作要求为准。

## （五）典型任务学习——查处绕越计量装置用电

**学习目标：**

- 了解查处绕越计量装置的详细操作步骤。
- 了解现场调查的关键要领，清楚各项违约的判断标准。
- 了解窃电处理措施。

| 学习要项 | 学习方式 | 考核方式 |
|---|---|---|
| 业务流程学习 | • 负责人讲解业务流程<br>• 学员学习作业指导书 | 学员完成理论知识考试 |
| 相关知识与技能学习 | 在线课程学习 | |
| 案例分析及研讨 | 学员集中对案例进行学习分享 | |

### 业务流程

**步骤 1：确定检查客户、办理安全控制卡**

**工作要求：**针对稽查、检查、抄表、电能量采集、计量现场处理、线损管理、举报处理等工作中发现的涉及窃电的嫌疑信息，确定需检查的客户。并办理客户现场工作安全控制卡，进行风险点分析、落实安全措施。

**步骤 2：现场调查取证**

**工作要求：**根据已掌握的窃电等用电异常信息，赴现场检查调查取证；如果现场需要，应提请公安等部门协助调查，查实情况录入营销业务应用系统。窃电的现场调查取证工作包括：

（1）现场封存或提取损坏的电能计量装置，保全窃电痕迹，收集伪造或开启的加封计量装置的封印；收缴窃电工具。

（2）采取现场拍照、摄像、录音等手段。

（3）收集用电客户产品、产量、产值统计和产品单耗数据。

（4）收集专业试验、专项技术检定结论材料。

（5）收集窃电设备容量、窃电时间等相关信息。

**步骤 3：检查情况判断**

**工作要求：**

（1）检查铅封。

1）检查铅封是否被启封过：可通过仔细察看判断是否正常，正常的铅封表面应光滑平整，完好无损。

2）判断铅封是否被伪造：可带印好字样的各类铅封，与现场铅封进行对照检查。检查字迹、符号是否相同，是否有防伪识别及防伪识别标记是否相同。

（2）检查接线有无改接和错接。

1）对于没有经过互感器接入的低压用户，检查时可凭经验或直接查线做出直观判断，而对于经互感器接入的计量回路，可对照接线图进行检查。

2）是否有私拉乱接现象，这类现象窃电是明目张胆的，检查时往往一目了然。

（3）检查电流互感器的实际接线和变流比及运行状况。

1）电流互感器的接线和变流比：应注意检查极性及接线方式是否正确；通常已出现的接线错误是，一次侧接线由 L1 进 L2 出二次侧接线 K2 进入电能表，造成电能表一相电流反相。

2）仔细观察互感器二次侧接线有无断线或过热、烧焦现象。

（4）对用户的电能量进行检查。

1）依照用户的用电设备容量，核对实际计量的电能量。

2）根据实测用户负荷情况，估算出用电能量。

3）把用户当月的用电能量或前几个月的用电能量对照检查，分析有无窃电现象。

（5）借助于仪表进行检查。

1）用钳形电流表检查电流。

2）用相序表检查电压相序是否正确。

3）用相位表检查，通过测量电能表电压回路和电流回路间相位关系，判断电能表接线是否正确。

**步骤 4：窃电处理**

**工作要求：**如果确定为窃电行为，根据调查取证的结果，按照《电力法》《供电营业规则》的有关规定，确定处理方案，开具窃电通知书一式两份，经用电客户当事人或法人授权代理人签字后，一份交用电客户，一份由用电检查员存档备查。

**步骤5：追补及违约使用电费收取**

**工作要求：**

（1）用电检查人员核定用户的追补电费及违约使用电费。

（2）经专工、主任审核、审批核定的窃电金额追补电费及违约使用电费，签署审核、审批意见。

（3）在营销业务应用系统内发行追补电费、违约使用电费，通知客户违约、窃电处理情况。

（4）电费核算班发行用户的退补电费，产生应收电费。

（5）营业班收取发行的追补电费、违约使用电费，并出具凭证。

**步骤6：停电、复电执行管理**

**工作要求：**

（1）确认窃电事实，需要对客户中止供电的，用电检查人员提出窃电停电申请。

（2）经主任审核批准停电申请，重要电力客户的停电申请上报公司领导批准。

（3）根据规定的程序和要求，向客户通知停电送达停电通知书，并实施停电流程。

（4）对停电原因消除结清相关费用的客户，提出复电申请。

**步骤7：资料归档**

**工作要求：**收集、整理窃电书面资料，包括窃电通知书、缴费通知单，归档保管。

**特别提醒：**在执行该任务前，必须详细学习和了解该岗位的《安全操作规程》。具体的操作步骤请严格按照工作现场的规章制度和安全操作要求执行。

## 相关知识和技能

| 类别 | 内容 | 学习清单 |
|---|---|---|
| 知识类 | 中华人民共和国国务院令〔1996〕第196号　电力供应与使用条例 | 网大微课《带您了解供电营业规则中关于窃电的制止与处理—图文》<br>网大微课《供电营业规则的主要内容》<br>网大微课《5分钟学习电力法》<br>网大微课《中华人民共和国电力法的基本内容》 |
| | 中华人民共和国电力工业部令〔1996〕第8号　供电营业规则 | |
| | 中华人民共和国电力法〔1996〕 | |
| | 《山东省电力设施和电能保护条例》 | |
| 技能类 | 掌握一定的计算机应用知识，能熟练掌握电力营销信息系统违约用电、窃电管理各项功能的使用 | 网大微课《快速学会查处公变用户遥控器窃电》<br>网大微课《快速学会查处专变用户接线盒窃电》<br>网大移动课堂《五分钟教你识别电压回路窃电》<br>网大微课《2017评优—反窃电孙子兵法》<br>网大微课《2017评优—三步教你使用钳形电流表》 |
| | 熟悉单相、三相四线、三相三线电能表的接线方式及错接线分析、判断、更正系数、追补电量的计算 | |
| | 熟悉钳形电流表、相序表、相位表的正确使用方法 | |

注　在线课程提供的内容仅供参考，请以实际工作要求为准。

## 案例分析与研讨

| 案例：经互感器接入式电能表现场校验 | |
|---|---|
| 案例类型 | 窃电及违约用电综合案例 |
| S（背景） | 2018年9月某日，一社会群众举报沿街某客户窃电。用电稽查人员现场核实，该户装有居民生活照明单相5（60）A电能表和一般工商业三相四线10（100）A电能表两套计量装置。该户一般工商业电能表现场接入负荷共计15kW，在居民生活电能表上接用2kW的电动机一台，用于对外加工香油用电，且在居民生活电能表前接线用于生活用电设备，共计2kW（使用时间无法查明）。该户居民生活照明用电报装容量6kW，商业用电报装容量10kW。作为用电稽查人员该如何处理？（居民生活电价0.54元/kWh，一般工商业电价0.71元/kWh） |
| T（任务） | 1. 对上述案例进行分析、定性。<br>2. 计算该电力客户应承担的经济责任。<br>3. 描述该案例适用的相关法律法规 |

续表

<table>
<tr><th colspan="2">案例：经互感器接入式电能表现场校验</th></tr>
<tr><td>A<br>（行动）</td><td>根据《供电营业规则》有关规定，应承担相应的违约用电和窃电责任。应做如下处理：<br>《供电营业规则》第一百条第 1 项规定：在电价低的供电线路上擅自接用电价高的用电设备或私自改变用电类别的，应按实际使用日期补交差额电费，并承担两倍差额电费的违约使用电费，使用起讫日期难以确定的，实际使用时间按三个月计算。<br>《供电营业规则》第一百条第 2 项规定：私自超过合同约定的容量用电的，除应拆除私增容设备外，属于两部制电价的用户，应补交私增设备容量使用月数的基本电费，并承担三倍私增容量基本电费的违约使用电费；其他用户应承担私增容量每千瓦（千伏安）50 元的违约使用电费。如用户要求继续使用者，按新装增容手续办理。<br>《供电营业规则》第一百零二条规定：供电企业对查获的窃电者，应予制止，并可当场中止供电。窃电者应按所窃电量补交电费，并承担三倍的违约使用电费。拒绝承担窃电责任的，供电企业应报电力管理部门依法处理。窃电数额较大或情节严重的，供电企业应提请司法机关依法追究刑事责任。<br>《供电营业规则》第一百零三条规定：在供电企业供电设施上，擅自接线用电的，所窃电量按私接设备额定容量（千伏安视同千瓦）实际使用时间计算确定。窃电时间无法查明时，窃电日数至少以一百八十天计算，每日窃电时间：电力用户按 12h 计算；照明用户按 6h 计算。<br>补交电费和违约使用电费计算如下：<br>（1）违约用电。<br>私改用电类别 2kW<br>补交电费 =2kW×90 天 ×12h/ 天 ×（0.71 元 /kWh-0.54 元 /kWh）=367.20（元）<br>违约使用电费 =367.20×2=734.40（元）<br>现场私自增容 =15-10=5（kW）<br>违约使用电费 =5×50=2500（元）<br>（2）窃电。<br>补交电费 =2kW×180 天 ×6h/ 天 ×0.54 元 /kWh=1166.40（元）<br>违约使用电费 =1166.4×3=3499.20（元）<br>（3）以上金额合计。<br>应交电费 =367.20+734.40+2500+1166.40+3499.20=8267.20（元）</td></tr>
</table>

## （六）典型任务演练及考核——查处绕越计量装置用电

**演练说明：** 本次演练和考核的核心内容是从“查处绕越计量装置用电”的业务流程中选取的 3 个关键步骤，学员在演练及考核前需了解任务的整体流程及详细步骤，并做好安全及其他各项准备。

**学习目标：** 了解查处绕越计量装置用电的工作步骤，能够识别窃电信息并进行现场取证调查。

**学习方式：** 负责人组织学员到现场进行现场勘察观摩、现场指导、演练。

**考核方式：** 学员按照操作要领及考核要求，完成确定检查客户、现场调查取证和检查情况判断三个步骤，负责人基于学员完成情况并参考附录41《用电检查 查处绕越计量装置用电考核表》进行评分。

## 操作要领及考核要点：

### 确定检查客户、办理安全控制卡

**操作要领：** 针对稽查、检查、抄表、电能量采集、计量现场处理、线损管理、举报处理等工作中发现的涉及窃电的嫌疑信息，确定需检查的客户。

**考核要点：** 学员能够根据详细的用电信息，筛查出窃电嫌疑信息，准确判断出需要检测的客户

### 现场调查取证

**操作要领：**

根据已掌握的窃电异常信息，赴现场检查调查取证，窃电的现场调查取证工作包括：

（1）现场封存或提取损坏的电能计量装置，保全窃电痕迹，收集伪造或开启的加封计量装置的封印；收缴窃电工具。

（2）采取现场拍照、摄像、录音等手段。

（3）收集用电客户产品、产量、产值统计和产品单耗数据。

（4）收集专业试验、专项技术检定结论材料。

（5）收集窃电设备容量、窃电时间等相关信息办理工作票许可、班前会、现场核对。

**考核要点：** 能够复述现场调查的详细操作步骤及取证信息。

### 检查情况判断

**操作要领：**

（1）检查铅封。

1）检查铅封是否被启封过：可通过仔细察看判断是否正常，正常的铅封表面应光滑平整，完好无损。

2）判断铅封是否被伪造：可带印好字样的各类铅封，与现场铅封进行对照检查。检查字迹、符号是否相同，是否有防伪识别及防伪识别标记是否相同。

（2）检查接线有无改接和错接。

1）对于没有经过互感器接入的低压用户，检查时可凭经验或直接查线做出直观判断，而对于经互感器接入的计量回路，可对照接线图进行检查。

2）是否有私拉乱接现象。

（3）检查电流互感器的实际接线和变流比及运行状况。

1）电流互感器的接线和变流比：应注意检查极性及接线方式是否正确。通常已出现的接线错误是，一次侧接线由 L1 进 L2 出二次侧接线 K2 进入电能表，造成电能表一相电流反相。

2）仔细观察互感器二次侧接线有无断线或过热、烧焦现象。

（4）对用户的电能量进行检查。

1）依照用户的用电设备容量，核对实际计量的电能量。

2）根据实测用户负荷情况，估算出用电能量。

3）把用户当月的用电能量或前几个月的用电能量对照检查，分析有无窃电现象。

（5）借助于仪表进行检查。

1）用钳形电流表检查电流。

2）用相序表检查电压相序是否正确。

3）用相位表检查，通过测量电能表电压回路和电流回路间相位关系，判断电能表接线是否正确（无设备可略）。

**考核要点：**能够复述检查要项，学员能够结合负责人提供的窃电图片，准确判定窃电的可疑信息，并记录和说明。

# 第十九章　供电所综合业务岗位轮岗实习导引

## 一、供电所综合业务岗位实习安排

## 二、供电所综合业务岗位实习内容

（一）岗位基本概况

（二）典型任务学习——营业厅日常管理

（三）典型任务演练及考核——营业厅日常管理

（四）典型任务学习——综合监控

（五）典型任务学习——抢修服务

（六）典型任务演练及考核——抢修服务

# 一、供电所综合业务岗位实习安排

## 岗位学习整体目标

• 形成对供电所综合业务岗位的基本认知。

• 系统地学习岗位典型任务的知识和技能，熟悉岗位的基本工作流程，掌握典型任务的操作要领。

## 轮岗实习安排

<table>
<tr><th>时间安排</th><th>轮岗实习内容</th><th>学习方式</th><th>考核方式</th></tr>
<tr><td rowspan="5">第一天</td><td>1. 岗位介绍概况（岗位简介、职责任务）</td><td>讲解</td><td rowspan="5">理论考试<br>综合评价</td></tr>
<tr><td>2. 营业厅体验</td><td>体验</td></tr>
<tr><td>3. 典型任务学习——营业厅日常管理</td><td>—</td></tr>
<tr><td>业务流程学习</td><td>讲解</td></tr>
<tr><td>相关知识技能学习</td><td>自学（网课）</td></tr>
<tr><td rowspan="6">第二天</td><td>4. 典型任务演练及考核——营业厅日常管理<br>示范及指导演练（负责人）<br>现场操作（学员）</td><td>演练<br>实操</td><td>实操考核<br>综合评价</td></tr>
<tr><td>5. 典型任务学习——综合监控</td><td>—</td><td rowspan="8">理论考试<br>综合评价</td></tr>
<tr><td>操作系统学习</td><td>讲解</td></tr>
<tr><td>业务流程学习</td><td>讲解</td></tr>
<tr><td>相关知识技能学习</td><td>自学（网课）</td></tr>
<tr><td>案例分析及研讨</td><td>研讨</td></tr>
<tr><td rowspan="5">第三天</td><td>6. 典型任务学习——抢修服务</td><td>—</td></tr>
<tr><td>业务流程学习</td><td>讲解</td></tr>
<tr><td>相关知识技能学习</td><td>讲解</td></tr>
<tr><td>7. 典型任务演练及考核——抢修服务<br>示范及指导演练（负责人）<br>现场操作（学员）</td><td>演练<br>实操</td><td>实操考核<br>综合评价</td></tr>
<tr><td>8. 知识考核<br>9. 通关档案填写</td><td>—</td><td>—</td></tr>
</table>

# 二、供电所综合业务岗位实习内容

## （一）岗位基本概况

**学习目标：**了解供电所综合业务岗位的岗位简介、职责任务、主要业务等。

**学习方式：**负责人讲解。

**考核方式：**负责人结合附录1《日常行为规范评分表》，对学员的整体学习及表现情况进行综合打分。

**学习内容要点：**

### 供电所综合业务岗位简介

承接国家及省市有关电力的各项政策，做好电价电费管理；负责管辖区域内电力线路和设备的安全运行及管理，做好突发事故抢修工作及重要活动保电工作；电力客户的抄、核、收、线损及信息化管理工作；低压客户计量装置的日常维护、装拆等管理工作；电力销售工作及用电检查工作；安全用电的宣传管理工作；做好供电服务，满足客户的用电申请，及时处理客户的来访和投诉应对工作。

### 岗位职责任务

供电所综合业务岗主要包含7项工作职责、23项重点工作任务。

**供电所综合业务岗位**

| 职责A：电能计量 | 职责B：业扩报装 | 职责C：电费电价管理 |
| --- | --- | --- |
| A1—装置新装 | B1—低压居民新装 | C1—抄表异常处理 |
| A2—装置巡视 | B2—低压非居新装 | C2—催费 |
| A3—装置更换 | B3—分布式电源新装 | C3—停复电管理 |
|  | B4—变更业务 |  |

**职责 D：优质服务**

D1—营业厅日常管理

D2—用电咨询

D3—投诉处理

D4—票据管理

D5—客户走访

D6—收费

**职责 E：用电检查**

E1—反窃电

E2—违约用电

E3—线损管理

**职责 G：所务管理**

G1—资料管理

G2—综合监控

**职责 F：配电运检**

F1—抢修服务

F2—台区维护

## （二）典型任务学习——营业厅日常管理

**学习目标：**

- 了解营业厅日常管理细项。
- 了解营业厅日常业务。

| 学习要项 | 学习方式 | 考核方式 |
| --- | --- | --- |
| 业务流程学习 | • 负责人讲解业务流程<br>• 学员学习作业指导书 | 学员完成理论知识考试 |
| 相关知识与技能学习 | 在线课程学习 | |
| 案例分析及研讨 | 学员集中对案例进行学习分享 | |

### 业务流程

**步骤 1：营业厅值班安排**

**工作要求：**各级营业窗口均实行“无周休、无午休”工作制度，营业时间为每天 9:00-17:00。节假日期间，各窗口要做好值班安排。

**步骤 2：营业厅营业前准备**

**工作要求：**

（1）到岗时间：营业窗口服务人员均提前 30min 到岗进行营业前准备。

（2）卫生清扫：根据责任区划分做好地面、柜台、桌面、绿植及其他设施的卫生清扫，做到“四净四无”，即“地面净、桌面净、墙面净、门

面净；无灰尘、无纸屑、无杂物、无异味”。

（3）统一着装：按照省公司下发的着装要求规范着装，保证同一营业厅着装一致且正确佩戴工作牌。

（4）设备开启：启动营业厅办公电脑、打印机及所有服务设施，同时巡检各项设施是否处于正常运行状态，并填写“营业厅营业前准备及检查表”。

（5）资料准备：检查票据、各类登记表、宣传资料等是否齐全、充足，不足的及时补充。

**步骤3：营业厅会议管理**

**工作要求：**

（1）班前会管理。

1）班前会准备及要求。

- **时间要求：**各营业厅营业前准备工作就绪后，在8:45—8:55之间组织召开班前会，召开时长控制在10min左右。
- **学习内容准备：**营业厅班长或营业厅负责人提前准备当日班前会所需学习的政策、文件内容或业务知识。

2）班前会内容及实施。

- **出勤确认：**清点营业窗口服务人员出勤情况，对迟到、缺勤员工进行记录。
- **仪容仪表检查：**检查窗口人员着装情况，不规范的进行纠正；留意人员精神状态，发现问题及时处理。
- **学习内容讲解：**营业厅班长或营业厅负责人组织对当日需要学习的业务知识进行布置、讲解，解答疑问。
- **工作安排：**对当日工作进行安排，强调需要注意的问题；对当日设备巡检结果进行确认，及时联系相关人员处理设备故障。

（2）班后会管理。

1）班后会准备及要求。

- 营业厅班长（负责人）及窗口服务人员在营业结束时对当日营业厅业务处理情况进行统计、汇总，包括对账、盘点等。

• 营业结束后，关闭营业厅所有设备及服务设施。

• 营业厅班长（负责人）于每日 17 点后组织召开班后会。

2）班后会内容及实施。

• **工作总结：** 营业厅班长（负责人）、窗口服务人员分别对当日工作进行小结，分析存在的问题，提出改进措施；并对工作中遇到的典型案例进行分享学习。

• **工作交接：** 对当日未完成业务进行记录并交接，在次日班前会上进行说明，并做好安排。

• **学习检查：** 对班前会讲解、布置的业务学习内容通过提问方式进行检查，检验学习效果。

### 相关知识和技能

| 类别 | 内容 | 学习清单 |
|---|---|---|
| 知识类 | 《营业厅服务规范》 | 网大微课《如何做好营业厅规范服务礼仪》<br>网大微课《2017 评优—供电营业窗口服务提升系列课程之营业厅服务基本规范》<br>网大微课《2017 评优—营业厅现场管理要点（上）》<br>网大微课《2017 评优—营业厅现场管理要点（下）》<br>网大微课《2017 评优—日常营业基本认知》 |
| | 《营业厅日常管理规范》 | |
| | 营业厅业务受理流程 | |
| | 业务咨询服务流程 | |
| 技能类 | 票据打印 | 网大微课《2017 评优—营业厅服务技巧》<br>网大微课《营业厅客户投诉处理》<br>网大微课《优质服务系列之营业厅优质服务四部曲》 |
| | 用电查询系统操作 | |
| | 服务技巧 | |
| | 投诉受理 | |

注 在线课程提供的内容仅供参考，请以实际工作要求为准。

## （三）典型任务演练及考核——营业厅日常管理

**演练说明：** 本次演练和考核的核心内容是从“营业厅日常管理”的业务流程中选取的 2 个关键步骤，学员在演练及考核前需了解任务的整体流程及详细步骤，并做好各项准备。

**学习目标：** 了解营业厅营业前的准备事项和要求，学会会议纪要的整理方法。

**学习方式：** 学员模拟营业厅的现场管理及现场任务实施。

**考核方式：** 学员按照营业厅的流程规范，完成营业前准备及会议纪要整理；负责人基于学员完成情况参考附录42《供电所综合业务　营业厅日常管理考核表》进行评分。

## 操作要领及考核要点：

### 营业厅营业前准备

**操作要领：**

（1）到岗时间：营业窗口服务人员均提前30min到岗进行营业前准备。

（2）卫生清扫：根据责任区划分做好地面、柜台、桌面、绿植及其他设施的卫生清扫，做到“四净四无”（即“地面净、桌面净、墙面净、门面净；无灰尘、无纸屑、无杂物、无异味”）。

（3）统一着装：按照省公司下发的着装要求规范着装，保证同一营业厅着装一致且正确佩戴工作牌。

（4）设备开启：启动营业厅办公电脑、打印机及所有服务设施，同时巡检各项设施是否处于正常运行状态，并填写“营业厅营业前准备及检查表”。

（5）资料准备：检查票据、各类登记表、宣传资料等是否齐全、充足，不足的及时补充。

**考核要点：** 能够清晰描述营业前的各项准备事项和具体要求；对照附录43《供电所综合业务　营业厅营业前准备及检查表》完成各项准备，负责人结合附录42《供电所综合业务　营业厅日常管理考核表》进行评分。

### 营业厅会议管理（班前会管理）

**操作要领：**

（1）班前会准备及要求。

- 时间要求：各营业厅营业前准备工作就绪后，在8:45–8:55组织召开班前会，时长控制在10min左右。
- 学习内容准备：营业厅班长或营业厅负责人提前准备当日班前会所需学习的政策、文件内容或业务知识。

（2）班前会内容及实施。

- 出勤确认：清点营业窗口服务人员出勤情况，对迟到、缺勤员工进行记录。
- 仪容仪表检查：检查窗口人员着装情况，不规范的进行纠正；留意人员精神状态，发现问题及时处理。
- 学习内容讲解：营业厅班长或营业厅负责人组织对当日需要学习的业务知识进行布置、讲解，解答疑问。
- 工作安排：对当日工作进行安排，强调需要注意的问题；对当日设备巡检结果进行确认，及时联系相关人员处理设备故障。
- 考核要点：参加营业厅班前会，认真听取班前会会议内容，并参考附录44《供电所综合业务　班前会记录》详细整理会议纪要，负责人结合附录42《供电所综合业务　营业厅日常管理考核表》进行评分。

## （四）典型任务学习——综合监控

**学习目标：**

- 了解常用系统的操作要领。
- 了解综合监控的业务流程，了解数据查询及整理的方法。

| 学习要项 | 学习方式 | 考核方式 |
|---|---|---|
| 操作系统学习 | 讲解系统的功能及操作步骤<br>演示系统板块及页面 | 学员完成理论知识考试 |
| 业务流程学习 | • 负责人讲解业务流程<br>• 学员学习作业指导书 | |
| 相关知识与技能学习 | 在线课程学习 | |
| 案例分析及研讨 | 学员集中对案例进行学习分享 | |

## 常用系统

**用电信息采集系统、营销业务应用系统、供电服务指挥系统、一体化电量与线损管理系统**

- 系统简介说明。
- 系统页面介绍。
- 系统操作指引。
- 系统使用注意事项。

## 业务流程

**步骤 1：开始进入系统**

**工作要求**：登录系统，进入正确系统界面。

**步骤 2：数据查询**

**工作要求**：点击相应模块，查询对应数据；以供电所为单位查询相关数据。

**步骤 3：异常数据整理**

**工作要求**：熟练掌握不同模块数据异常的判定标准，区分正常数据和异常数据，按照标准模板整理异常数据。

**步骤 4：异常数据分析处理**

**工作要求**：初步判定异常原因，简单异常数据在系统内处理。

**步骤 5：发送至相关人员处理**

**工作要求**：需现场处理的异常数据发送至相关工作人员处理，电话通知相关人员确认接收。

**步骤 6：结果反馈**

**工作要求**：填写监控记录表，记录工作内容；通过系统查询异常数据处理情况直至异常处理完成；异常处理完成后反馈确认。

**特别提醒**：在执行该任务前，必须详细学习和了解该岗位的《安全操作规程》。具体的操作步骤请严格按照工作现场的规章制度和安全操作要求执行。

### 相关知识和技能

| 类别 | 内容 | 学习清单 |
|---|---|---|
| 知识类 | 《供电监管办法》中电压部分 | 网大微课《2017 评优—“线”路均衡——低电压治理之控制和调节供电系统中三相电流（或电压）》<br>网大微课《2017 评优—用电信息采集系统异常监控业务能力提升》<br>网大标课《2017 评优—台区线损异常治理》 |
| | 《线损管理办法》台区线损部分 | |
| | 用电信息采集知识 | |
| 技能类 | 《山东全能供电所监控平台操作手册》 | 网大微课《2017 评优—营销业务应用系统—查询功能的应用》<br>网大标课《沈小电系列标课：供电服务指挥中心之服务指挥系统停电信息精准发布》<br>网大微课《2017 评优—营销业务应用系统—核算功能应用》 |
| | 《用电信息采集系统操作手册》 | |
| | 《供电服务指挥系统操作手册》 | |
| | 《营销业务应用系统操作手册》 | |

注　在线课程提供的内容仅供参考，请以实际工作要求为准。

### 案例分析与研讨

| 案例：综合监控 | |
|---|---|
| 案例类型 | 成功案例 |
| S（背景） | 2019 年 11 月 20 日，综合监控工作人员通过用电信息采集系统查询采集成功率指标，发现某个台区的采集成功率为 98%，指标完成值较低 |
| T（任务） | 通过用电信息采集系统完成指标的监测，并按照工作流程做好记录，初步处理异常 |
| A（行动） | 第一步：登录系统，进入正确系统界面。<br>第二步：查询到某个台区的采集成功率为 98%。<br>第三步：记录整理监控结果。<br>第四步：异常数据分析处理，初步判定异常原因。经查询改台区内所有低于集中器在线情况及任务下发情况，发现有一只集中器任务未下发。<br>第五步：针对该集中器下发任务，然后补招该集中器的数据，发现该集中器数据全部补招完成。<br>第六步：再次查询系统内采集成功率情况，发现该指标已经达到 100% |
| R（结果） | 通过监测、分析、初步处理异常，完成了对采集成功率指标的全流程管控 |

## （五）典型任务学习——抢修服务

**学习目标：**

- 了解配网抢修的工作步骤及操作要点。
- 了解抢修服务的作业规范及注意事项。

| 学习要项 | 学习方式 | 考核方式 |
| --- | --- | --- |
| 业务流程学习 | ● 负责人讲解业务流程<br>● 学员学习作业指导书 | 学员完成理论知识考试 |
| 相关知识与技能学习 | 在线课程学习 | |
| 案例分析及研讨 | 学员集中对案例进行学习分享 | |

## 业务流程

**步骤 1：做好抢修准备**

**工作要求：**根据抢修工作需求，合理配置抢修人员，配备充足的安全工器具和备品备件，车辆处于待命状态、状态良好、定置停放。

**步骤 2：接收抢修任务**

**工作要求：**接收供电服务指挥中心监测指挥班（县公司配网抢修指挥班）自动派发的抢修工单，明确故障地点、故障类型和故障范围。

**步骤 3：主动联系客户**

**工作要求：**接收抢修任务后，立即联系并告知客户已前往抢修，5min内确认抢修地点、完成抢修准备，填写派工单、故障紧急抢修单或工作票，根据故障类型携带抢修工器具，着装规范，力争规定时间内到达现场。

**步骤 4：到达抢修现场**

**工作要求：**抢修人员到达现场后应告知客户，在手持终端填写到达现场时间，现场勘察，查找并判断故障原因。

**步骤 5：发布停电信息**

**工作要求：**根据现场情况填报故障原因、停电范围、停电区域及预计恢复时间，配合供电服务指挥中心监测指挥班（县公司配网抢修指挥班）发布停电信息。

**步骤 6：现场抢修恢复**

**工作要求：**按现场标准化作业要求开展现场抢修，尽快恢复送电。

**步骤 7：抢修结束回填抢修信息**

**工作要求：**故障处理完毕后，抢修人员应通过手持终端如实回填抢修工单中到达现场时间、故障原因、抢修进程、处理结果等相关内容，保证填写内容的完整性、规范性、真实性。

**步骤 8：资料归档**

**工作要求：**现场抢修工作完毕后，1 个工作日内完成值班记录、设备异动、资料更新等后续工作。

> **特别提醒：**在执行该任务前，必须详细学习和了解该岗位的《安全操作规程》；具体的操作步骤请严格按照工作现场的规章制度和安全操作要求执行。

### 相关知识和技能

| 类别 | 内容 | 学习清单 |
|---|---|---|
| 知识类 | 《国家电网公司电力安全工作规程（配电部分）（试行）》 | 网大标课《配电故障紧急抢修流程》<br>网大标课《配电抢修流程—制定停电抢修的施工方案》<br>网大微课《2017 评优—电力抢修的魔法世界——依据各类系统进行的故障抢修》 |
| | 《国家电网公司配网故障抢修管理规定》[国网（运检 / 4）312—2014] | |
| | 《国网山东省电力公司营配融合模式下配网标准化抢修工作规范》 | |
| | 《抢修服务行为规范》 | |
| | 《配网标准化抢修车辆管理规范》 | |
| | 《标准化抢修队伍着装及装备配置规范》 | |
| 技能类 | 《计量装置故障处理规范》 | 网大标课《2017 评优—带电检查低压计量装置故障》<br>网大微课《计量装置故障处理流程》 |
| | 工器具检查及使用<br>移动作业终端使用 | |
| | 风险管控 App | |

注　在线课程提供的内容仅供参考，请以实际工作要求为准。

## （六）典型任务演练及考核——抢修服务

**演练说明：**本次演练和考核的核心内容是从“抢修服务”的业务流程中选取的 3 个关键步骤；学员在演练及考核前需了解任务的整体流

程及详细步骤，并做好各项准备。

**学习目标：**了解抢修服务的准备事项和任务安排，学会抢修工单的填写。

**学习方式：**学员模拟抢修任务的前期准备及工单填写。

**考核方式：**学员按照抢修服务的准备工作及抢修任务，完成抢修准备工作及抢修工单的填写，负责人基于学员完成情况参考附录45《供电所综合业务　抢修服务考核表》进行评分。

## 操作要领及考核要点：

### 做好抢修准备

**操作要领：**根据抢修工作需求，合理配置抢修人员，配备充足的安全工器具和备品备件，车辆处于待命状态、状态良好、定置停放。

**考核要点：**能够清晰描述抢修前需要各细项内容，如准备哪些工器具和备品备件。

### 接收抢修任务

**操作要领：**接收供电服务指挥中心监测指挥班（县公司配网抢修指挥班）自动派发的抢修工单，明确故障地点、故障类型和故障范围。

**考核要点：**能结合抢修工单，明确表述故障地点、类型和范围。

### 主动联系客户

**操作要领：**接收抢修任务后，立即联系并告知客户已前往抢修，5min内确认抢修地点、完成抢修准备，填写派工单、故障紧急抢修单或工作票，根据故障类型携带抢修工器具，着装规范，赶赴现场。

**考核要点：**能结合抢修任务，准确填写附录46《供电所综合业务　供电所派工单》和附录47《供电所综合业务　故障紧急抢修单》，并准备工器具。

# 第二十章　物资配送服务岗位轮岗实习导引

## 一、物资配送服务岗位实习安排

## 二、物资配送服务岗位实习内容

（一）岗位基本概况

（二）系统、专业术语、注意事项学习

（三）典型任务学习

（四）典型任务演练及考核——装车出库、配送过程跟踪

# 一、物资配送服务岗位实习安排

## 岗位学习整体目标

• 形成对物资配送服务岗位的基本认知，建立岗位工作的安全意识，掌握岗位的基本常识和专业术语。

• 系统地学习岗位典型任务的知识和技能，熟悉岗位的基本工作流程，掌握典型任务的操作要领。

## 轮岗实习安排

| 时间安排 | 轮岗实习内容 | 学习方式 | 考核方式 |
|---|---|---|---|
| 第一天 | 1. 岗位介绍概况（岗位简介、职责任务） | 讲解 | 理论考试综合评价 |
| | 2. 系统、专业术语、注意事项学习 | 讲解 | |
| | 3. 物资仓、专业仓参观学习 | 参观 | |
| 第二天 | 4. 典型任务学习 | — | |
| | 业务流程学习——配送计划管理 | 讲解 | |
| | 业务流程学习——装车出库管理 | 讲解 | |
| | 业务流程学习——配送过程跟踪 | 讲解 | |
| | 相关知识技能学习 | 自学（网课） | |
| | 案例分析及研讨 | 研讨 | |
| | 5. 典型任务演练及考核——装车出库、配送过程跟踪<br>示范及指导演练（负责人）<br>现场操作（学员） | 演练<br>实操 | 实操考核综合评价 |
| | 6. 知识考核<br>7. 通关档案填写 | — | — |

# 二、物资配送服务岗位实习内容

## （一）岗位基本概况

**学习目标：** 了解物资配送服务岗位的岗位简介、职责任务、主要业务等。

**学习方式：** 负责人讲解。

**考核方式：** 负责人结合附录1《日常行为规范评分表》，对学员的整体学习及表现情况进行综合打分。

**学习内容要点：**

### 物资配送服务岗位简介

负责办理非电网零星物资、配农网物资等在库物资的二程配送业务，包括基础数据维护、配送需求管理、运输过程管理、配送评价管理等。

### 岗位职责任务

物资配送服务岗主要包含4项工作职责、9项重点工作任务。

**物资配送服务岗位**

**职责A：基础数据维护**

A1—配送需求部门信息维护

A2—承运商信息维护

**职责B：配送需求管理**

B1—配送需求提报

B2—配送计划管理

B3—承运商调度

**职责C：运输过程管理**

C1—装车出库管理

C2—配送过程跟踪

**职责D：配送评价管理**

D1—项目单位评价

D2—物资部门评价

## （二）系统、专业术语、注意事项学习

**学习目标：**了解智慧物资调配平台、e物资系统的基本信息，了解物资配送服务相关专业术语及注意事项。

**学习方式：**负责人讲解。

**考核方式：**负责人结合附录1《日常行为规范评分表》，对学员的整体学习及表现情况进行综合打分。

**学习内容要点：**

### 常用系统

**智慧物资调配平台、e物资系统。**

- 系统简介说明。
- 系统页面介绍。
- 系统操作指引。
- 系统使用注意事项。

### 专业术语

- **二程配送：**物资入库后，根据需求开展的从物资库运输至其他仓库、项目现场等地点的配送工作。
- **物资库及专业仓：**物资库是指各单位物资部门管理的物资仓库。专业仓是指由各专业管理部门具体管理的专业仓库。

### 注意事项

（1）保证工作场所、设备（设施）、工器具的安全整洁。

（2）不随意拆除安全防护装置，正确操作机械和设备，正确佩戴和使用劳动防护用品。

（3）使用系统查询时应准确输入装车单编号、装车单状态、承运商名称、驾驶员姓名、车牌号等信息，所查车辆应处于运输状态。

（4）发生异常事件时应沉着冷静，根据实际情况合理选择处置方式，跟踪事态进展，及时进行汇报。

（5）在确认物资送达后，提醒并配合项目单位专责办理到货签收，未

送达不得进行签收操作。

**备注：** 可结合该岗位对应的安规，对学员做详细的讲解。

## （三）典型任务学习

**学习目标：**

- 了解物资调配平台和 e 物资系统的基本操作。
- 了解制定配送计划的流程和要点。
- 了解物资装车出库的流程和确认事项。

| 学习要项 | 学习方式 | 考核方式 |
|---|---|---|
| 业务流程学习 | • 负责人讲解业务流程<br>• 学员学习作业指导书 | 学员完成理论知识考试 |
| 相关知识与技能学习 | 在线课程学习 | |
| 案例分析及研讨 | 学员集中对案例进行学习分享 | |

### 业务流程——配送计划管理

**步骤 1：接收配送需求**

**工作要求：** 准确接收落实本次需要配送的物资规格、型号、数量等关键信息。

**步骤 2：制定配送计划**

**工作要求：** 通过物资调配平台前期录入的车辆配载及所需配送的物资尺寸重量，确定车辆型号、配送路径，制定点对点配送计划，落实配送起始地点、配送起止时间等具体要求。

**步骤 3：配送计划提交**

**工作要求：** 配送计划生成后，需进行计划提交操作，流转到所属物资部门主任处进行计划审批。

**步骤 4：配送计划审核**

**工作要求：** 物资部门主任审核已提交的配送计划，审核完成后配送计划生效。驳回操作时需要填入驳回原因，系统中预置“库存资源不足”“需求日期过早”“库存盘点期间不允许下单”“其他”四种类型，选择“其他”时需要录入具体文字描述。

**步骤 5：配送计划发布**

**工作要求：**配送计划生效后，需要将配送计划发布到各承运商，主要分为派单和抢单两种方式：

（1）派单：根据承运商得分排名、运力情况，将配送计划直接指派给最优承运商执行配送任务。

（2）抢单：将配送计划发布到任务资源池，承运商结合自身运力资源自主进行抢单操作。抢单截止日期为计划发布日期的下一天的 24 点。

**特别提醒：**在执行该任务前，必须详细学习和了解该岗位的《安全操作规程》。具体的操作步骤请严格按照工作现场的规章制度和安全操作要求执行。

### 业务流程——装车出库管理

**步骤 1：司机身份确认**

**工作要求：**登录 e 物资 App，点击“司机身份确认”菜单，扫描司机二维码，对司机身份进行核实。

**步骤 2：装车发运管理**

**工作要求：**

（1）承运商和装载机械进入物资仓库后，检查进入仓库人员是否佩戴安全帽等防护用品，检查装载机械是否持有有效证件。

（2）物资装车后，配送专责和司机根据装车单核实装载的物资是否齐全，司机在手机 App 上拍摄上传车辆外观、物资装载等图片，仓储专责在 PC 端进行确认操作，司机在 App 端进行确认操作。

（3）仓储专责点击“装车发运管理”菜单，点击“确认出库”按钮，仓储端确认出库即完成。

### 业务流程——配送过程跟踪

**步骤 1：配送车辆跟踪**

**工作要求：**能够根据装车单编号、装车单状态、承运商名称、驾驶员姓名、车牌号等条件查找处于运输状态的装车单，在PC端智慧物资调配平台（MAP）和移动端e物资操作弹出配送监控地图界面，显示当前装车单的车辆运输轨迹及实时地理位置信息。

**步骤 2：到货签收管理**

**工作要求：**在驾驶员确认送达之后，能够根据装车单编码、装车单状态、承运商名称、驾驶员姓名、车牌号等条件，查找当前需要做收货操作的装车单，提醒并配合物资需求单位专责在PC端智慧物资调配平台（MAP）和移动端e物资操作办理到货签收。

**步骤 3：异常事件管理**

**工作要求：**能够在PC端智慧物资调配平台（MAP）和移动端e物资查询异常事件，了解智慧物资调配平台（MAP）里预警灯颜色所代表的状态（绿灯表示正常，黄灯表示存在预警信息，红灯表示存在异常事件）。

### 相关知识和技能

<table>
<tr><th>类别</th><th>内容</th><th>学习清单</th></tr>
<tr><td rowspan="5">知识类</td><td>电力系统采购物资辨识</td><td rowspan="5">网大标课《物资仓储管理》<br>网大标课《物资配送管理》<br>网大标课《国家电网公司物资仓储配送管理办法宣贯课件 》<br>网大微课《如何开展电力物资配送作业》<br>网大标课《电力物资智能区域配送的管理》</td></tr>
<tr><td>《国家电网有限公司实物库存管理办法》</td></tr>
<tr><td>《国家电网公司物资仓储配送管理办法》</td></tr>
<tr><td>《国家电网公司仓储业务管理工作规范（试行）》</td></tr>
<tr><td>《物资智能配送管理－操作手册》</td></tr>
<tr><td rowspan="3">技能类</td><td>智慧物资调配平台配送模块的使用</td><td rowspan="3">网大微课《ERP操作方法轻松学》<br>网大标课《物资调配中心运作管理》</td></tr>
<tr><td>E物资平台配送管理模块的使用</td></tr>
<tr><td>ERP系统库存查询</td></tr>
</table>

**注**　在线课程提供的内容仅供参考，请以实际工作要求为准。

## 案例分析与研讨

| 案例：物资配送服务 | |
|---|---|
| 案例类型 | 成功案例 |
| S（背景） | 2020 年 6 月初，为完成公司时间过半、任务过半的工作要求，×× 供电中心急需将已采购入库的配电变压器 4 台配送至施工现场 ×× 区 ×× 街道 |
| T（任务） | 具体的任务或目标（接收到 ×× 供电中心提报的配送需求后，当天完成配送计划制定及发布，由承运商接单后迅速完成装车出库，通过配送过程跟踪，完成物资配送，由项目需求部门完成物资签收并对配送服务进行评级）。<br>达成任务的挑战与难度（配送任务需要严谨、具备责任心、具有一定的难度，很有挑战性）自己面对这个任务的心情（作为物资配送服务岗位人员，面对这个任务时很平静，有把握准确无误地完成本次任务） |
| A（行动） | 采取的主要行动步骤和行动细节：<br>1．项目单位需求人员在线查询项目物资库存情况，并根据项目现场物资需求在物资调配平台提报配送需求。<br>2．已提交的配送需求，需要经过项目单位需求人员所属部门主任、发货仓库所属单位物资部门主任两级审批后生效。<br>3．接收配送需求，按照拟配送物资的规格、尺寸及车辆配载，编制配送计划。<br>4．提交审核后，对配送计划进行发布，确定接单承运商。<br>5．现场核对司机身份，扫码确认拟配送物资，安排叉车进行装车，将 4 台配电变压器装车、封车后发车配送。<br>6．查找处于运输状态的装车单，在 PC 端智慧物资调配平台（MAP）和移动端 e 物资操作弹出配送监控地图界面，显示当前装车单的车辆运输轨迹及实时地理位置信息。<br>7．物资达到施工现场 ×× 区 ×× 街道后，物资配送需求单位 ×× 供电中心对物资进行到货签收，主要核对物资的规格、型号、数量，并检查物资外观是否完好。对整个配送过程进行评价。<br>8．物资部门根据配送效果，对承运商的配送进行评价 |
| R（结果） | 采取行动后的直接结果，带来的后续影响（准确及时配送 4 台配电变压器至施工现场后，保证物资供应，圆满完成该项目的送电任务） |

## （四）典型任务演练及考核——装车出库、配送过程跟踪

**演练说明：**本次演练和考核的核心内容选取了 2 个关键任务；学员需清晰地复述任务的操作步骤和操作要领。

**学习目标：**了解装车出库及配送过程跟踪的关键操作步骤和操作要领。

**学习方式：**负责人组织学员进行步骤的操作示范及模拟演练。

**考核方式：**学员按照流程规范复述任务的操作步骤和操作要领，负责人基

于学员复述情况参考附录48《物资配送服务　装车出库、配送过程跟踪考核表》进行评分。

**操作要领及考核要点：**

**审核司机身份确认、装车发运管理**

**操作要领：**

（1）配送计划确认接单后，登录e物资App，点击“司机身份确认”菜单，扫描司机二维码，对司机身份、车辆信息进行核实。

（2）承运商和装载机械进入物资仓库后，检查进入仓库人员是否佩戴安全帽等防护用品，检查装载机械是否持有有效证件。

（3）物资装车后，配送专责和司机根据装车单核实装载的物资是否齐全，司机在手机App上拍摄上传车辆外观、物资装载等图片，仓储专责在PC端进行确认操作，司机在App端进行确认操作。

（4）仓储专责点击“装车发运管理”菜单，点击“确认出库”按钮，仓储端确认出库即完成。

**考核要点：**能够清晰描述每个关键步骤及每个步骤的工作要点。

**配送车辆跟踪、到货签收管理**

**操作要领：**

（1）能够根据装车单编号、装车单状态、承运商名称、驾驶员姓名、车牌号等条件查找处于运输状态的装车单，在PC端智慧物资调配平台（MAP）和移动端e物资操作弹出配送监控地图界面，显示当前装车单的车辆运输轨迹及实时地理位置信息。

（2）在驾驶员确认送达之后，能够根据装车单编码、装车单状态、承运商名称、驾驶员姓名、车牌号等条件，查找当前需要做收货操作的装车单，提醒并配合物资需求单位专责在PC端智慧物资调配平台（MAP）和移动端e物资操作办理到货签收。

**考核要点：**能够清晰描述每个关键步骤及每个步骤的工作要点。

# 附录

# 附录 1　日常行为规范评分表

<table>
<tr><td rowspan="2">基本信息</td><td colspan="2">姓名</td><td>轮岗实习岗位（□ 必修　□ 选修）</td><td>总得分</td></tr>
<tr><td colspan="2"></td><td></td><td></td></tr>
<tr><td rowspan="7">考察阶段<br>（轮岗实习）</td><td>考核方向</td><td>标准分</td><td>考核要点</td><td>评价得分</td></tr>
<tr><td>职业道德</td><td>25</td><td>（1）严格遵守公司各项规章制度。<br>（2）严格遵守各项工作、培训纪律。<br>（3）严格遵守作业标准和要求</td><td></td></tr>
<tr><td>专业专注</td><td>25</td><td>（1）对事情一丝不苟，追求严谨。<br>（2）不断提升自己的专业能力和专业水平</td><td></td></tr>
<tr><td>团队协作</td><td>25</td><td>（1）能够尊重团队领导的管理，服从组织安排。<br>（2）有较强的组织协调能力和执行力</td><td></td></tr>
<tr><td>开拓创新</td><td>25</td><td>（1）主动了解和学习先进技术和方法，刻苦钻研。<br>（2）系统思考和分析问题，尝试用新方法来解决</td><td></td></tr>
<tr><td>评价意见</td><td colspan="3"></td></tr>
<tr><td colspan="4">评价人所在单位：　　　　　　　　　　评价人签名：</td></tr>
</table>

# 附录 2　调控运行值班　调度操作票

| 票号 | | | | 操作类型 | | 事项类型 | | | |
|---|---|---|---|---|---|---|---|---|---|
| 设备名称 | | | | | | 计划操作时间 | | | |
| 工作任务 | | | | | | | | | |
| 注意事项 | | | | | | | | | |
| 序号 | 单位 | 下令人 | 下令时间 | 受令人 | 操作指令 | 完成时间 | 汇报人 | 接汇报人 | 执行 |
| 1 | | | | | | | | | |
| 2 | | | | | | | | | |
| 3 | | | | | | | | | |
| 4 | | | | | | | | | |
| 5 | | | | | | | | | |
| 6 | | | | | | | | | |
| 7 | | | | | | | | | |
| 拟票人 | | 审核人 | | 预告人 | | 监护人 | | 下令人 | |
| 备注 | | | | | | | | | |

# 附录 3　调控运行值班　线路停送电考核表

姓名：　　　　　　　　　　　　　　　　　　　　　　分数：

<table>
<tr><th>项目</th><th>考核要点</th><th>评分标准</th><th>分值</th><th>实际扣分</th><th>得分</th></tr>
<tr><td rowspan="5">拟写操作指令票</td><td>根据停电检修票，完整、准确拟写操作指令票，明确操作目的和操作任务</td><td>指令票中的事项类型、操作类型、操作时间、设备名称、操作任务和注意事项填写错误，每处扣 5 分，扣完为止</td><td>30</td><td></td><td></td></tr>
<tr><td>拟写操作指令票前，拟票人应核对现场一、二次设备实际状态，对照电网潮流图、厂站主接线图进行填写</td><td>拟写操作指令票前，未认真核对现场一、二次设备实际状态，扣 20 分</td><td>20</td><td></td><td></td></tr>
<tr><td rowspan="3">填写操作指令票</td><td>未正确使用设备双重编号和调度术语，每处扣 5 分，扣完为止</td><td rowspan="3">50</td><td rowspan="3"></td><td rowspan="3"></td></tr>
<tr><td>操作指令票停送电范围填写不准确，扩大或缩小停送电范围，扣 20 分</td></tr>
<tr><td>出现重合闸、备自投装置投停等漏项，每处扣 5 分；操作项顺序不正确，每处扣 5 分，出现不符合安规、调规安全的逻辑问题，扣 10 分</td></tr>
</table>

# 附录 4　调控运行值班　接地故障处理考核表

姓名：　　　　　　　　　　　　　　　　　　　　　　　　分数：

| 项目 | 考核要点 | 评分标准 | 分值 | 实际扣分 | 得分 |
|---|---|---|---|---|---|
| 观察电压指示 | 根据不同电压异常情况准确判断故障类型：<br>1. 金属性接地：故障相电压为0，非故障相电压升高至线电压。<br>2. 非金属接地：一相（两相）电压低，但不为零，另两相（一相）电压高，近似于线电压。<br>3. 分频谐振过电压：三相电压依次轮流升高，并超过线电压（不超过两倍相电压）表针打到头，三相电压表针在同范围内低频摆动。<br>4. 高频谐振过电压：三相电压同时升高，远超过线电压（可达到四倍线电压）。<br>5. TV 熔丝熔断：故障相电压为零，非故障相电压正常 | 未能够准确识别金属性接地、非金属接地、分频谐振过电压、高频谐振过电压、TV 熔丝熔断，每类型扣 20 分 | 100 | | |

# 附录 5　调控运行值班　检修票受理考核表

姓名：　　　　　　　　　　　　　　　　　　　　分数：

| 序号 | 项目 | 考核要点 | 评分标准 | 分值 | 实际扣分 | 得分 |
|---|---|---|---|---|---|---|
| 1 | 审核“工作内容” | 检修票语言简洁通顺、逻辑清晰、无错别字。<br>影响停、送电的工作内容表述清楚 | 未能正确审核出“工作内容”错误或表述不清的，每项扣 30 分 | 60 | | |
| 2 | 审核“停或送电范围”和“工作内容”逻辑 | “停或送电范围”与“工作内容”之间保证“充分必要”关系，即不存在扩大或缩小停送电范围和随意增加工作内容的情况 | 不能对逻辑关系做出正确判断的，扣 40 分 | 40 | | |

# 附录6 通信运维检修 机房环境巡视记录表

| 机房环境巡视记录表 | | | |
|---|---|---|---|
| 序号 | 项目 | 是否检查<br>（打√即可） | 备注 |
| 1 | 通信站监视和报警系统 | | |
| 2 | 机房温度、湿度 | | |
| 3 | 机房空调 | | |
| 4 | 机房门窗 | | |
| 5 | 防小动物设施和安全防盗设施 | | |
| 6 | 机房管沟孔洞 | | |
| 7 | 机房消防情况 | | |
| 8 | 机房防雨、防水、防汛措施 | | |
| 9 | 通信机房照明 | | |
| 10 | 蓄电池室 | | |

# 附录 7　通信运维检修　通信站巡视考核表

姓名：　　　　　　　　　　　　　　　　　　　　　　分数：

| 项目 | 考核要点 | 评分标准 | 分值 | 实际扣分 | 得分 |
|---|---|---|---|---|---|
| 检查机房环境 | 1. 信站监视和报警系统应24h 正常工作并有人监视。<br>2. 机房温湿度满足设备安全运行要求，并具备监测手段。<br>3. 机房空调运转正常，滤网及时清理。<br>4. 机房门窗密封，室内定期除尘。<br>5. 机房防小动物设施、防盗设施正常。<br>6. 孔洞及时封堵，电缆竖井、沟道具备防火措施。<br>7. 机房消防器材定期检查，记录齐全，不得存放易燃、易爆、易腐等危险物品。<br>8. 防雨、防水、防汛措施正常，排水管道通畅。<br>9. 机房具备符合要求的工作照明和事故照明。<br>10. 蓄电池室具备符合要求的防爆灯具、通风换气设施 | 漏检、未检查出问题，每处扣10 分 | 100 | | |

# 附录 8　通信运维检修　光缆故障及缺陷处理考核表

姓名：　　　　　　　　　　　　　　　　　　　　　分数：

| 项目 | 考核要点 | 评分标准 | 分值 | 实际扣分 | 得分 |
| --- | --- | --- | --- | --- | --- |
| 光缆故障定位 | 1. 使用OTDR设备对光缆纤芯进行简单测试。<br>2. 根据故障光缆长度、故障点距测试点。OTDR测试长度计算故障点大体位置 | 不能正确使用OTDR设备对光缆纤芯进行简单测试扣50分。<br>不能正确计算光缆故障点位置扣50分 | 100 | | |

# 附录9　输电线路运检　本体巡视考核表

姓名：　　　　　　　　　　　　　　　　　　　　　　　　分数：

| 序号 | 项目 | 考核要点 | 评分标准 | 分值 | 实际扣分 | 得分 |
|---|---|---|---|---|---|---|
| 1 | 工作准备 | 1．着装规范：穿棉质长袖工作服，纽扣齐全并整齐扣好；是否穿着符合规定的绝缘鞋（靴）。<br>2．安全帽佩戴是否合格：安全帽的帽壳、帽箍、顶衬、下颏带、后扣（或帽箍扣）等组件应完好无损，下颏带锁好，松紧适当。<br>3．携带工器具材料是否齐全：望远镜、照相机、螺栓、铁丝等 | 试穿工作服及绝缘鞋（靴），不符合安全规范的扣10分。<br>试戴安全帽，不符合安全规范的，扣10分。<br>复述工器具材料每缺少一样，扣1分 | 30 | | |
| 2 | 巡视内容 | 1．杆塔基础：破损、酥松、裂纹、露筋、下沉，保护帽破损，边坡保护不够等。<br>2．杆塔：杆塔倾斜、主材弯曲、地线支架变形，塔材、螺栓丢失，严重锈蚀，脚钉缺失，爬梯变形，土埋塔脚等；混凝土杆未封杆顶，出现破损、裂纹等。<br>3．接地装置：断裂、严重锈蚀，螺栓松脱、接地体丢失、接地体外露、接地体连接部位有雷电烧痕等。<br>4．拉线及基础：拉线金具等被拆卸，拉线棒严重锈蚀或蚀损，拉线松弛、断股、严重锈蚀，基础回填土下沉或缺土等。<br>5．绝缘子：伞裙破损、严重污秽、有放电痕迹、弹簧销缺损、钢帽裂纹、断裂、钢脚严重锈蚀或蚀损、绝缘子串倾斜大于7.5°或300mm。<br>6．导线、地线、引流线、OPGW散股、断股、损伤、断线、放电烧伤、导线接头部位过热、悬挂漂浮物、弧垂过大或过小、严重锈蚀、有电晕现象、导线缠绕（混线）、覆冰、舞动、风偏过大、对交叉跨越物距离不够等。<br>7．线路金具：线夹断裂、裂纹、磨损，销钉脱落或严重锈蚀；均压环、屏蔽环烧伤，螺栓松动；防振锤跑位、脱落，严重锈蚀、预绞丝变形、烧伤；间隔棒松脱、变形或离位；各种连板、连接环、调整板出现损伤、裂纹等 | 复述巡视对象，每错漏1项扣10分 | 70 | | |

# 附录 10　输电线路运检　停电更换直线绝缘子串考核表

姓名：　　　　　　　　　　　　　　　　　　　　　　　　　分数：

| 序号 | 项目 | 考核要点 | 评分标准 | 分值 | 实际扣分 | 得分 |
|---|---|---|---|---|---|---|
| 1 | 现场准备 | 1．瓷质绝缘子伞裙不应破损，瓷质不应有裂纹，瓷釉不应烧损。棒形及盘形复合绝缘子伞裙、护套不应出现破损或龟裂、脱落、蚀损等现象，端头密封不应开裂、老化。<br>2．绝缘子开口销不得有缺失，安装方向符合运行规程要求。<br>3．盘形绝缘子绝缘电阻：330kV 及以下线路不应小于 300MΩ，交流 500kV 及以上线路绝缘子不应小于 500MΩ。<br>4．现场工器具应合格、齐备 | 复述绝缘子材料要求，每错漏 1 处扣 2 分 | 25 | | |
| 2 | 更换绝缘子串 | 1．导线侧电工下导线前应使用人身后备保护绳。<br>2．链条葫芦安装完毕后应检查是否连接良好。<br>3．旧绝缘子脱离前应检查链条葫芦是否受力良好。<br>4．绝缘子安装完毕后，应检查绝缘子是否连接良好。<br>5．链条葫芦拆除前，应检查绝缘子串是否受力良好 | 未复述导线侧电工下导线应使用后备保护绳，扣 15 分。<br>未复述链条葫芦安装完毕后应检查是否连接良好，扣 15 分。<br>未复述旧绝缘子脱离前应检查链条葫芦是否受力良好，扣 15 分。<br>未复述绝缘子安装完毕后，应检查绝缘子是否连接良好，扣 15 分。<br>未复述链条葫芦拆除前，应检查绝缘子串是否受力良好，扣 15 分 | 75 | | |

# 附录 11 变电站设备检修 计划前现场勘察

勘察单位 ________________ 部门（班组）________________ 编号 ________________
勘察负责人 ______________ 勘察人员 ________________________________
勘察设备的双重名称（多回应注明双重称号）:

____________________________________________________________________________

工作任务 [ 工作地点（地段）以及工作内容 ]:________________________________
现场勘察内容：

| 1. 工作地点需要停电的范围： |
|---|
| 2. 保留的带电部位： |
| 3. 作业现场的条件、环境及其他危险点： |
| 4. 应采取的安全措施： |
| 5. 附图与说明： |

记录人：_________ 勘察日期：___ 年 ___ 月 ___ 日 ___ 时 ___ 分至 ___ 日 ___ 时 ___ 分

# 附录12　变电站设备检修　标准作业卡

______________________标准作业卡

编制人：__________ 审核人：__________

1. 作业信息

| 设备双重编号 | | 工作时间 | | 作业卡编号 | |
|---|---|---|---|---|---|

2. 工序要求

| 序号 | 关键工序 | 标准及要求 | 风险辨识与预控措施 | 执行完打√或记录数据、签字 |
|---|---|---|---|---|
| 1 | | | | |
| 2 | | | | |
| 3 | | | | |

3. 签名确认

| 工作人员确认签名 | |
|---|---|

4. 执行评价

| 工作负责人签名： |
|---|

# 附录 13　变电站设备检修　日常维护检修考核表

姓名：　　　　　　　　　　得分：

| 序号 | 项目 | 考核要点 | 评分标准 | 分值 | 实际扣分 | 得分 |
|---|---|---|---|---|---|---|
| 1 | 计划前现场勘察 | 根据现场勘察结果填写《现场勘察记录》，内容分析准确、无遗漏，风险管控措施与风险点一一对应 | 现场勘察记录格式不规范，缺项漏项，扣 30 分。<br>风险点及管控措施分析不全面，有遗漏，每少 1 条扣 5 分，扣完为止 | 50 | | |
| 2 | “一板四卡”准备 | 检修看板内容简洁、清晰，电气主接线图明确检修设备、相邻带电间隔、老虎口等信息描述正确，无遗漏；标准化作业卡工作流程分解合理，安全质量管控要点分析准确，与工作流程密切相关 | “一板四卡”存在错误或有遗漏，每处扣 5 分，扣完为止<br>作业流程分解不合理，工序每缺少 1 项扣 5 分，扣完为止 | 50 | | |

# 附录 14 变电站设备检修 GIS 设备特殊巡检考核表

姓名： 得分：

| 序号 | 考核要点 | 评分标准 | 分值 | 实际扣分 | 得分 |
|---|---|---|---|---|---|
| 1 | GIS 设备检查 | | | | |
| 1.1 | 外壳检查 | 外壳、支架等无锈蚀、松动、损坏，漏查扣 5 分。<br>外壳漆膜无局部颜色加深或烧焦、起皮，漏查扣 5 分。<br>各类管道及阀门无损伤、锈蚀，阀门的开闭位置正确，漏查扣 5 分。<br>盆式绝缘子外观良好，无龟裂、起皮，颜色标示正确，漏查扣 5 分。<br>环氧树脂浇注的绝缘子外露部分无颜色异常、裂纹等，漏查扣 4 分。<br>GIS 内部无异常的声响，漏查扣 3 分。<br>架空线套管防污闪涂层均匀无损坏，漏查扣 3 分 | 30 | | |
| 1.2 | 紧固件无松动 | 接地端子连接螺栓无松动，接触完好，漏查扣 5 分。<br>管道的绝缘法兰与盖板紧固件无松动，漏查扣 5 分 | 10 | | |
| 2 | 汇控柜检查 | | | | |
| 2.1 | 检查断路器、隔离开关位置 | 断路器、隔离开关及接地开关位置指示正确，无异常信号，漏查扣 10 分 | 10 | | |
| 2.2 | 汇控柜内设备检查 | 加热驱潮装置功能正常，漏查扣 5 分。<br>带电显示器安装牢固，指示正确，漏查扣 5 分 | 10 | | |
| 2.3 | 汇控柜外观检查 | 汇控柜内干净整洁，无变形和锈蚀，漏查扣 5 分。<br>钢化玻璃无裂纹、损伤，漏查扣 5 分。<br>汇控柜外壳接地良好，漏查扣 5 分。<br>柜内封堵良好，无进水受潮、无凝露，漏查扣 5 分 | 20 | | |
| 3 | 操作机构检查 | | | | |
| 3.1 | 检查断路器、隔离开关位置 | 断路器、隔离开关及接地开关位置指示正确，无异常信号，漏查扣 10 分 | 10 | | |
| 3.2 | 操作机构检查 | 断路器机构内部是否有烧焦的气味或痕迹，漏查扣 5 分。<br>操作机构输出轴外露的传动装配上的卡圈或开口销是否脱落，漏查扣 5 分 | 10 | | |

# 附录 15 变电站运维 操作票

## 变电站倒闸操作票

单位：　　　　　　　　　　　　　　　　编号 No：

<table>
<tr><td>发令人</td><td></td><td>受令人</td><td></td><td>发令时间</td><td>年 月 日 时 分</td></tr>
<tr><td colspan="4">操作开始时间：<br>年 月 日 时 分</td><td colspan="2">操作结束时间：<br>年 月 日 时 分</td></tr>
<tr><td colspan="6">（ ）监护下操作　（ ）单人操作　（ ）检修人员操作</td></tr>
<tr><td>操作任务</td><td colspan="5"></td></tr>
<tr><td>顺序</td><td colspan="4">操 作 项 目</td><td>√</td></tr>
<tr><td>1</td><td colspan="4"></td><td></td></tr>
<tr><td>2</td><td colspan="4"></td><td></td></tr>
<tr><td>3</td><td colspan="4"></td><td></td></tr>
<tr><td>4</td><td colspan="4"></td><td></td></tr>
<tr><td>5</td><td colspan="4"></td><td></td></tr>
<tr><td>6</td><td colspan="4"></td><td></td></tr>
<tr><td>7</td><td colspan="4"></td><td></td></tr>
<tr><td>8</td><td colspan="4"></td><td></td></tr>
<tr><td>9</td><td colspan="4"></td><td></td></tr>
<tr><td>10</td><td colspan="4"></td><td></td></tr>
<tr><td>…</td><td colspan="4"></td><td></td></tr>
<tr><td></td><td colspan="4"></td><td></td></tr>
<tr><td></td><td colspan="4"></td><td></td></tr>
<tr><td></td><td colspan="4"></td><td></td></tr>
<tr><td></td><td colspan="4"></td><td></td></tr>
<tr><td>备注</td><td colspan="5"></td></tr>
<tr><td colspan="2">操作人：</td><td colspan="2">监护人：</td><td colspan="2">值班负责人（值长）：</td></tr>
</table>

# 附录 16　变电站运维　单一线路停送电考核表

姓名：　　　　　　　　　　　　　　　　得分：

| 项目 | 考核要点 | 评分标准 | 分值 | 实际扣分 | 得分 |
|---|---|---|---|---|---|
| 接受预令 | 根据调控人员的预令或操作预告等明确操作任务和停电范围 | 未正确接收预令，未明确操作任务扣 5 分 | 5 | | |
| 填写操作票 | 操作顺序应根据操作任务、现场运行方式、参照本站典型操作票内容进行填写 | 操作项顺序不正确，每处扣 5 分，扣完为止<br>未正确使用操作术语，每处扣 5 分<br>操作票面有修改涂抹痕迹，每处扣 5 分 | 30 | | |
| 核对操作票 | 操作票填写后，由操作人和监护人共同审核无误，交给运维负责人，运维负责人核对后签名 | 未交给运维负责人核对签字，扣 5 分 | 5 | | |
| 接受操作指令 | 核对操作票并签名 | 在操作票上监护人和操作人处未签名，每处扣 5 分，扣完为止 | 5 | | |
| | 电话接听调度指令，互报单位、姓名 | 未报告主责单位、姓名，每处扣 5 分，扣完为止 | 5 | | |
| | 将调度指令填写到操作指令记录本上，包括站名、指令类别、发令时间、发令人、受令人、操作任务、操作人、监护人 | 每缺 1 处扣 2 分，扣完为止 | 5 | | |
| | 主责重复调度指令：将 220kV 前于站 35kV 待用 I 313 断路器由热备用转线路检修 | 未重复调度指令或重复指令错误，扣 5 分 | 5 | | |
| | 填写给定操作票上的内容，包括发令人、受令人、发令时间 | 每缺 1 处扣 2 分，扣完为止 | 5 | | |

续表

| 项目 | 考核要点 | 评分标准 | 分值 | 实际扣分 | 得分 |
|---|---|---|---|---|---|
| 模拟操作 | 在五防机前主责向作业下达模拟操作任务指令 | 主责未下模拟操作任务指令扣 5 分 | 5 | | |
| | 作业重复主责模拟指令 | 作业未重复主责模拟指令扣 5 分 | 5 | | |
| | 主责下达各项模拟指令（操作任务） | 主责未下达模拟指令每项扣 1 分（共 12 项），扣完为止 | 5 | | |
| | 作业重复指令并模拟操作各项操作项目 | 作业未模拟操作项目每项扣 1 分（共 12 项），扣完为止 | 5 | | |
| | 主责下达指令：向钥匙传送程序 | 主责未下达指令扣 5 分 | 5 | | |
| | | 作业未传送五防程序扣 5 分 | 5 | | |
| | 主责在操作指令记录本上和操作票上分别填写操作开始时间 | 每缺 1 处扣 2 分或填写顺序不对扣 2 分，扣完为止 | 5 | | |

# 附录 17　变电站运维　例行巡视考核表

姓名：　　　　　　　　　　　　得分：

| 序号 | 考核要点 | 评分标准 | 分值 | 实际扣分 | 得分 |
|---|---|---|---|---|---|
| 1 | 明确巡视任务和巡视范围 | | | | |
| 1.1 | 携带巡视记录及变压站巡视作业指导书 | 携带巡视记录及变压站巡视作业指导书 | 10 | | |
| 2 | 检查本体及套管的巡视 | | | | |
| 2.1 | （1）检查运行监控信号、灯光指示、运行数据。<br>（2）检查各部位无渗油、漏油。<br>（3）检查变压器声响。<br>（4）检查引线接头、电缆应无发热迹象。<br>（5）检查 35kV 及以下接头及引线绝缘护套 | （1）检查运行监控信号、灯光指示、运行数据漏查扣 6 分。<br>（2）检查各部位无渗油、漏油漏查扣 6 分。<br>（3）检查变压器声响漏查扣 6 分。<br>（4）检查引线接头、电缆应无发热迹象漏查扣 6 分。<br>（5）检查 35kV 及以下接头及引线绝缘护套漏查扣 6 分 | 30 | | |
| 3 | 冷却系统的巡视 | | | | |
| 3.1 | （1）检查各冷却器的风扇、油泵、水泵，油流继电器。<br>（2）检查冷却系统及连接管道无渗漏油。<br>（3）检查冷却装置控制箱电源投切方式。<br>（4）检查外观完好，运行参数正常，各部件无锈蚀、管道无渗漏 | （1）检查各冷却器的风扇、油泵、水泵，油流继电器漏查扣 5 分。<br>（2）检查冷却系统及连接管道无渗漏油，漏查扣 5 分。<br>（3）检查冷却装置控制箱电源投切方式漏查扣 5 分。<br>（4）检查外观完好，运行参数正常，各部件无锈蚀、管道无渗漏，漏查扣 5 分 | 20 | | |

续表

| 序号 | 考核要点 | 评分标准 | 分值 | 实际扣分 | 得分 |
|---|---|---|---|---|---|
| 4 | 储油柜的巡视 | | | | |
| 4.1 | （1）检查本体及有载调压开关储油柜的油位应与制造厂提供的油温、油位曲线相对应。<br>（2）检查本体及有载调压开关吸湿器呼吸正常，外观完好，吸湿剂，油封油位 | （1）检查本体及有载调压开关储油柜的油位应与制造厂提供的油温、油位曲线相对应漏查扣10分。<br>（2）检查本体及有载调压开关吸湿器呼吸正常，外观完好，吸湿剂，油封油位漏查扣10分 | 20 | | |
| 5 | 填写巡视记录和启动缺陷流程 | | | | |
| 5.1 | （1）填写巡视记录。<br>（2）启动缺陷流程 | （1）填写巡视记录，漏填扣10分。<br>（2）启动缺陷流程，如漏扣10分 | 20 | | |

# 附录 18　配电线路及设备运检　配电线路巡视考核表

姓名：　　　　　　　　　　　　　　　　　　　　　　　　　　　　　　得分：

| 序号 | 项目 | 考核要点 | 评分标准 | 分值 | 实际扣分 | 得分 |
| --- | --- | --- | --- | --- | --- | --- |
| 1 | 工作准备 | 1. 着装符合要求：穿棉质长袖工作服，纽扣齐全并整齐扣好，穿符合规定的绝缘鞋（或试验周期内有绝缘靴）。<br>2. 所戴安全帽完整无破损，在规定使用年限之内；帽沿下方的下颏带扣在耳朵两边至下额锁好，松紧适当。<br>3. 工器具材料携带齐全（按平原地形、正常天气准备） | 试穿工作服及绝缘鞋（靴），不符合安全规范的扣 10 分。<br>试戴安全帽，不符合安全规范的，扣 10 分。<br>复述工器具材料，每缺少一样，扣 1 分 | 30 | | |
| 2 | 导线巡视 | 对线路的电杆及基础、导线、铁件、金具、绝缘子、附件、拉线、杆上设备、防雷设备及接地装置的各部位巡视检查 | 复述导线巡视对象，每错缺一项扣 5 分 | 70 | | |

# 附录 19　配电线路及设备运检
# 配电架空线路柱上断路器更换考核表

姓名：　　　　　　　　　　　　　　　　　　　　　　　　得分：

| 序号 | 项目 | 考核要点 | 评分标准 | 分值 | 实际扣分 | 得分 |
| --- | --- | --- | --- | --- | --- | --- |
| 1 | 工作准备 | 1. 现场勘察应保留现场勘察记录，应全面分析作业现场的条件、环境及其他影响作业的危险点，并提出针对性的安全措施和注意事项。<br>2. 工作票填写正确，安全措施完备、人员分工明确。<br>3. 工器具检查合格，均在实验周期内，备品备件及材料充足 | 复述工作准备要点，每错漏 1 处扣 5 分 | 50 | | |
| 2 | 断路器吊装 | 1. 吊起断路器时应保持平衡，不准斜吊断路器，套管处必要时应包垫，开关配件未安装牢固前不得解除吊钩。<br>2. 断路器安装牢固、平整，托架水平面倾斜应不大于 1/100 | 复述断路器吊装要领，每错漏 1 处扣 5 分 | 50 | | |

# 附录 20 市场开拓与业扩报装 综合能源服务考核表

姓名：　　　　　　　　　　　　　　得分：

| 步骤 | 项目 | 考核要点 | 评分标准 | 分值 | 实际扣分 | 得分 |
|---|---|---|---|---|---|---|
| 1 | 跟踪服务 | 对综合能源服务的相关政策有清晰认知，能向客户清晰地讲解和宣传综合能源服务政策，向客户宣传用能监控与分析、运维服务和省级智慧用能服务平台，争取用户安装用能监测终端并接入至省级智慧能源服务平台 | 1. 全面讲解，每漏讲 1 条扣 5 分。<br>2. 准确讲解，每错讲 1 条扣 5 分。<br>3. 按照标准流程讲解，顺序错乱，逻辑不清，扣 10 分。<br>4. 讲解通俗易懂，能够及时回应客户问题，如无法准确回应，扣 10 分 | 50 | | |
| 2 | | 严格遵守走访客户的流程及话术要求，确保收集到准确有效的信息，及时将信息录入系统 | 1. 能够清楚复述走访客户的流程，错讲漏讲，每处扣 5 分。<br>2. 严格按照话术要求进行信息回访，话术不准确，每处扣 5 分。<br>3. 能正确复述综合能源服务管理系统的每个操作步骤，错讲漏讲，每处扣 5 分 | 50 | | |

# 附录 21　市场开拓与业扩报装　高压新装考核表

姓名：　　　　　　　　　　得分：

| 步骤 | 项目 | 考核要点 | 评分标准 | 分值 | 实际扣分 | 得分 |
|---|---|---|---|---|---|---|
| 1 | 现场勘察 | 供电方案勘察前，召开班前会，在移动终端生成安全控制卡，确认安全注意事项，并签字确认。现场核实用户信息、安装地点、用电类别、用电性质与申请是否一致 | 未生成安全控制卡扣 5 分，未核实用户情况扣 5 分；漏一项扣 5 分，扣完为止 | 20 | | |
| 2 | | 现场根据用户负荷确认供电电压。按照经济性原则确认电源接入点。并确认客户是否具备直接接入条件 | 未按照用户符合情况确认供电电压扣 10 分，未按照经济性原则确认接入点扣 5 分，未确认是否具备直接接入条件扣 5 分 | 20 | | |
| 3 | | 计量方案初步确定：根据客户报装容量确定客户计量方案 | 未正确确定客户计量方案，扣 15 分 | 15 | | |
| 4 | | 计费方案初步确定：根据客户用电性质确定客户计费方案 | 未正确确定客户计费方案扣 15 分 | 15 | | |
| 5 | | 费用确定：如果需要交纳高可靠性供电费用，应严格按照高可靠性供电费用收取标准计算高可靠性供电费用，如果不需要交纳高可靠性供电费用，则不需要填写 | 未正确确定高可靠性供电费用扣 15 分 | 15 | | |
| 6 | 答复供电方案 | 工作人员在移动终端形成供电方案现场答复客户，与客户分别签字确认。具备直接装表条件的，在勘察确定供电方案后当场装表接电 | 未使用移动终端形成供电方案扣 5 分，工作人员、客户未签字确认扣 5 分，未准确判断装表接电条件的扣 5 分 | 15 | | |

# 附录22　装表接电　装拆电能表考核表

姓名：　　　　　　　　　　　　　　　　得分：

| 序号 | 项目 | 考核要点 | 评分标准 | 分值 | 实际扣分 | 得分 |
|---|---|---|---|---|---|---|
| 1 | 断开电源 | （1）使用验电笔（器）对计量柜（箱）金属裸露部分进行验电。<br>（2）确认电源进、出线方向，断开进、出线断路器，且能观察到明显断开点。<br>（3）使用验电笔（器）再次进行验电，确认互感器一次进出线等部位均无电压后，装设接地线 | 未进行对计量柜验电确认，扣5分。<br>未确认断开点，扣5分。<br>未再次验电确认，扣10分 | 20 | | |
| 2 | 安装电能表 | （1）检查确认计量柜（箱）完好，符合规范要求。<br>（2）根据计量柜（箱）接线图核对检查，确保接线正确、布线规范。联合接线盒的安装、导线的敷设及捆扎应符合规程要求。<br>（3）安装电能表时，应把电能表牢固地固定在计量柜（箱）内，电能表显示屏应与观察窗对准。<br>（5）将联合接线盒内的电流短路连接片接至正常位置，电压、中性线连接片接至连接位置。<br>（6）所有布线要求横平竖直、整齐美观，连接可靠、接触良好。导线应连接牢固，螺栓拧紧，导线金属裸露部分应全部插入接线端钮内，不得有外露、压皮现象 | 未进行安装前检查扣10分。<br>未将电能表固定扣10分。<br>未将连接片接至正常位置扣10分（每处扣2分，共10分）。<br>电能表接线未横平竖直（每处扣2分，共10分）。<br>电能表接线外露、压皮（每处扣2分，共10分） | 50 | | |
| 3 | 安装检查 | （1）对电能表安装质量和接线进行检查，确保接线正确，工艺符合规范要求。<br>（2）检查联合接线盒内连接片位置，确保正确 | 未进行安装前检查，每1处扣5分（共15分） | 15 | | |
| 4 | 实施封印 | 确认安装无误后，正确记录新装电能表各项读数，对电能表、计量柜（箱）、联合接线盒等进行加封，记录封印编号，并拍照留证 | 未进行加封每处扣5分（共15分） | 15 | | |

# 附录 23　装表接电　装拆采集终端考核表

姓名：　　　　　　　　　　　　得分：

| 步骤 | 项目 | 考核要点 | 评分标准 | 分值 | 实际扣分 | 得分 |
|---|---|---|---|---|---|---|
| 1 | 接取临时电源 | （1）根据施工设备容量核定移动电源盘的容量，移动电源盘必须有漏电保护器。<br>（2）根据设备容量选择相应的导线截面 | 移动电源盘未加装漏电保护器扣 10 分。<br>未正确选取导线截面扣 10 分 | 20 | | |
| 2 | 终端电源回路布线 | 终端电源线宜采用 $2\times2.5mm^2$ 铠装电缆、控制线、信号线均宜采用 $2\times1.5mm^2$ 双绞屏蔽电缆 | 未正确选取导线规格每处扣 20 分 | 20 | | |
| 3 | 终端控制回路、遥信回路布线 | 对电能表、计量柜（箱）、联合接线盒等进行加封，记录封印编号，并拍照留证 | 未进行加封每处扣 2 分（共 10 项） | 20 | | |
| 4 | 脉冲及 RS485 数据线连接 | 导线应连接牢固，螺栓拧紧，导线金属裸露部分应全部插入接线端钮内，不得有外露、压皮现象 | 导线金属裸露部分未全部插入接线端钮内或出现压皮现象，每处扣 5 分，扣完为止 | 20 | | |
| 5 | 天线、馈线安装 | 馈线长度超过 50m 时，应使用损耗不大于 50dBmV/km 的低损耗同轴电缆 | 馈线长度超过 50m 时，未正确选取电缆扣 20 分 | 20 | | |

# 附录 24 自动化运维 厂站接入调度数据网调试考核表

姓名：　　　　　　　　　　　　　　　　得分：

| 项目 | 考核要点 | 评分标准 | 分值 | 实际扣分 | 得分 |
| --- | --- | --- | --- | --- | --- |
| 生成接入审批单 | 1．根据地址分配表正确分配互联地址。<br>2．根据地址分配表正确分配 BGP 协议相关参数。<br>3．根据地址分配表正确分配 OSPF 协议相关参数。<br>4．接到申请单后应在 5 个工作日分配好审批单填写操作指令票 | 准确复述上述步骤，漏掉或错误复述一项，每项扣 25 分 | 100 | | |

# 附录 25　自动化运维　厂站接入 EMS 调试考核表

姓名：　　　　　　　　　　　　　　　　　　　　　　得分：

| 项目 | 考核要点 | 评分标准 | 分值 | 实际扣分 | 得分 |
|---|---|---|---|---|---|
| 在 EMS 中绘制厂站接线图 | 按照方式计划室下发的接线图及设备命名规范检查以下内容：<br>1. EMS 厂站图应与接线图一致。<br>2. 变压器、断路器、隔离开关、站用变压器等设备图元应使用规范图元。<br>3. EMS 设备命名应参照设备命名规范。<br>4. 电气元件之间拓扑连接关系应正确，不得存在虚接状态 | 准确复述上述步骤，漏掉或错误复述一项，每项扣 25 分 | 100 | | |

# 附录 26 电气试验、化验 例行试验考核表

姓名： 得分：

| 项目 | 考核要点 | 评分标准 | 分值 | 实际扣分 | 得分 |
|---|---|---|---|---|---|
| 试验前准备 | 1．着装要求：统一整齐，符合工作规定。安全帽，绝缘靴应有合格标签。<br>2．进入试验现场：观察现场，在风险分析上签名，向工作负责人请示试验开始。<br>3．设置安全设施：用安全遮拦封闭试验现场，向外悬挂“止步，高压危险！”标示牌。<br>4．设备接地、放电：检查断路器是否可靠接地；放电棒检查，各端子放电先用放电电阻放电，后直接放电多次，放电完毕后将放电棒挂在待试处。<br>5．检查设备外观：①油位是否正常；②设备有无渗油现象；③套管是否有裂缝；④设备外表面是否干燥洁净；⑤检查分接开关位置；⑥是否安装油温计。<br>6．摆放温湿度计：将温湿度计摆放于通风阴凉且明显处，不能置于器身上。<br>7．抄铭牌：同时记录环境温度、湿度、器温、设备双重名称。<br>8．检查试验仪器及工具 | 准确复述上述步骤，漏掉或错误复述1项，每项扣10分 | 100 | | |

# 附录 27　电气试验、化验　带电检测考核表

姓名：　　　　　　　　　　　　　　　　　　　　　　得分：

| 项目 | 考核要点 | 评分标准 | 分值 | 实际扣分 | 得分 |
|---|---|---|---|---|---|
| 红外热成像检测 | 1. 仪器参数设置（温度、湿度、反射率测试框、测试点等设置）。<br>2. 测温，调节图像使其清晰，并结合数值测温手段，如热点跟踪等手段进行检测。远距离对所有被测设备进行全面扫描。<br>3. 发现有异常后，再有针对性地近距离对异常部位和重点被测设备进行精确检测，并记录待测设备的负荷电流 | 准确复述上述步骤，漏掉或错误复述一项，每项扣30分 | 100 | | |

# 附录 28　配电电缆运检　防外力破坏考核表

姓名：　　　　　　　　　　　　　　　　　　　　　　得分：

| 序号 | 项目 | 考核要点 | 评分标准 | 分值 | 实际扣分 | 得分 |
|---|---|---|---|---|---|---|
| 1 | 安全交底 | 1. 施工单位的施工方案应备案。<br>2. 交底内容应明确包括路径走向、埋设深度、保护设施等。<br>3. 保护协议书或安全协议中应明确在电缆及通道保护范围内施工不得使用大型机械机型开挖。<br>4. 施工方案应明确施工单位、施工时间、施工范围、施工方式 | 复述交底内容应明确的要点，以及施工方案应明确的要点，每错缺1项扣5分 | 50 | | |
| 2 | 盯防施工现场 | 1. 对于被挖掘而露出的电缆应加装保护罩。<br>2. 需要悬吊时，悬吊间距应不大于1.5m。<br>3. 工程结束后，电缆及相关设施应完好，安放位置牢固正确。<br>4. 施工结束后现场应恢复原状，有完善的警示带和路径标志 | 复述盯防施工现场工作及安全要领，每错缺1项扣5分 | 50 | | |

# 附录 29 配电电缆运检 电缆路径检测考核表

姓名： 得分：

| 序号 | 项目 | 考核要点 | 评分标准 | 分值 | 实际扣分 | 得分 |
|---|---|---|---|---|---|---|
| 1 | 设置接收机 | 1．接收机的频率应与发射机信号发射频率应保持一致，选择波峰或波谷方法。<br>2．在前往目标区域探测电缆路径前，应在目标电缆已知路径的正上方确认设置是否正确 | 复述设置接收机关键步骤，每错缺 1 项扣 15 分 | 30 | | |
| 2 | 路径探测 | 1．应沿接收机箭头指示方向前进。<br>2．应及时调整接收机信号增益，避免信号饱和 | 复述路径探测关键步骤及要点，每错缺 1 项扣 15 分 | 70 | | |

# 附录 30　95598　工单处理考核表

姓名：　　　　　　　　　　　　　　　　　　　　　　得分：

| 序号 | 项目 | 考核要点 | 评分标准 | 分值 | 实际扣分 | 得分 |
|---|---|---|---|---|---|---|
| 1 | 工单催办 | 1. 抢修类工单：应在未按时限到达现场前催办抢修单位，供电抢修人员到达现场的平均时间一般为：城区范围 45min，农村地区 90min，特殊边远地区 2h。<br>2. 非抢修类工单：应在工单办结前 2 个工作日催办业务处理部门尽快回单 | 复述工单催办时间要求，每项复述错误，扣 5 分 | 30 | | |
| 2 | 工单审核、回复 | 故障报修类：抢修完毕后供电服务指挥中心 30min 内完成工单审核、回复工作。<br>投诉、业务咨询类：受理客户诉求后 4 个工作日内处理、答复客户并审核、反馈处理意见。<br>举报、意见、建议类：受理客户诉求后 9 个工作日内处理、答复客户并审核、反馈处理意见。<br>服务申请各子类：<br>1. 已结清欠费的复电登记业务送电后 1 个工作日内回复工单。<br>2. 电器损坏业务处理完毕后 1 个工作日内回复工单。<br>3. 服务平台系统异常业务 3 个工作日内核实并回复工单。<br>4. 电能表异常业务、电表数据异常业务 4 个工作日内处理（核实）并回复工单。<br>5. 其他服务申请类业务 5 个工作日内处理完毕并回复工单。工单回单内容应按照回单模板及必填要点进行审核，确保工单回复内容规范、全面、真实 | 复述故障保修类、投诉业务咨询类、举报意见建议类工单审核、回复时间要求，每错 1 项扣 10 分。<br>复述服务申请各子类时间要求，每错 1 项扣 5 分 | 70 | | |

# 附录 31　95598　停送电信息报送考核表

姓名：　　　　　　　　　　　　　　　　　　得分：

| 序号 | 项目 | 考核要点 | 评分标准 | 分值 | 实际扣分 | 得分 |
|---|---|---|---|---|---|---|
| 1 | 审核“停电信息” | 按照停电信息的分类正确选择停电类型：<br>1. 报送时间。计划停电信息应提前7天报送，临时停电应提前24h报送，故障停电应在故障后15min内报送停电信息。<br>2. 停电区域。停电涉及的供电设施情况，即停电的供电设施名称、供电设施编号、变压器属性（公用变压器/专用变压器）等信息。<br>3. 停电范围。停电的地理位置、专变客户、医院、学校、乡镇（街道）、村（社区）、住宅小区等信息。同一停电信息涉及分段送电情况，应报送分段未恢复停电范围等信息。<br>4. 停电计划时间。计划停电、临时停电的开始时间和预计结束时间，故障停电包括故障开始时间和预计故障修复时间。<br>5. 停电原因。指引发停电或可能引发停电的原因。<br>6. 现场送电类型。包括全部送电、部分送电、未送电。<br>7. 停送电变更时间。指变更后的停电计划开始时间及计划送电时间。<br>8. 现场送电时间。指现场实际恢复送电时间。<br>9. 发布渠道。停送电信息发布的公共媒体 | 复述停电信息分类，每漏1项，扣10分 | 70 | | |
| 2 | 审核“停电信息变更” | 1. 停送电信息内容发生变化后10min内，应变更相关信息，并简述原因。<br>2. 停电信息较原送电时间提前超过1h送电的应报送提前送电原因及变更后的预计送电时间。<br>3. 延时送电的，应至少提前30min报送延迟送电原因及变更后的预计送电时间 | 复述停电信息变更适用条件，每漏1项或错误一处，扣10分 | 30 | | |

# 附录 32　电费核算与账务　高压用户电费核算发行考核表

姓名：　　　　　　　　　　　　　　　　　　　　　　　得分：

| 序号 | 项目 | 考核要点 | 评分标准 | 分值 | 实际扣分 | 得分 |
|---|---|---|---|---|---|---|
| 1 | 电费核算 | 1．存在审核异常规则、存在用电业务的用户着重审核。<br>2．重点审核电量突变、基本电费有变化的用户。<br>3．对在电费发行环节的用户也需要进行审核 | 审核时分析错误扣 10 分；发生存在错误未发现的情况，每个扣 10 分 | 50 | | |
| 2 | 异常处理 | 1．存在异常规则提示的用户确保无异常才可发送。<br>2．存在异常情况的用户需要将异常处理完成才可做无异常处理 | 发现异常未处理的扣 20 分；审核规则 SH65 点击“无异常”的扣 20 分 | 50 | | |

# 附录 33 电费核算与账务 到账确认考核表

姓名： 得分：

| 序号 | 项目 | 考核要点 | 评分标准 | 分值 | 实际扣分 | 得分 |
|---|---|---|---|---|---|---|
| 1 | 进账单到账确认 | 1. 监控未自动到账的进账单，核查客户编号与打款的银行账号是否建立对应关系，反馈给电费收费人员通知客户汇款时备注客户编号，确保下次缴费实现自动收费。<br>2. 未自动到账的进账单需要人工处理，监控未及时到账的进账单，反馈给电费收费人员核实客户汇款信息，进行到账确认。<br>3. 对无法确定缴费客户的款项进行不明账款处理 | 准确复述上述步骤，漏掉或错误复述 1 项，每项扣 30 分 | 100 | | |

# 附录 34　稽查业务与监控分析　台区线损考核表

姓名：　　　　　　　　　　得分：

| 项目 | 考核要点 | 评分标准 | 分值 | 实际扣分 | 得分 |
|---|---|---|---|---|---|
| 判断台区线损率出高损还是负损 | 能通过用电信息采集系统查询异常台区是高损或者负损 | 能准确判断，判断错误扣 10 分 | 10 | | |
| 利用用电信息采集系统查看供售电量是否同步 | 能利用用电信息采集系统查询供售电量表码记录时间，会判断不同步时线损率的变化 | 能准确查询售电量时间，查询错误扣 5 分。<br>能判断线损率，未能正确判断扣 5 分 | 10 | | |
| 通过用电信息采集系统打印台区用户明细 | 打印明细时需将用户名称、资产号、表码、序号等打印，且按资产号进行排序，方便现场查找 | 未能正确打印所需明细，扣 10 分。<br>明细中每缺少 1 项，扣 2 分 | 10 | | |
| 安全准备工作 | 1．安全工器具检查（绝缘手套、安全帽、验电笔、梯子、全棉长袖工作服等）。<br>2．明确监护人及作业人员分工，监护人做好监护工作。<br>3．根据检查计划，明确现场带电位置及作业范围 | 能全面做好安全准备工作，缺 1 项，扣 5 分 | 20 | | |

续表

| 项目 | 考核要点 | 评分标准 | 分值 | 实际扣分 | 得分 |
|---|---|---|---|---|---|
| 检查台区总表 | 1．检查台区总表计量箱三封一锁是否完全。<br>2．先对台区总表和互感器进行校验。<br>3．随后检查其接线是否正确 | 能按照标准要求进行检查，缺1项，扣5分<br>检查动作不规范，每1项扣5分 | 10 | | |
| 进行低压用户抄表核查 | 沿变压器出线进行逐一抄表效验 | 未能进行逐一抄表，扣2分 | 2 | | |
| | 首先查看计量箱三封一锁是否完全，95598标志是否合规 | 发现三封一锁不规范未指出扣5分 | 10 | | |
| | 使用钳形电流表测量其计量箱进线电流和各分表进线电流，对出入大的重点排查其接线 | 未能正确使用钳形电流表测量电流扣8分 | 8 | | |
| | 逐一抄表判断互变关系是否一致，判断台区下有无黑户、套表等 | 有异常问题未发现，扣1分 | 10 | | |
| 有针对性检查 | 学会电量突增的用户考虑该用户电能表是否飞走，该情况会造成台区出现负损 | 未能正确判断飞走造成的线损编号，扣5分 | 5 | | |
| | 电量一直为0的用户，可能是进出线接反等，该情况会造成台区出线高损 | 未能正确判断低压用户接线接反造成的线损编号，扣5分 | 5 | | |

# 附录 35　计量检验检测　电能表现场检验考核表

姓名：　　　　　　　　　　得分：

| 项目 | 考核要点 | 评分标准 | 分值 | 实际扣分 | 得分 |
|---|---|---|---|---|---|
| 误差测试 | 检验接线接入方式，检查电能表异常记录及故障代码等信息 | 未核查确定接入方式扣 5 分；未检查电能表故障信息扣 10 分 | 15 | | |
| | 电能表时钟及时段检查 | 未检查电能表时钟扣 5 分；未检查电能表时段扣 5 分 | 10 | | |
| | 接入校验仪 | 电流、电压线接入顺序错误扣 5 分；电流线接入方式错误扣 5 分；未打开仪器操作接线盒连片扣 5 分 | 15 | | |
| | 测量工作电压电流及相位、检查电能表显示的电量值及辅助测量值 | 逐一测量电流、电压、相位、功率、功率因素，少测量记录一项扣 5 分 | 15 | | |
| | 检查计量倍率、检查计量接线 | 未检查倍率或倍率记录错误扣 5 分 | 5 | | |
| | 测定电能表实负荷运行状态下的误差 | 测定圈数不合理扣 5 分；仪器未预热扣 5 分；测量次数不够扣 5 分；不符合测量条件仍继续校验扣 5 分 | 20 | | |
| | 拆除校验仪接线 | 拆除线之前关闭仪器扣 5 分；导线拆除顺序错误扣 5 分 | 10 | | |
| | 加封 | 未加封扣 10 分 | 10 | | |

# 附录 36　智能用电运维　运维 App 消缺单

姓名：

<table>
<tr><td>故障信息</td><td colspan="2"></td></tr>
<tr><td rowspan="4">维修信息</td><td>维修时间</td><td></td></tr>
<tr><td>维修人员</td><td></td></tr>
<tr><td>修复记录</td><td></td></tr>
<tr><td>修复照片</td><td></td></tr>
<tr><td colspan="3">到达记录</td></tr>
<tr><td>到达现场时间</td><td colspan="2"></td></tr>
<tr><td>现场人员</td><td colspan="2"></td></tr>
<tr><td colspan="3">消缺信息</td></tr>
<tr><td>是否修复成功</td><td colspan="2">□是　　□否</td></tr>
<tr><td>验收时间</td><td colspan="2"></td></tr>
<tr><td>消缺人员</td><td colspan="2"></td></tr>
<tr><td>消缺记录</td><td colspan="2">□已消缺　□未消缺</td></tr>
<tr><td>故障办结定义</td><td colspan="2"></td></tr>
<tr><td>消缺照片</td><td colspan="2"></td></tr>
</table>

# 附录 37　智能用电运营　客户充电现场服务考核表

姓名：　　　　　　　　　　　　得分：

| 项目 | 考核要点 | 评分标准 | 分值 | 实际扣分 | 得分 |
|---|---|---|---|---|---|
| 联系客户 | 与客户沟通报修内容、确认是否需要现场处理时，应核对客户姓名、联系方式、故障地址、故障现象等信息 | 学员能够按照标准话术完成客户沟通模拟，确保信息沟通完整准确，有漏项错项，每处扣 5 分。<br>学员基于信息能准确判断是否前往现场，判断错误扣 10 分。<br>如无须前往，则需告知客户标准的充电作业流程，有漏项错项，每处扣 5 分。<br>如须前往，需收集客户反馈的详细信息，收集不全，每漏 1 项扣 5 分 | 30 | | |
| 组织人员到达充电站现场 | 一般情况下，城区范围不超过 45min，农村地区不超过 90min，特殊边远地区不超过 120min | 能准确说明响应的时限要求，说错扣 5 分 | 5 | | |
| | 抢修人员到达故障现场后 5min 内通过运维 App 进行反馈 | 填写《智能用电运维　运维 App 消缺单》，信息有漏项错项，每处扣 5 分 | 15 | | |
| 现场排除故障 | 作业人员应严格执行现场充电作业指导书，确保作业安全。<br>严格执行充电操作流程，确保将充电枪完全插入充电口内，将车辆处于关闭状态，充电过程中严禁车内有人员。<br>如有危及设备和人员安全的情况，应立刻按下急停按钮，严禁拔出正在充电的充电枪 | 能够辨识并准确指出现场充电设施的部件组成，每错或漏一处扣 5 分。<br>能够准确描述现场排查的步骤和要求，有漏项或错项，每处扣 5 分。<br>结合导师提供的故障场景，描述排除故障的对应措施，有错项或漏项，每处扣 5 分。<br>填写《运维 App 消缺单》，信息有漏项错项，每处扣 5 分 | 50 | | |

# 附录 38　智能用电运营　新建用户实名认证后开卡

| 序号 | 作业步骤 | 作业内容 | 界面截图 |
|---|---|---|---|
| 1 | 受理 | 告知用户准备办卡资质资料 | |
| 2 | 查询用户信息 | 1. 输入新用户的手机号，查询该用户信息。<br>2. 点击【查询】按钮 |  |
| 3 | 实名认证 | 1. 点选状态为“待提交”的用户信息记录。<br>2. 再弹出框内，点击【我要实名认证申请】按钮，进入到用户实名认证页面。<br>3. 点击【发送验证码】按钮，获取到验证码后。<br>4. 输入用户提供的验证码到输入框。<br>5. 完善用户基本信息。<br>6. 上传用户身份证照片正面。<br>7. 上传用户身份证照片反面。<br>8. 点击【实名认证】按钮 |  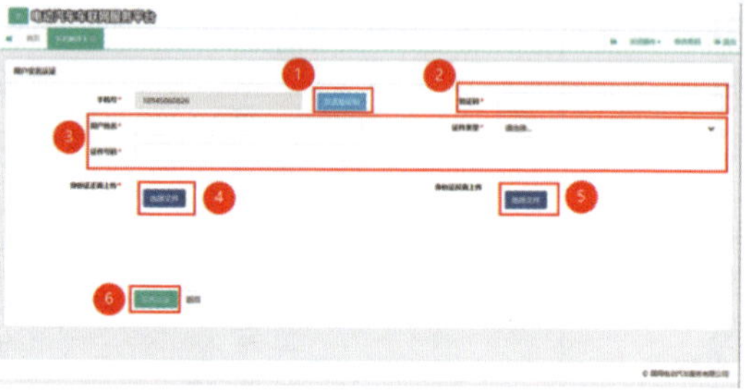 |

续表

| 序号 | 作业步骤 | 作业内容 | 界面截图 |
|---|---|---|---|
| 4 | 实名认证确认 | 1. 用户信息确认。<br>2. 用户实名认证。<br>3. 认证成功 |   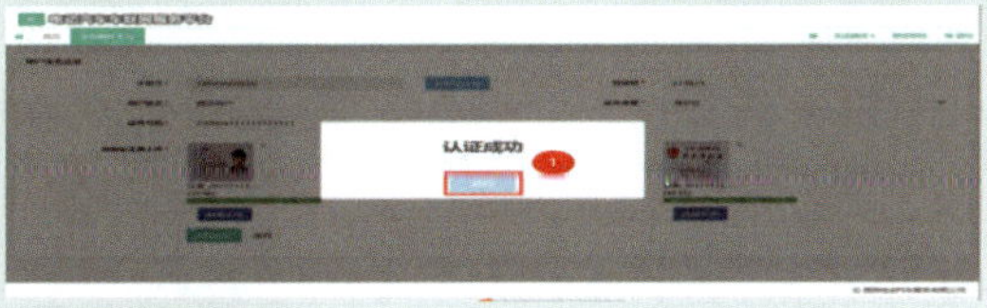 |
| 5 | 查询用户信息 | 1. 输入用户手机号，或用户证件号码，来查询该用户信息。<br>2. 点击【查询】按钮 | 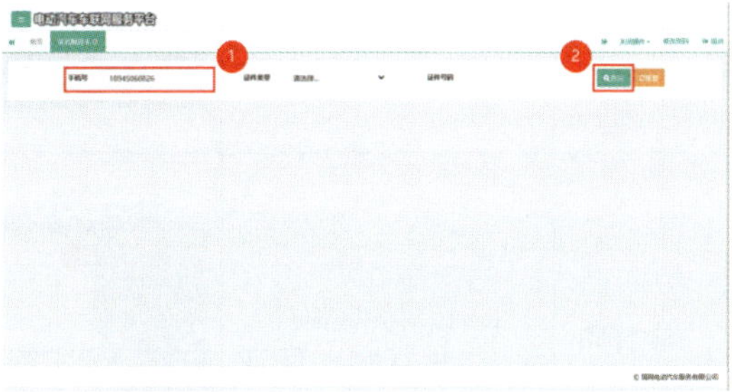 |

续表

| 序号 | 作业步骤 | 作业内容 | 界面截图 |
| --- | --- | --- | --- |
| 6 | 设置密码 | 1. 点选已实名用户的信息记录。<br>2. 将未出售的充电卡放置在读卡器上，点击【读卡】按钮。<br>3. 点击【设置密码】，通过密码机或营业员手工录入的方式，请用户设置卡密码。<br>4. 点击【再次设置密码】，请用户再次设置卡密码 | 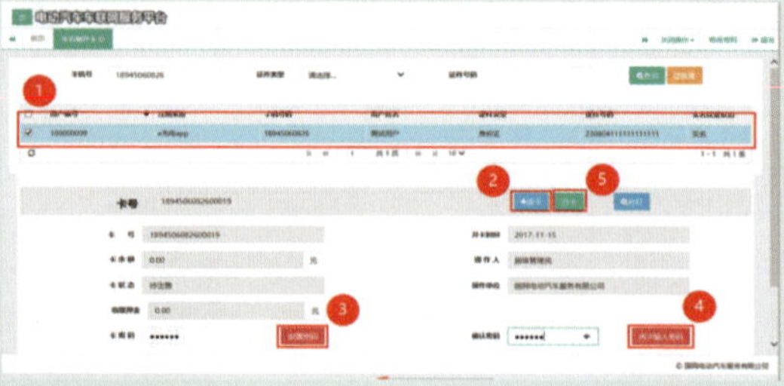 |
| 7 | 开卡 | 各项信息填写无误，请用户设置好卡密码后，点击【开卡】按钮，页面给出开卡成功的提示 |  |
| 8 | 打印凭证 | 1. 核对凭证信息。<br>2. 进行打印凭证操作 | 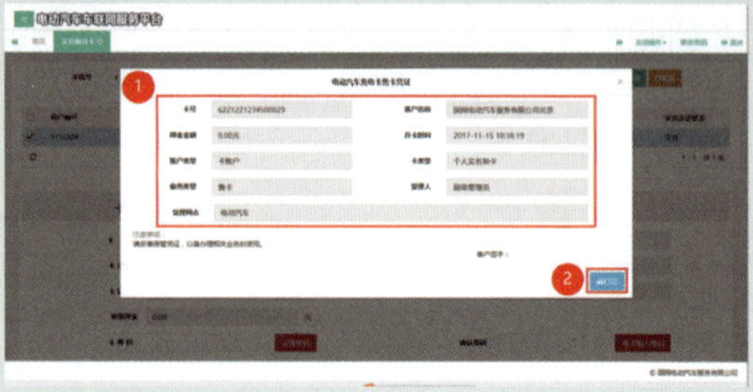 |

# 附录 39 智能用电运营 车联网平台开卡业务考核表

姓名： 得分：

| 项目 | 考核要点 | 评分标准 | 分值 | 实际扣分 | 得分 |
|---|---|---|---|---|---|
| 接待用户 | 接待操作符合供电服务行为举止规范、仪容仪表规范 | 不符合行为举止规范、仪容仪表规范，每处扣 5 分，扣完为止 | 10 | | |
| 判别车型 | 应询问用户采购的电动汽车车型，判别车型是否具备国家标准充电接口 | 未询问用户电动汽车车型，扣 5 分 | 15 | | |
| | | 无法判别车型是否具备国家标准充电接口，扣 5 分 | | | |
| | | 因未询问车型或车型判别错误导致用户不满或投诉，扣 5 分 | | | |
| 一次性告知 | 确定用户需求后，应一次性告知用户所需提供的全部资料 | 未执行一次性告知、遗漏部分资料，扣 10 分 | 10 | | |
| 区分用户类型 | 应与用户沟通确认办理实名制或非实名制开卡，非实名认证用户跳过此步骤进入开卡环节 | 未与用户沟通确认而直接办理开卡的，扣 5 分 | 5 | | |
| 个人用户新建 | 录入个人用户基本信息，上传用户身份证正反面扫描照片 | 未完成个人用户账户新建，扣 2 分 | 5 | | |

续表

| 项目 | 考核要点 | 评分标准 | 分值 | 实际扣分 | 得分 |
| --- | --- | --- | --- | --- | --- |
| 实名制开卡 | 正确通过四种查询条件查询已创建的用户信息，并核对确认用户信息无误 | 未执行信息核对确认，扣 4 分 | 10 | | |
| | 实名制卡必须请用户设置密码，开卡金额最低 100 元，最高 5000 元 | 未请用户设置密码扣 3 分，充值金额不符合要求扣 3 分 | | | |
| 核对确认 | 核对确认开卡凭证显示用户、充值信息无误 | 未进行核对确认，扣 3 分 | 3 | | |
| 凭证打印 | 完成开卡凭证打印并交付用户 | 未打印凭证扣 2 分 | 2 | | |
| 客户告知 | 能够熟练向客户告知充电卡挂失、补卡、换卡、解灰、联机解扣、销卡退费、充电交易查询、发票申请各类柜台业务 | 无法向客户告知各类柜台业务，每项业务扣 1 分，扣完为止 | 15 | | |
| 客户讲解 | 能够熟练向客户讲解如何使用充电卡在充电设施完成电动汽车充电操作 | 无法向客户讲解充电操作，扣 10 分 | 15 | | |
| | 介绍本地区及高速公路充电站点分布区域、本地区充电服务电价 | 未向客户介绍充电站点及电价，扣 5 分 | 5 | | |
| | 告知客户国家电网充电卡已全国联网，可在全国范围内的国家电网充电站点使用 | 未告知客户充电卡联网通用情况，扣 5 分 | 5 | | |

# 附录 40　抄表催费　人工催费考核表

姓名：　　　　　　　　　　得分：

| 项目 | 考核要点 | 评分标准 | 分值 | 实际扣分 | 得分 |
|---|---|---|---|---|---|
| 电话催费 | 要求学员说明需要联系的客户信息明细，如姓名、联系方式、用电情况、欠费信息等 | 未能全面说出通话前所需要准备的客户信息，每漏 1 项扣 5 分 | 15 | | |
| | 电话催费应留存音频资料 | 未留存音频资料扣 10 分 | 10 | | |
| | 标准话术：您好，我是 ××× 公司 ×× 人员（表明身份）请问您是 ×××（核对户号、户名、用电地址），您本月用电量为 ××，电费 ××，截止到今天需要缴纳电费 ××（电量电费信息）。电费催费时应使用文明用语，核实清楚客户的户号、户名、用电地址等信息，简洁、明确地告知客户欠费金额、交费时限 | 未严格按照标准话术通话，出错 1 处扣 5 分。<br>未使用文明用语扣 5 分。<br>未核实清楚客户的户号、户名、用电地址等信息，遗漏 1 处扣 5 分。<br>未能明确地告知客户欠费金额、交费时限，扣 20 分。<br>要求逻辑清晰，表述流畅，中间有卡壳，颠倒重复，用时过长，扣 20 分 | 75 | | |

# 附录 41　用电检查　查处绕越计量装置用电考核表

姓名：　　　　　　　　　　　　得分：

| 步骤 | 项目 | 考核要点 | 评分标准 | 分值 | 实际扣分 | 得分 |
|---|---|---|---|---|---|---|
| 1 | 确定<br>检查客户 | 针对稽查、检查、抄表、电能量采集、计量现场处理、线损管理、举报处理等工作中发现的涉及窃电的嫌疑信息，确定需检查的客户 | 未能筛查出窃电嫌疑信息，扣 10 分。<br>未能判断出需要检测的客户，扣 10 分。<br>检测客户不全的，扣 10 分 | 30 | | |
| 2 | 现场<br>调查取证 | 根据已掌握的窃电异常信息，赴现场检查调查取证，窃电的现场调查取证工作包括：<br>（1）现场封存或提取损坏的电能计量装置，保全窃电痕迹，收集伪造或开启的加封计量装置的封印；收缴窃电工具。<br>（2）采取现场拍照、摄像、录音等手段。<br>（3）收集用电客户产品、产量、产值统计和产品单耗数据。<br>（4）收集专业试验、专项技术检定结论材料。<br>（5）收集窃电设备容量、窃电时间等相关信息 | 能够复述现场调查的详细操作步骤及取证信息。<br>复述中每漏 1 项，扣 5 分。<br>未能准确表达，每项扣 5 分 | 20 | | |
| 3 | 窃电判断 | 1. 检查铅封。<br>2. 检查接线有无改接和错接。<br>3. 检查电流互感器的实际接线和变流比及运行状况。<br>4. 对用户的电能量进行检查。<br>5. 借助于仪表进行检查 | 能够复述检查要项及检查要点，每漏说 1 个要点扣 5 分，每说错 1 个要点扣 5 分。<br>能够结合负责人提供的窃电图片判定窃电的可疑信息，未能准确判断每项扣 5 分 | 50 | | |

# 附录 42 供电所综合业务 营业厅日常管理考核表

姓名： 得分：

| 项目 | 考核要点 | 评分标准 | 分值 | 实际扣分 | 得分 |
|---|---|---|---|---|---|
| 营业厅营业前准备 | 提前 30min 到岗进行营业前准备。<br>做好卫生清扫，做到“四净四无”。<br>统一着装。<br>设备开启并填写“营业厅营业前准备及检查表”。<br>检查票据、各类登记表、宣传资料等是否齐全、充足，不足的及时补充 | 能清楚描述营业前的各项准备事项，漏说、错说，每项扣 5 分。<br>能够对照《营业厅营业前准备及检查表》完成各项准备，工作不规范每项扣 5 分 | 40 | | |
| 营业厅会议管理（班前会管理） | 学习内容讲解：营业厅班长或营业厅负责人组织对当日需要学习的业务知识进行布置、讲解，解答疑问。<br>工作安排：对当日工作进行安排，强调需要注意的问题；对当日设备巡检结果进行确认，及时联系相关人员处理设备故障 | 认真听取班前会会议内容，完成会议纪要的整理，会议纪要有遗漏事项，每项扣 5 分；记录不准确，每项扣 5 分；有格式不规范或错别字，每处扣 2 分 | 60 | | |

# 附录 43　供电所综合业务　营业厅营业前准备及检查表

| 序号 | 检查区域 | 检查标准 | 无问题打“√” | 发现问题及处理情况 | 检查人 |
|---|---|---|---|---|---|
| 1 | 班前会及人员准备 | 营业厅当值厅长领学当日班前会所需学习的内容，营业窗口服务人员均提前 30min 到岗参加班前会。当值厅长检查仪容仪表，确保工装统一、工牌佩戴整齐 | | | |
| 2 | 自助服务区 | 保持自助服务台面、桌椅干净整洁，确保区内无损坏、缺失。检查自助缴费终端是否正常运行，有无异常提示 | | | |
| 3 | 便民服务区 | 确保便民服务区内的物品无损坏、缺失，保持物品干净整洁。查看外网 WiFi 终端、意见箱（簿）、客户座椅、饮水机水量充足、一次性纸杯 10 个以上、书架及报刊已更新、垃圾桶已清理、便民伞、无障碍设施等 | | | |
| 4 | 展示区 | 随时补充展示区内的资料，保证宣传资料数量充足、种类齐全，并保持物品整洁。检查多功能查询机、数码广告机、高清电视、LED 屏幕是否正常开启，播放电力宣传内容 | | | |
| 5 | 业务受理区 | 保持业务受理区内、外台面无杂物，桌椅干净整洁，营业人员岗位牌、“暂停服务”标志牌正常摆放。检查排号机、高清摄像头和音频踩录设备、服务质量评价器、双屏显示是否正常运行 | | | |
| 6 | 柜台内办公区 | 资料摆放整齐、无杂物，卫生整洁，检查工作计算机、传真机、验钞机、票据打印机、复印机是否能够正常使用 | | | |
| 7 | 客户书写区 | 保持书写区内台面，桌椅干净整洁，区内物品摆放整齐无缺失，各项《用电业务办理填写样表》摆放整齐 | | | |
| 8 | VIP 洽谈区 | 保持 VIP 洽谈区内环境整洁、物品摆放整齐无缺失 | | | |

续表

| 序号 | 检查区域 | 检查标准 | 无问题打“√” | 发现问题及处理情况 | 检查人 |
|---|---|---|---|---|---|
| 9 | 营业厅VI标志及服务设施 | 检查营业厅门楣、营业厅名牌、营业厅时间牌、营业厅背景板、防撞条、时钟日历牌、“营业中”“休息中”标志牌、95598双面小型灯箱、功能区指示牌、禁烟标志、擦鞋机、空调等是否有损坏、缺失 | | | |
| 10 | 更衣室 | 保持更衣室内桌椅地面干净整洁 | | | |
| 11 | 资料室 | 保持资料室内桌椅地面干净整洁，室内物品摆放整齐 | | | |
| 12 | 其他 | 其他设施，如光源是否正常照明、厅内绿植养护、消防设施检查（可自行补充） | | | |

# 附录 44　供电所综合业务　班前会记录

<table>
<tr><td colspan="4">班 前 会 记 录</td></tr>
<tr><td rowspan="2">出勤情况</td><td colspan="3">值班人员：</td></tr>
<tr><td colspan="3">轮休人员：</td></tr>
<tr><td>仪容仪表</td><td colspan="3"></td></tr>
<tr><td rowspan="2">巡检结果</td><td colspan="3">是否巡检：是□　否□　　有无问题：有□　无□（若有问题请写在下行）</td></tr>
<tr><td colspan="3">巡检人：</td></tr>
<tr><td>学习内容</td><td colspan="3"></td></tr>
<tr><td>工作安排</td><td colspan="3">需要强调的问题：</td></tr>
<tr><td>时间</td><td></td><td>记录人</td><td></td></tr>
</table>

# 附录 45　供电所综合业务　抢修服务考核表

姓名：　　　　　　　　　　　　　　　　　　　　　　得分：

| 项目 | 考核要点 | 评分标准 | 分值 | 实际扣分 | 得分 |
|---|---|---|---|---|---|
| 做好抢修准备 | 根据抢修工作需求，合理配置抢修人员，配备充足的安全工器具和备品备件，车辆处于待命状态、状态良好、定置停放 | 能清楚描述抢修前各项准备事项，漏说、错说，每项扣 5 分；明确指出所需准备的安全工器具及备品备件，有遗漏或出错的，每项扣 5 分 | 30 | | |
| 接收抢修任务 | 接收供电服务指挥中心监测指挥班（县公司配网抢修指挥班）自动派发的抢修工单，明确故障地点、故障类型和故障范围 | 结合抢修工单，能够明确说明故障地点、故障类型和故障范围，描述错误或遗漏，每项扣 5 分 | 20 | | |
| 主动联系客户 | 接收抢修任务后，立即联系并告知客户已前往抢修，5min 内确认抢修地点、完成抢修准备，填写派工单、故障紧急抢修单，根据故障类型携带抢修工器具，着装规范，赶赴现场 | 未模拟与客户联系，扣 5 分。<br>未确认抢修地点，扣 5 分。<br>派工单填写信息完整、准确，遗漏或错误，每处扣 2 分。<br>故障紧急抢修单填写信息完整、准确，遗漏或错误，每处扣 2 分。<br>能列出所需携带工器具，漏项、错项，每项扣 5 分 | 50 | | |

# 附录 46 供电所综合业务 供电所派工单

供电所名称： 派工日期： 年 月 日 编号：

<table>
<tr><td>班组</td><td></td><td>派工人</td><td></td><td>派工时间</td><td></td></tr>
<tr><td>工作负责人</td><td></td><td>工作班成员</td><td></td><td></td><td></td></tr>
<tr><td>工作任务</td><td colspan="5"></td></tr>
<tr><td colspan="6">安全措施：</td></tr>
<tr><td colspan="6">工作完成情况：</td></tr>
<tr><td>工作负责人签字</td><td colspan="2"></td><td>工作完成时间</td><td colspan="2"></td></tr>
</table>

# 附录 47 供电所综合业务 故障紧急抢修单

单位：______________ 编号：______________

1. 抢修工作负责人（监护人）______________

2. 班组 ______________

______________ 共 ______ 人

3. 抢修任务（抢修地点和抢修内容）

______________

______________

______________

4. 安全措施

______________

______________

______________

______________

5. 抢修地点保留带电部分或注意事项

______________

______________

______________

6. 上述 1～5 项由抢修负责人 ______ 根据抢修任务布置人 ______ 的布置填写

7. 经现场勘察需补充下列安全措施

______________

______________

______________

______________ 同意（______ 月 ______ 日 ______ 时 ______ 分）

8. 许可抢修时间

______ 年 ______ 月 ______ 日 ______ 时 ______ 分 许可人（调控／运维人员）：

9. 抢修结束汇报

本抢修工作于 ______ 年 ______ 月 ______ 日 ______ 时 ______ 分结束，现场设备状况及保留安全措施：

______________

______________

______________

______________

抢修班人员已全部撤离，材料工具已清理完毕，事故紧急抢修单已终结。

抢修工作负责人 ______________ 许可人（调控／运维人员）______________

填写时间：______ 年 ______ 月 ______ 日 ______ 时 ______ 分

# 附录 48　物资配送服务　装车出库、配送过程跟踪考核表

姓名：　　　　　　　　　　　　　　　　　　　　　　　　得分：

| 项目 | 考核要点 | 评分标准 | 分值 | 实际扣分 | 得分 |
|---|---|---|---|---|---|
| 审核司机身份确认 | 配送计划确认接单后，登录 e 物资 App，点击“司机身份确认”菜单，扫描司机二维码，对司机身份、车辆信息进行核实 | 学员需描述该项工作的操作步骤及要领，描述漏项或错项，扣 5 分 | 20 | | |
| 装车发运管理 | 1. 承运商和装载机械进入物资仓库后，检查进入仓库人员是否佩戴安全帽等防护用品，检查装载机械是否持有有效证件。<br>2. 物资装车后，配送专责和司机根据装车单核实装载的物资是否齐全，司机在手机 App 上拍摄上传车辆外观、物资装载等图片，仓储专责在 PC 端进行确认操作，司机在 App 端进行确认操作。<br>3. 仓储专责点击“装车发运管理”菜单，点击“确认出库”按钮，仓储端确认出库即完成 | 学员需描述该项工作的操作步骤及要领，描述漏项或错项，扣 5 分 | 30 | | |
| 配送车辆跟踪 | 能够根据装车单编号、装车单状态、承运商名称、驾驶员姓名、车牌号等条件查找处于运输状态的装车单，在 PC 端智慧物资调配平台（MAP）和移动端 e 物资操作弹出配送监控地图界面，显示当前装车单的车辆运输轨迹及实时地理位置信息 | 学员需描述该项工作的操作步骤及要领，描述漏项或错项，扣 5 分 | 30 | | |
| 到货签收管理 | 在驾驶员确认送达之后，能够根据装车单编码、装车单状态、承运商名称、驾驶员姓名、车牌号等条件，查找当前需要做收货操作的装车单，提醒并配合物资需求单位专责在 PC 端智慧物资调配平台（MAP）和移动端 e 物资操作办理到货签收 | 学员需描述该项工作的操作步骤及要领，描述漏项或错项，扣 5 分 | 20 | | |

# 新员工基本信息

姓名:

性别:

出生年月:

籍贯:

毕业院校:

毕业专业:

毕业年月:

照片

为帮助大家熟悉工作环境、了解业务流程、掌握基本知识与技能，促进新员工转变角色，融入企业和加快成长，欢迎加入“金种子”新员工轮岗实习计划，这本通关档案将记载你的学习成长历程，期待你扬帆起航，关关通关！

# 轮岗实习通关岗位简介

## 必修岗位



## 选修岗位

## 实习岗位名称：调控运行值班

实习起始日期：　　　　　　　　　　实习结束日期：

### 项目学习情况

项目一：线路停送电

负责人签字 __________ 日期 __________

项目二：接地故障处理

负责人签字 __________ 日期 __________

项目三：检修票受理

负责人签字 __________ 日期 __________

### 理论学习情况

理论考试成绩：__________

负责人签字 __________ 日期 __________

## 新员工实习心得

新员工本人签字 ____________ 日期 ____________

## 部门综合评价

部门负责人签字 ____________ 部门盖章 日期 ____________

## 实习岗位名称：通信运维检修

☑ 必修
☐ 选修

实习起始日期：　　　　　　　　　　　　　　实习结束日期：

## 项目学习情况

项目一：通信站巡视

负责人签字 ____________ 日期 ____________

项目二：光缆故障及缺陷处理

负责人签字 ____________ 日期 ____________

## 理论学习情况

理论考试成绩：____________

负责人签字 ____________ 日期 ____________

## 新员工实习心得

新员工本人签字 ____________ 日期 ____________

## 部门综合评价

部门负责人签字 ____________ 部门盖章 日期 ____________

## 实习岗位名称：输电线路运检

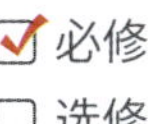
☑ 必修
☐ 选修

实习起始日期：　　　　　　　　　　实习结束日期：

### 项目学习情况

项目一：本体巡视

负责人签字 ____________ 日期 ____________

项目二：停电更换直线绝缘子串

负责人签字 ____________ 日期 ____________

### 理论学习情况

理论考试成绩：____________

负责人签字 ____________ 日期 ____________

## 新员工实习心得

新员工本人签字 __________ 日期 __________

## 部门综合评价

部门负责人签字 __________ 部门盖章 日期 __________

## 实习岗位名称： 变电站运维

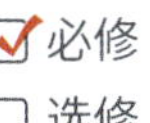

选修

实习起始日期：　　　　　　　　　　实习结束日期：

### 项目学习情况

项目一：单一线路停送电

负责人签字 ____________ 日期 ____________

项目二：例行巡视

负责人签字 ____________ 日期 ____________

### 理论学习情况

理论考试成绩：____________

负责人签字 ____________ 日期 ____________

## 新员工实习心得

新员工本人签字 ____________ 日期 ____________

## 部门综合评价

部门负责人签字 ____________ 部门盖章 日期 ____________

## 实习岗位名称：变电站设备检修

实习起始日期：　　　　　　　　　　实习结束日期：

## 项目学习情况

项目一：日常维护检修

负责人签字 ____________ 日期 ____________

项目二：特殊巡检

负责人签字 ____________ 日期 ____________

## 理论学习情况

理论考试成绩：____________

负责人签字 ____________ 日期 ____________

## 新员工实习心得

新员工本人签字 ____________ 日期 ____________

## 部门综合评价

部门负责人签字 ____________ 部门盖章 日期 ____________

## 实习岗位名称：配电线路及设备运检

实习起始日期：　　　　　　　　　　实习结束日期：

### 项目学习情况

项目一：配电线路巡视

负责人签字 ____________ 日期 ____________

项目二：配电架空线路柱上开关更换

负责人签字 ____________ 日期 ____________

### 理论学习情况

理论考试成绩：____________

负责人签字 ____________ 日期 ____________

## 新员工实习心得

新员工本人签字 ____________ 日期 ____________

## 部门综合评价

部门负责人签字 ____________ 部门盖章 日期 ____________

# 实习岗位名称：市场开拓与业扩报装

实习起始日期：　　　　　　　　　　　　实习结束日期：

## 项目学习情况

项目一：综合能源服务

负责人签字 ____________ 日期 ____________

项目二：高压新装

负责人签字 ____________ 日期 ____________

项目三：低压居民新装

负责人签字 ____________ 日期 ____________

## 理论学习情况

理论考试成绩：____________

负责人签字 ____________ 日期 ____________

## 新员工实习心得

新员工本人签字 ____________ 日期 ____________

## 部门综合评价

部门负责人签字 ____________ 部门盖章 日期 ____________

# 实习岗位名称：装表接电

实习起始日期：　　　　　　　　　　实习结束日期：

## 项目学习情况

项目一：装拆电能表

负责人签字 ____________ 日期 ____________

项目二：装拆采集终端

负责人签字 ____________ 日期 ____________

## 理论学习情况

理论考试成绩：____________

负责人签字 ____________ 日期 ____________

| 新员工实习心得 |
| --- |
| 新员工本人签字 ____________ 日期 ____________ |

| 部门综合评价 |
| --- |
| 部门负责人签字 ____________ 部门盖章 日期 ____________ |

## 实习岗位名称：自动化运维

☐ 必修
☑ 选修

实习起始日期：　　　　　　　　　　实习结束日期：

### 项目学习情况

项目一：厂站接入调度数据网调试

负责人签字 ____________ 日期 ____________

项目二：厂站接入EMS系统调试

负责人签字 ____________ 日期 ____________

### 理论学习情况

理论考试成绩：____________

负责人签字 ____________ 日期 ____________

## 新员工实习心得

新员工本人签字 ____________ 日期 ____________

## 部门综合评价

部门负责人签字 ____________ 部门盖章 日期 ____________

## 实习岗位名称：电气试验、化验

实习起始日期：　　　　　　　　　　　　　　实习结束日期：

### 项目学习情况

项目一：例行试验

负责人签字 ____________ 日期 ____________

项目二：带电检测

负责人签字 ____________ 日期 ____________

### 理论学习情况

理论考试成绩：____________

负责人签字 ____________ 日期 ____________

## 新员工实习心得

新员工本人签字 ____________ 日期 ____________

## 部门综合评价

部门负责人签字 ____________ 部门盖章 日期 ____________

## 实习岗位名称：配电电缆运检

实习起始日期：　　　　　　　　　　实习结束日期：

## 项目学习情况

项目一：防外破

负责人签字 ____________ 日期 ____________

项目二：电缆路径检测

负责人签字 ____________ 日期 ____________

## 理论学习情况

理论考试成绩：____________

负责人签字 ____________ 日期 ____________

## 新员工实习心得

新员工本人签字 ____________ 日期 ____________

## 部门综合评价

部门负责人签字 ____________ 部门盖章 日期 ____________

# 实习岗位名称：95598服务

实习起始日期：　　　　　　　　　　实习结束日期：

## 项目学习情况

项目一：工单处理

负责人签字 ____________ 日期 ____________

项目二：停送电信息报送

负责人签字 ____________ 日期 ____________

## 理论学习情况

理论考试成绩：____________

负责人签字 ____________ 日期 ____________

## 新员工实习心得

新员工本人签字 ____________ 日期 ____________

## 部门综合评价

部门负责人签字 ____________ 部门盖章 日期 ____________

# 实习岗位名称：电费核算与账务

实习起始日期：　　　　　　　　实习结束日期：

## 项目学习情况

项目一：高压用户电费核算发行

负责人签字 ____________ 日期 ____________

项目二：到账确认

负责人签字 ____________ 日期 ____________

## 理论学习情况

理论考试成绩：____________

负责人签字 ____________ 日期 ____________

| 新员工实习心得 |
| --- |
| <br><br><br><br>新员工本人签字 ____________ 日期 ____________ |

| 部门综合评价 |
| --- |
| <br><br><br><br>部门负责人签字 ____________ 部门盖章 日期 ____________ |

## 实习岗位名称：稽查业务与监控分析

实习起始日期： 实习结束日期：

### 项目学习情况

项目一：台区线损

负责人签字 ____________ 日期 ____________

项目二：反季节用电（农排）

负责人签字 ____________ 日期 ____________

### 理论学习情况

理论考试成绩：____________

负责人签字 ____________ 日期 ____________

| 新员工实习心得 |
| --- |
| 新员工本人签字 ____________ 日期 ____________ |

| 部门综合评价 |
| --- |
| 部门负责人签字 ____________ 部门盖章 日期 ____________ |

## 实习岗位名称：计量检验检测

实习起始日期：　　　　　　　　　　　　实习结束日期：

## 项目学习情况

项目一：电压互感器现场检测

负责人签字 ____________ 日期 ____________

项目二：电能表现场检测

负责人签字 ____________ 日期 ____________

## 理论学习情况

理论考试成绩：____________

负责人签字 ____________ 日期 ____________

## 新员工实习心得

新员工本人签字 ____________ 日期 ____________

## 部门综合评价

部门负责人签字 ____________ 部门盖章 日期 ____________

## 实习岗位名称：智能用电运营

实习起始日期：　　　　　　　　　　　　　实习结束日期：

## 项目学习情况

项目一：客户充电现场服务

负责人签字 ____________ 日期 ____________

项目二：车联网平台开卡业务

负责人签字 ____________ 日期 ____________

## 理论学习情况

理论考试成绩：____________

负责人签字 ____________ 日期 ____________

## 新员工实习心得

新员工本人签字 ____________ 日期 ____________

## 部门综合评价

部门负责人签字 ____________ 部门盖章 日期 ____________

## 实习岗位名称：供电所综合业务

实习起始日期：　　　　　　　　　　　　　　　　实习结束日期：

### 项目学习情况

项目一：营业厅日常管理

负责人签字 ____________ 日期 ____________

项目二：抢修服务

负责人签字 ____________ 日期 ____________

### 理论学习情况

理论考试成绩：____________

负责人签字 ____________ 日期 ____________

## 新员工实习心得

新员工本人签字 ____________ 日期 ____________

## 部门综合评价

部门负责人签字 ____________ 部门盖章 日期 ____________

# 实习岗位名称：抄表催费

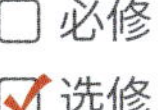

实习起始日期： 实习结束日期：

## 项目学习情况

项目一：用电客户抄表

负责人签字 ____________ 日期 ____________

项目二：人工催费

负责人签字 ____________ 日期 ____________

## 理论学习情况

理论考试成绩：____________

负责人签字 ____________ 日期 ____________

| 新员工实习心得 |
| --- |
| 新员工本人签字 ____________ 日期 ____________ |

| 部门综合评价 |
| --- |
| 部门负责人签字 ____________ 部门盖章 日期 ____________ |

## 实习岗位名称：用电检查

实习起始日期：　　　　　　　　　　实习结束日期：

## 项目学习情况

项目一：查处绕越计量装置用电

负责人签字 ____________ 日期 ____________

项目二：高压客户用电检查

负责人签字 ____________ 日期 ____________

## 理论学习情况

理论考试成绩：____________

负责人签字 ____________ 日期 ____________

## 新员工实习心得

新员工本人签字 ____________ 日期 ____________

## 部门综合评价

部门负责人签字 ____________ 部门盖章 日期 ____________

# 实习岗位名称：物资配送服务

实习起始日期：　　　　　　　　　　实习结束日期：

## 项目学习情况

项目一：配送计划管理

负责人签字 ____________ 日期 ____________

项目二：装车出库管理

负责人签字 ____________ 日期 ____________

项目三：配送过程跟踪

负责人签字 ____________ 日期 ____________

## 理论学习情况

理论考试成绩：____________

负责人签字 ____________ 日期 ____________

## 新员工实习心得

新员工本人签字 ____________ 日期 ____________

## 部门综合评价

部门负责人签字 ____________ 部门盖章 日期 ____________